Schiller

Rebell aus Arkadien

Birgit Lahann

Schiller

Rebell aus Arkadien

Mit Fotos von Ute Mahler

Deutsche Verlags-Anstalt
München

Das Frontispiz (Seite 2) zeigt Schiller auf einem Ölgemälde
von Gerhard von Kügelgen (1808/09).

Bibliographische Information Der Deutschen Bibliothek
Die Deutsche Bibliothek verzeichnet diese Publikation
in der Deutschen Nationalbibliographie; detaillierte
bibliographische Daten sind im Internet über
http://dnb.ddb.de abrufbar.

© 2005 Deutsche Verlags-Anstalt GmbH, München
Alle Rechte vorbehalten
Lektorat: Ulrich Volz, Stuttgart
Gestaltung und Satz: DVA / Brigitte Müller
Gesetzt aus der Bembo
Reproduktionen: Die Repro GmbH, Ludwigsburg
Druck und Bindearbeit: Clausen & Bosse, Leck
Printed in Germany
ISBN 3-421-05856-3

Inhalt

Schiller steigt aus dem engen Feldbett im Alkoven, steht da in seiner dürftigen Bude am Kleinen Graben, die ewig nach altem Essen und kaltem Rauch riecht, und sucht zwischen Flaschen und Socken seine Sachen zusammen. Er hat Order vom Herzog bekommen, soll nach Schloß Hohenheim reiten. Ja, heute noch. Ein Pferd aus dem Marstall wird bereits geschickt. Allerhöchste Gnade für den Regimentsmedikus.

Schiller stopft sich die engen Hosen in die Stulpenstiefel, pudert das rote Haar hell, weil der Herzog rote Haare nicht ausstehen kann, wirft sich den abgewetzten stahlblauen Rock über die fleckige Weste, schwingt sich mit Degen und Dreispitz in den Sattel und galoppiert an diesem 28. Juni des Jahres 1782 von Stuttgart aus die Weinsteige hinauf zum Bopserwald und über Felder und Wiesen nach Hohenheim. Herzog Carl Eugen, der hier mit seiner Mätresse Franziska von Hohenheim lebt, scheint gutgelaunt. Also, wie geht's dem jungen Arzt? Was macht die Kunst? Die Medizin? Aber dann wird er scharf. *Er ist auch in Mannheim gewesen. Ich weiß alles!* Leugne er nicht. Und dieser Rau, sein Vorgesetzter, habe ihn auch noch gedeckt! Alles sei ihm *haarklein berichtet.*

Schiller erschrickt. Welcher Spitzel hat da nun wieder rumspioniert? Also gut. Die Reise gibt er zu. Er hat sich in Mannheim noch einmal eine Vorstellung seiner »Räuber« ansehen wollen. Ja. Aber seinen Obristen Rau – der natürlich von Schillers unerlaubtem Ausflug ins kurpfälzische Ausland wußte –, den schützt er. Er sei heimlich gefahren, sagt er zum Herzog. Niemand habe etwas gewußt. Er lügt! sagt der Herzog. Geb' er es zu. Doch Schiller bleibt fest. Er ist keine dieser *Insektenseelen*, die sich mit Verrat und Schleimerei beliebt machen wollen. Er hat sein Wort gegeben, und das gilt.

Da gerät der 54jährige Herzog aus der Fassung. Es ärgert ihn, daß einer seiner *Söhne*, seiner Landeskinder, widerspricht. Und so stark ist. Und sein verrücktes Stück, diese »Räuber«, nach Mannheim geschmuggelt hat. So brüllt der Fürst seinen Untertan an. Er werde ihn auf die Festung bringen lassen. Ihn einsperren! Und seinen Vater – der bei ihm in Diensten steht –, den werde er entlassen! Also raus mit der Wahrheit. Der 22jährige Schiller steht da, bleich und schmal in seinem speckigen Militärmantel, und leugnet. Aber im Blick hat er diesen funkelnden Stolz.

Raus! Er kann gehen. Das Pferd bleibt im Schloß. Er soll zu Fuß zurück nach Stuttgart. Unten an der Hauptwache hat er den Degen abzugeben. Und er muß in Württemberg bleiben. Darf keine Ausflüge mehr in fremde Fürstentümer machen. Das ist ein Befehl! Und zornesrot ruft Carl Eugen ihm hinterher: *Es wird nachkommen!* Was nachkommt, sind vierzehn Tage Haft für den Rebellen.

Die Haft ist locker und lässig. Der Wachoffizier holt Schiller zum Kartenspiel ab; wenn er allein sein will, besorgt er ihm Tinte, Feder, Papier und eine Flasche Wein. Sie kennen ja ihren dichtenden Regimentsmedikus, der gern ein Glas trinkt.

Da sitzt Schiller nun eingeschlossen in einer Kammer der Hauptwache und beginnt, sein neues Stück zu schreiben, das »Kabale und Liebe« heißen wird. Und in dem der Präsident seinem Sohn Ferdinand droht: *Wenn ich auftrete, zittert ein Herzogtum. Laß doch sehen, ob mich ein Starrkopf von Sohn meistert.*

Doch nachts, wenn die Ängste kommen, wenn die Empörung über beschnittene Freiheit ihn quält, wenn er an die Zukunft denkt, an den Wunsch, Dichter werden zu wollen, und an die Pflicht, Arzt sein zu sollen, dann könnte er verzweifeln. Medizin interessiert ihn doch einen Teufel, genausowenig wie Juristerei. Hat er auch mal studieren müssen. War alles Drill. Wie in der Carlsschule, dieser Sklavengaleere, diesem Gefängnis seiner Jugend. Richtig frei war er doch nur in Lorch, im Remstal, wohin sein Vater, Hauptmann Caspar Schiller, 1763 als Werbeoffizier versetzt wurde.

»Auch ich war in Arkadien geboren«

Kindheit in Lorch und Ludwigsburg

Lorch ist Schillers Elysium, denn Lorch heißt Liebe, Wärme und Geborgenheit. Heißt Garten, Blumen, Apfelbäume, Wiesen und Wald, auch Prügel, ja, aber eigentlich Spaß und Spiele, Gebete am Morgen, Kirche am Sonntag und Kinder zum Rumtoben am verwunschenen Klosterberg.

An Marbach, wo Schiller am 10. November 1759 geboren wurde, hat er keine Erinnerungen. Aber die Mutter erzählt ihm, wie sie das zwei Monate alte Fritzchen – das nach dem regierenden Preußenkönig genannt ist – zum Bündel zusammenschnürt und mit ihm und dem Schwesterchen Christophine an der Hand in die Reisekutsche steigt, über holprige Wege bis nach Würzburg fährt und völlig durchgeschüttelt und kaputt im schmutzigen und verwilderten Soldatenquartier ihren Mann sucht, der dort stationiert ist.

Was für ein bitteres Leben damals mitten im Siebenjährigen Krieg, in dem Preußen und England gegen Österreich, Frankreich und Rußland kämpfen. Sogar Amerika ist mit von der Partie. Und viele

Schillers Eltern: Hauptmann Johann Caspar und Elisabeth Dorothea Schiller. Rechts das Geburtshaus des Dichters in Marbach, gezeichnet um 1860 von Schillers Enkel.

Herzöge aus den Kleinstaaten, aus diesem Flickenteppich Deutschland, liefern immer neues Kanonenfutter und verschachern ihre Soldaten an die Großmächte.

Die Landesfürsten brauchen doch dauernd Geld, wollen doch ewig neue Schlösser bauen, Feste feiern, Mätressen aushalten. Schiller beschreibt auch das in »Kabale und Liebe«: Der Fürst läßt seiner Geliebten durch einen alten Kammerdiener Diamanten überreichen. Nein, die kosten nichts, denn *gestern sind 7000 Landeskinder nach Amerika fort – die zahlen alles.* Und als der Diener weint und gefragt wird, sagt er der entsetzten Lady: *Edelsteine wie diese da – Ich hab auch ein paar Söhne darunter.* Und in »Wallensteins Tod« heißt es:

Wir sind Soldaten der Fortuna, wer
Das meiste bietet, hat uns.

In Lorch ist die Familie nach den schrecklichen Kriegsjahren endlich vereint. Und Fritz, dieser zarte Knabe mit dem blassen Gesicht, den

Pastor Ulrich Moser:
Im Drama »Die Räuber«
setzt Schiller ihm
ein Denkmal.

rötlichen Haaren und den vielen Sommersprossen, der oft an Krämpfen leidet und an Fieberschüben, Fritz entwickelt sich hier zum kleinen Prediger. Denn sein großes Vorbild, ja sein Idol, ist Pastor Moser, ein kluger und gelehrter Mann. Bei ihm lernt Schiller mit sechs Jahren Latein, bei ihm hört er die spannenden Bibelgeschichten, wie er will er Geistlicher werden.

Wo isch der schwarze Schurz? ruft der schwäbelnde Knabe, wenn er aus der Schule kommt. Wo isch mei Käpple? Und schon steigt Fritz in vollem Ornat auf den Küchenstuhl, und alle müssen still sein und seiner Predigt zuhören. Wenn einer lacht, weil der Junge zu pathetisch wird, zu wild gestikuliert und einfach nur komisch ist, läuft er weg und läßt sich nicht mehr blicken.

Er ist auch der kleine Samariter von Lorch. Trennt seine Schnallen von den Schuhen und gibt sie einem armen Dorfburschen. Er hat ja noch ein zweites Paar. Und wenn die Eltern es nicht sehen, schenkt er Bücher, Hosen, Strümpfe und Kleider weg.

»Selig muß ich ihn preisen, / Der in der Stille der ländlichen Flur …
Kindlich liegt an der Brust der Natur.«
Aus Schillers Trauerspiel »Die Braut von Messina«

Im schwäbischen Lorch verlebt Schiller eine kurze, selige Zeit auf dem Lande.

Und als er einem Bettler begegnet, rennt er nach Hause und schleppt Decken und Kissen raus, um dem armen Teufel zu helfen. Aber da spricht Caspar Schiller ein Machtwort.

Der Vater ist ein strenger Pietist. Bei Tisch hört er auf zu essen, wenn es am besten schmeckt. Er will demütig sein und gottesfürchtig. Weib, Sohn und Tochter müssen bei diesem Verzicht mitmachen. Dem kränklichen Kriegskind Fritz bekommt die Übung nicht so gut. Er bleibt die ganzen Jahre viel zu dünn und blaß.

Und die Schläge, die er bekommt, sind die Schläge der patriarchalischen Epoche. Die Väter dieser Zeit sind nicht zimperlich. Einmal, so berichtet Schillers Schwester, geht der Junge zur Nachbarin rüber in die Küche. Will nur mal vorbeigucken. Aber wie es da riecht! Nach türkischem Weizen, dem herrlichen Maisbrei. Magsch was? Aber klar mag er. Ist doch sein Lieblingsgericht. Und setzt sich und löffelt los.

Da kommt der Vater vorbei. Sieht den Sohn in der fremden Küche essen. Zu Tode erschrocken schießt Schiller hoch: *Lieber Vater*, ruft er, *ich will's gewiß nicht wieder thun, nie wieder.* Läuft raus und rüber zur Mutter, und bittet sie inständig, ihn zu bestrafen, bevor der Vater nach Hause kommt. Und gibt ihr den Stock in die Hand.

Doch sein Vater, ein Autodidakt aus armen Verhältnissen, belesen und bewandert in vaterländischer Geschichte, geht auch mit seinem Sohn an der Rems spazieren und erzählt ihm von Göttern und Staufern. Und Schiller wird später sagen, daß seine Lust, ein Drama über den jungen Konradin zu schreiben, den letzten Staufer, der in Neapel enthauptet wurde, dieser Zeit entsprang.

So sind denn die drei Jahre in Lorch Schillers paradiesische Jahre, sein Arkadien. Lange wird er nicht mehr so frei sein und so unbeschwert. Und seinen Lieblingslehrer, Pastor Moser – der den Sechsjährigen auf den Weg des Denkens geführt –, den wird er 15 Jahre später in seinen »Räubern« unsterblich machen, in seinem dramatischen Erstling, der Schiller auf einen Schlag in ganz Deutschland berühmt machen wird.

Was für ein Auftritt ist das in der ersten Szene des fünften Akts. Franz Moor, die Kanaille, hat Vater und Bruder auf dem Gewissen und läßt nun, um Mitternacht, Pastor Moser kommen. Auch ihm will er ans Leben, will ihn vernichten, wenn er nicht antwortet, wie es ihm, dem tyrannischen Herrn, gefällt. Und brüllt ihm gleich entgegen: *Es ist kein Gott.* Wenn er das so genau wisse, antwortet Moser, sei er, der Pastor, doch überflüssig hier. Na ja, er habe eben Langeweile gehabt, sagt Franz Moor und spottet auf Himmel und Hölle.

Da zwingt Pastor Moser ihn in die Enge. Widerlegt ihn. Seziert ihm die Seele und macht ihm sprachgewaltig klar, wie verzweifelt er in Wahrheit ist, wie hohl und wie kaputt. *Ich will an Eurem Bette stehn, wenn Ihr sterbet*, sagt der Pastor dem Verblüfften, und *hütet Euch dann, o hütet Euch ja, daß Ihr da nicht ausseht wie Richard und Nero!*

Moor habe Tausende elend gemacht. Alle waren nur *Puppen* seines *satanischen Spiels.* Aber Gott werde es nicht zulassen, *daß ein einziger Mensch in seiner Welt wie ein Wütrich hause.*

Am Ende hat er den Atheisten angeschlagen und ausgezählt. Moor wird sich kurz darauf mit seiner goldenen Hutschnur erdrosseln.

Die schönen Tage von Lorch sind vorbei, als Schillers Vater um Versetzung bittet. Er hofft nun auch untertänigst auf Sold. Die drei Jahre im Remstal habe er keinen Taler bekommen, läßt er Herzog Carl Eugen wissen. Die Familie mußte ziemlich erbärmlich vom Ersparten leben. Also gut, läßt man ihm ausrichten, soll er in Ludwigsburg eine Garnison führen. Seinen Sold würde er dort schon kriegen. Auch die Nachzahlung.

Familie Schiller zieht also ins hochmoderne, feudale Ludwigsburg in die Hintere Schloßstraße und lebt im Schatten von Glanz und Gloria. Was für eine Residenz! Carl Eugens Vorgänger hatte da in seiner Bauwut Potsdams Sanssouci übertrumpfen wollen und ein Klein-Versailles aus dem

Ludwigsburg, Hintere Schloßstraße: Hier mietet Hauptmann Schiller eine Wohnung. Zeichnung von Lucie Störzer.

»...und Pol und Himmel krachen,
Der Donner brüllt aus tausendfachem Rachen«
Zeus in Schillers lyrischer Operette »Semele«

Das Schloß von Ludwigsburg unter Gewitterwolken.

Boden stampfen lassen. Und zwischen den rund zehntausend Einwohnern leben noch ganze Sippen von italienischen Baumeistern und Gartenarchitekten, die vor Jahren ins Land geholt worden waren. Sie hatten Straßen zu Alleen gemacht. In Schwerstarbeit hatten sie dafür fast ausgewachsene Linden und Kastanien mit riesigen Wurzelballen ausgegraben und angekarrt.

Und was kam jetzt nicht noch alles dazu? Paradeplätze, Jagdreviere, Parks und Labyrinthe, eine Fasanerie und Orangerie und ein Opernhaus. Und mit ihm Tänzerinnen, Sänger, Schauspieler, Musiker, Friseure, Perückenmacher. Und fürs Lustschloß Kammerjungfern, Zofen, Diener, Lakaien, Köche, Mägde, Kutscher, Silberputzer, Schneider, Tanzlehrer, Feuerwerksmeister, Gärtner.

Leopold Mozart war hier vor Jahren mit seinem Wunderkind Wolfgang Amadeus aufgetreten. Und von den feudalen Festen und venezianischen Maskenbällen werden Glücksritter aus allen Landen angezogen oder Kuppler, Kurtisanen, Spieler, Aufschneider und Alchimisten. Auch Abenteurer wie der Hochstapler und Frauenheld Casanova. Er beehrt die Ludwigsburger Residenz auf seinem wilden Trip durch Europa.

Im Angesicht solchen Prunks und solcher Verschwendung frißt der Zorn an Schillers Vater, diesem braven schwäbischen Beamten. Ihm sollten die 2000 Gulden rückständiger Diäten aus der Kriegskasse *gnädigst angewiesen* werden. Doch nichts passiert. Erst nach neun Jahren wird der reduzierte Betrag kleckerweise an ihn ausgezahlt.

Fast dreißig Jahre später wird Schiller in »Wallensteins Lager« einen Schützen sagen lassen: *Wir aber stehn in des Kaisers Pflicht, und wer uns bezahlt, das ist der Kaiser.* Da lacht ihn der Trompeter aus. *Wer uns nicht zahlt, das ist der Kaiser! Hat man uns nicht seit vierzig Wochen die Löhnung immer umsonst versprochen?*

Fritz Schiller besucht in Ludwigsburg die renommierte Lateinschule. Durch Pastor Moser hat er so gute Vorkenntnisse, daß er bald zu den Besten der Klasse gehört. Er lernt auch Griechisch und etwas Hebräisch. Deutsch steht nur einmal in der Woche auf dem Stundenplan.

Aber was für eine Paukerei! Sein Lehrer ist ein Einbläuer. Mit dem Stock in der Hand wird das Gelernte runtergerattert: Vokabeln, Begriffe, Bibelsätze, Kirchenlieder. Wer stockt, kriegt Schläge. Sieben Stunden Drill am Tag. Und für die gnädige Gewährung von Ferientagen muß der Junge Dankgedichte auf Lateinisch schreiben. Eine *geist- und herzlose Erziehung* wird Schiller das später nennen.

Doch im dritten Jahr übernimmt ein kluger und aufgeklärte Geist den Unterricht. Da wird es spannend. Es muß nicht mehr auswendig gelernt werden. Es wird gelesen. Vergils »Aeneis«, Oden von Horaz, »Metamorphosen« von Ovid: *Quo refugis? remanere nec me, crudelis, amantem desere! Oh, wohin fliehst du davon? So bleibe, du Grausamer, laß mich, der dich liebt, nicht allein.*

Hier lernt Schiller alle Lust und allen Rhythmus. Hier lernt er die Helden kennen und die Götter Griechenlands. Apoll und Orest, Hermes und Herakles, Odysseus und Kalypso, Dionysos und Adonis. *Auch ich war in Arkadien geboren*, wird Schiller schreiben, und seine Romanzen und Balladen sind voll vom Geiste der Hellenen. Wie die »Kraniche des Ibykus«:

Zum Kampf der Wagen und Gesänge,
Der auf Korinthus' Landesenge
Der Griechen Stämme froh vereint,
Zog Ibykus, der Götterfreund.
Ihm schenkte des Gesanges Gabe,
Der Lieder süßen Mund Apoll,
So wandert' er, an leichtem Stabe,
Aus Rhegium, des Gottes voll.
Schon winkt auf hohem Bergesrücken
Akrokorinth des Wandrers Blicken,
Und in Poseidons Fichtenhain
Tritt er mit frommem Schauder ein …

Alle Jahre wieder muß Adlatus Schiller nach Stuttgart zum Landexamen. Wenn er durchfällt, wird er nicht zum theologischen Studium zugelassen. Die Prüfungen sind berüchtigt. Hart und schwer. Dreimal besteht Schiller mit Auszeichnung. *Puer bonae spei*, sagen die Herren, ein hoffnungsvoller Knabe. Beim vierten Examen versagt er. Und muß das Versäumte nachholen. Sitzt Stunde um Stunde in der Schule und paukt. Paukt so preußisch und verbissen, daß die Lehrer um seine Gesundheit fürchten. Der Junge ist ja auch so aufgeschossen in den letzten Monaten und immer noch so dürr und blaß.

Aber Schiller ist eisern. Und abends schlendert der 13jährige dann zusammen mit seinem Freund Friedrich Wilhelm von Hoven durch die fürstlichen Alleen, und sie beklagen gemeinsam ihr Schicksal. Doch nach der Melancholie kommt das Spiel. Und da ist Schiller König. Er ist der große Raufbold. Ist der furchtlose Held der Straße. Bewundert von den Kleinen, geachtet von den Großen. Laut und lärmend. Und alle lachen sich tot, wenn er anfängt, Rollen zu spielen, wenn er schwäbelnd pathetisch wird.

Fritz, mach noch mal den Dragoner nach. Fritz konnte doch von der elterlichen Wohnung aus auf den Exerzierplatz gucken, konnte die Kommandos hören, die Trommeln und Pfeifen, auch die Spießrutenläufer konnte er sehen. Und er macht das alles nach. Und die Kinder kugeln sich nur so.

Die Erinnerung daran findet sich – fern von allem Kinderspiel – in »Kabale und Liebe« wieder, diesem Trauerspiel zwischen höfischem und bürgerlichem Leben: *Unser gnädigster Landesherr*, heißt es da, *ließ alle Regimenter auf dem Paradeplatz aufmarschieren und die Maulaffen niederschießen. Wir hörten die Büchsen knallen, sahen ihr Gehirn auf das Pflaster sprützen…*

»Ich will alles um mich her ausrotten«

Carlsschüler in Stuttgart

Eines Tages wird Hauptmann Schiller zum Herzog befohlen. Sein Sohn, sagt der ihm, gehöre zu den begabtesten Schülern. Er habe beschlossen, ihn kostenlos in seine militärische Pflanzschule aufzunehmen, in diese Elite-Anstalt für künftige Führungskräfte.

Höchste Bestürzung bei Caspar Schiller. Er gestattet sich *unterthänigst* die Bemerkung, daß sein Sohn Theologie studieren möchte. Und das werde doch in einer militärischen Anstalt nicht gelehrt. Aber Jurisprudenz! sagt seine Durchlaucht schneidend. Mein Sohn aber möchte Pastor werden, gibt der Vater vorsichtig zu bedenken. Da wird der Despot deutlich. Alles sei entschieden. Er werde bestens für die Zukunft des Sprößlings sorgen. Und basta. Audienz beendet.

Der Vater hat keine Chance. Er muß sich fügen. Muß *freiwillig* und schweren Herzens zusammen mit seiner Frau eine Erklärung unterschreiben, daß es *Seiner regierenden Herzoglichen Durchlaucht zu Württemberg gnädigst gefällig gewesen* ist, seinen Sohn aufzunehmen, und die Eltern ihn den Diensten des Herrscherhauses ganz überlassen.

Der Vater weiß, was das heißt: Kein Einfluß mehr auf die Erziehung seines Kindes, das gerade mal 14 Jahre alt ist. Keine Besuche. Keine Ferien für den Jungen. Also völlige Abtrennung von zu Hause. Zögling Schiller wird vom 16. Januar 1773 an der Leibeigene seines Fürsten sein. Und Carl Eugen nennt die Schüler großmütig seine *Söhne*. Für eine

Begabt, hart, maßlos: Carl Eugen Herzog von Württemberg.

stattliche Anzahl stimmte die Bezeichnung sogar. Das waren die Früchte seiner Mätressen.

Todtraurig und mit wunder Seele läßt der Junge sich von seinem Vater zur Pflanzschule auf die Solitude bringen, wo des Herzogs Lustschloß steht. Scharfer Kasernenton von Anfang an. Was hat er bei sich? Vorzeigen! 15 lateinische Bücher. Und in den Taschen? 43 Kreuzer.

Er wird in die Kleiderkammer geführt. Ausziehen! Und rein in die neue Uniform. Alle Karlsschüler tragen Uniform: den hellblauen Rock mit Silberknöpfen und schwarzen Aufschlägen, die weiße Weste, weiße Strümpfe, Stiefel, Degen und Dreispitz mit Federbusch. Für seinen Spind bekommt er noch Hosen aus Leinen und Leder, 12 Hemden, 3 Nachthemden, 10 Paar Strümpfe, 4 Kappen und 2 Hüte. Und noch was: Er soll sich die Haare pudern. Der Herzog kommt täglich zum Inspizieren und haßt rote Haare. Die aufgedrehten Locken über den Ohren muß er mit Gips verstärken, damit sie halten. Und dann kriegt er noch den langen künstlichen Zopf zum Anstecken. So. Und Abmarsch!

Schulfreunde:
Friedrich Schiller (rechts)
und Friedrich Wilhelm
von Hoven.

Sieben Jahre lang wird Schiller sich dem militärischen Zwang unterwerfen müssen. Der Drill beginnt im Sommer um fünf, im Winter um sechs. Die Öllampe brennt die ganze Nacht in den Schlafsälen. Die Fenster sind vergittert. Die Türen meist offen. Für nächtliche Kontrollen. Die Glocke schrillt, der Aufseher brüllt: Marsch! Und dann waschen, anziehen, Betten machen, und ab im Gleichschritt zum Speisesaal.

Beim Essen darf nicht geredet werden. Morgens, mittags, abends – kein Ton. Vormittags und nachmittags wird unterrichtet. Latein, Griechisch, Französisch, Geschichte, Geographie, Mathematik. Später auch Metaphysik, Rhetorik, Poetik, Fechten, Reiten, Tanzen. Bis zum Zapfenstreich um 21 Uhr sind für Hausaufgaben noch zwei Stunden eingeplant. Und jeder Brief an die Eltern wird vor dem Versiegeln gelesen und zensiert.

»…eine weite Aussicht ist zwiefache Hölle für einen Gefangenen«
Aus Schillers Erzählung »Der Verbrecher aus verlorener Ehre«

Auf der Solitude mit Blick über die Allee nach Ludwigsburg fühlt der Dichter sich wie im Käfig mit weiter Aussicht. Rechts Schloß Solitude.

Wer gegen die Ordnung verstößt, wird öffentlich bloßgestellt. Der Aufseher heftet dem ertappten Schüler ein Billet ans Revers, auf dem die Verfehlung notiert wird. Da steht er also schon mal am Pranger. Während des Mittagessens schreitet dann der Herzog die Tische ab, zieht zitternde Eleven am Kragen hoch, liest die Zettel durch, verwarnt, verteilt eigenhändig Ohrfeigen, befiehlt Essensentzug, Rutenhiebe oder Arrest. Die herzogliche Machtmaschine sorgt für Gehorsam und Dressur seiner Leibeigenen.

Schiller erlahmt langsam unter dem Druck. Von Monat zu Monat werden seine Leistungen schlechter. Und der Herzog kennt seinen Pappenheimer bald von vielen Billets: Der Junge hat sich sechs Kreuzer geborgt und Heißwecken gekauft. Macht 12 Schläge mit dem Weidenstock. Und am Weihnachtsabend ist er doch tatsächlich mit zwei Kameraden zu einer der Mägde gegangen und hat Kaffee getrunken. Gibt auch wieder Schläge. Und dauernd soll er sich waschen und seine Kleider sauber halten. Er will sich nicht waschen. Sollen sie ihn doch *Schweinpelz* nennen. Ist ihm so egal.

Und immer fühlt er sich verfolgt. Auch vom Herzog. Auch der spioniert dauernd herum. Schleicht sogar nachts durch die Korridore und schaut durch Gucklöcher, die es in allen Türen gibt, und überrascht heimliche Leser. Was liest er da? Immer fühlt Schiller sich beobachtet. Nie ist er richtig allein. Nie für sich.

Das nervt. Und macht krank. Der Körper macht einfach nicht mehr mit. Siebenmal muß der zarte, aufgeschossene, pubertierende Junge in den ersten zwei Jahren ins Krankenzimmer. Einmal für fünf Wochen. Er ist bald der Schlechteste in seiner Klasse.

Und dann hat sich der Herzog, dieser hochbegabte, maßlose, gewalttätige und rastlose Despot, mal wieder etwas Tolles einfallen lassen. Er hat einen Fragebogen entworfen. Höchstpersönlich. Er möchte wissen, wie seine *Söhne* über sich selbst und vor allem über ihre Kameraden denken. Ein paar schlaue Fragen ersetzen doch gleich den Spitzel.

Und natürlich gibt es unter den Eleven auch kleine Kontrolleure und Denunzianten, die eifersüchtig und beflissen Verfehlungen ihrer Kameraden preisgeben. Und die Opfer bekommen Karzer oder Prügel. So ist denn die Stimmung auch von Mißtrauen, Angst und Verstellung geprägt.

Schiller beantwortet die Fragen mit rührender Ehrlichkeit. Er schreibt: *Wann der Körper leidet, so leiden auch mit ihm die Kräfte der Seele.* Sich selbst findet er *öfter übereilend, öfter leichtsinnig*. Und was seine Kommilitonen über ihn denken? Der Herzog könne sie ja selbst fragen, und sicher werde er folgende Antwort bekommen: *Sie werden mich eigensinnig, hitzig, ungeduldig finden.* Aber *sie werden Ihnen auch meine Aufrichtigkeit, meine Treue, mein gutes Herz rühmen.*

Und am Ende schwärmt er sich dann noch in einen seligen Wunsch hinein. Er wäre ja so glücklich, wenn er nicht, wie gewünscht, Jurist werden müßte, sondern ein Gottesgelehrter sein dürfte. Doch das kommt für den katholischen Herzog eines protestantischen Kleinstaates wie Württemberg natürlich überhaupt nicht in Frage.

Und immer wieder spielen sich in der Elite-Schule Tragödien ab, versuchen unglückliche Eleven, sich umzubringen, und intime Freundschaften werden verraten und junge Herzen zerbrechen dabei. Auch Schiller erlebt so eine verschmähte Jünglingsliebe. Er schreibt doch die zärtlichsten Oden für Friedrich Scharffenstein. Und der? Was tut der? Geht mit diesem Skeptiker Masson, der Spottverse auf Schiller macht und seine Zuneigung verhöhnt: Die ist doch nur Poeten-Produkt, nicht Wirklichkeit! Und sein Friedrich, den er »Sangir« nennt, wiederholt das auch noch.

Schiller ist ins Herz getroffen. Er macht Szenen, ist voll Eifersucht und Trauer. *Was hätte das für eine Freundschaft sein können!* schreibt er dem, der ihn nun verrät. Aber ja, er, Schiller, habe alle anderen vergessen, wenn er mit ihm, mit Scharffenstein, zusammen war. Und wie klein habe er sich neben ihm gefühlt, nur einen Wunsch habe er da an Gott gehabt: *mich Dir gleich zu machen! Scharffenstein!* Nein, die Freundschaft war nicht irdisch, nicht gemein, sie war ein *unsterbliches, himmlisches Band!*

Kann er sich denn nicht mehr an die Sternennächte vor seinem Fenster erinnern? Nicht mehr an die Blicke, die sie sich beide auf dem Abendspaziergang zugeworfen? Glaubt er wirklich, er habe ihn zum Freund gewählt, *um einen zu haben, von dem ich in meinen Gedichten plaudern* kann? Ach, hätte er doch wenigstens Achtung vor ihm gehabt, *denn wenn man eines Freund ist, muß man in ihm die Eigenschaften verehren, die ihn verehrenswert machen, aber Du hast nichts auf mich gehalten!* Und voll Leid und Bitterkeit schließt er mit einem alten Vers auf seinen Freund, den er nun wohl *Lügen strafen* muß:

Sangir liebte seinen Selim zärtlich
Wie Du mich mein Scharffenstein
Selim liebte seinen Sangir zärtlich
Wie ich Dich mein lieber Scharffenstein
Schiller

Und doch holt bald ein spärliches Glück den verzweifelten Schiller aus seinem Schmerz und seiner Depression: Die Schule wird verlegt. Zieht um von der Solitude runter nach Stuttgart. Mitten in die Stadt. Da löst sich der Druck ein wenig, denn der herzogliche Würgegriff läßt mit der Distanz nach.

Schillers zweiter Busenfreund, Friedrich Wilhelm von Hoven, der zusammen mit ihm in die Pflanzschule kam, erzählt, wie sie in den verhaßten juristischen Übungsstunden nun unterm Tisch Gedichte schreiben.

Und Professor Abel, der Psychologie und Moralphilosophie unterrichtet, Jakob Friedrich Abel, dieser von seinen Eleven so geliebte und verehrte *engelsgleiche Mann*, liest den Jünglingen aus Shake-

Schillers Lieblingsprofessor an der Hohen Carlsschule:
Jakob Friedrich Abel.

speares »Othello« vor. Was für Stunden sind das, wo ihnen der Kampf zwischen Pflicht und Leidenschaft und Sein und Schein so sinnlich und so aufregend erklärt wird.

Wär' ich der Mohr, nicht möchte' ich Jago sein
Wenn ich ihm diene, dien' ich nur mir selbst,

sagt Jago, der Dämon, der seinem Dienstherrn Othello das Gift der Eifersucht einträufeln wird.

Der Himmel weiß es! nicht aus Lieb und Pflicht,
Nein, nur zum Schein für meinen eignen Zweck.
Denn wenn mein äußres Tun je offenbart
Des Herzens angeborne Art und Neigung
In Haltung und Gebärde, dann alsbald
Will ich mein Herz an meinem Ärmel tragen
Als Fraß für Kräh'n. Ich bin nicht, was ich bin!

Solche Texte zünden Schiller an. Und die Lust kommt zurück, und das Leben auch. Professor Abel begreift bald, welche Begabung er da vor sich hat, notiert nach dem Unterricht: *Schiller war ganz Ohr, alle Züge seines Gesichts drückten die Gefühle aus, von denen er durchdrungen war.* Und er leiht dem Lieblings-Eleven sein Handexemplar »Shakespeares Theatralische Werke, aus dem Englischen übersetzt von Herrn Wieland«, und Schiller verschlingt es glühend.

Es gibt nun kein Halten mehr. Heimlich liest er mit ein paar gleichgesinnten Freunden Klopstocks träumerischen »Messias«, die Oden von Kleist und Lessings »Emilia Galotti«, dieses Trauerspiel vom schamlosen Treiben eines absolutistischen Fürsten. Der hat sich die bürgerliche Emilia für ein Liebesabenteuer ausgewählt. Doch bevor der Tyrann sich an ihr vergehen kann, erdolcht der Vater die Tochter.

Was für Kreaturen! Ein lüsterner Prinz und ein teuflischer Kammerherr in schrankenloser Willkür. Solche Figuren gibt es doch in den Schlössern von Ludwigsburg und Hohenheim und auf der Solitude zu Hauf. Und deshalb ist das natürlich alles verbotene Lektüre. Der Herzog würde schäumen, wenn er wüßte, was seine Eleven da lesen.

Und sie lesen natürlich auch den frivolen Wieland und Bürgers stürmische Gedichte und die Dramen von Klinger, in der die revolu-

»Da liegen sie, die stolzen Fürstentrümmer, / Ehmals die Götzen ihrer Welt!«
Aus Christian Friedrich Daniel Schubarts Gedicht »Die Fürstengruft«

Schubart ritzt sein Gedicht in die Wand des Festungsturms auf dem Hohenasperg,
wo Herzog Carl Eugen den Freiheitsdichter zehn Jahre schmachten läßt.
Schiller besucht ihn dort heimlich.

tionäre Sprache nur so davongaloppiert, und Goethes »Werther«, dieses neurotische Gewitter eines unglücklich Liebenden, der sich am Ende erschießt. Und lesen seinen »Götz von Berlichingen«, den edlen Ritter mit der eisernen Faust, den die Fürsten fürchten und die Unterdrückten verehren. Was für ein herrlicher, frecher Ton da herrscht!

Er aber, sag's ihm, er kann mich…

Da erwacht in Schiller der Dichter mit Sturm und Drang. Er hat ja schon mit 13 Jahren dramatische Szenen geschrieben. »Die Christen«, so wollte er das Epos nennen. Dann kam das nächste kleine Genieprodukt über König Davids Sohn »Absalom«, der umgebracht wird. Alles noch geprägt von Glauben, Ekstase und Pietismus, und alles hat er wieder verworfen und vernichtet. Auf der Solitude machte er sich heimlich an ein drittes Drama. Den Stoff hatte er in der Zeitung gefunden, eine unerfüllte Liebe mit schrecklichem Ende. Sollte »Der Student von Nassau« heißen, gefiel ihm aber auch nicht, hat er auch zerrissen. Doch nun ist er bald 18 und sucht verzweifelt nach einem Dramenstoff. Seine Freunde sollen bitte auch Bücher und Zeitungen durchsehen. Seinen letzten Rock will er für ein tolles Thema hergeben. Also sucht!

Was Schiller sucht, findet er im »Schwäbischen Magazin«: eine Erzählung von Christian Friedrich Daniel Schubart. Es ist die dra-

matische, aber glücklich endende Geschichte von zwei ungleichen Brüdern. Dieser Schubart ist ein berühmt-berüchtigter Publizist, der in seiner »Deutschen Chronik« scharf und temperamentvoll, satirisch und pathetisch gegen Welt- und Kirchenfürsten wettert. Als ihm der Boden in Stuttgart zu heiß wird, weil er Herzog Carl Eugen samt seiner Mätresse in einer Ballade über Feudalismus, Frömmelei und wüstes Finanzgebaren angegriffen

Dichter des Sturm und Drang: Schiller um 1780.
Der Freiheitskämpfer Schubart (Seite 27) sitzt damals schon hinter Festungsmauern, die Schiller gezeichnet hat.

hat, geht er nach Ulm. Und fällt auf ein Schreiben des Herzogs herein, das Rückkehr in Gnade verspricht.

Kaum aber betritt Schubart am 22. Januar 1777 württembergischen
Boden, wird er verhaftet und auf den Hohenasperg zwischen Ludwigsburg und Stuttgart geschleppt. Der Herzog und seine Geliebte
sind extra angereist und beobachten vom Haupthaus aus, wie ihr Erzfeind Schubart in den alten Turm gezerrt wird. Ein Jahr vegetiert er
dort erbärmlichst im Kellergewölbe. Die restlichen neun Jahre darf er
gnädigst in Licht und Luft innerhalb der Festungsmauern absitzen.

Noch im modrig feuchten Turm hatte er mit der Spitze seiner
Schuhschnalle sein berühmtestes Gedicht in die Wand geritzt: »Die
Fürstengruft«. Darin läßt er seine Peiniger sterben und verfaulen.

Da liegen sie, die stolzen Fürstentrümmer,
ehmals die Götzen dieser Welt!
Da liegen sie, vom fürchterlichen Schimmer
Des blaßen Tags erhellt!
Nun ist die Hand herabgefault zum Knochen,
die oft mit kaltem Federzug
den Weisen, der am Thron zu laut gesprochen,
in harte Fesseln schlug…

Als Schiller Schubarts Erzählung von den ungleichen Brüdern liest, hat er sein Thema gefunden, das Thema seines Dramas »Die Räuber«. Seine Brüder im Deutschland um die Mitte des 18. Jahrhunderts sind Söhne des regierenden Grafen von Moor. Karl − strahlend, leichtlebig, edel − studiert in Leipzig. Franz − häßlich und lasterhaft, mit *Mohrenmaul* und *Hottentottenaugen* − wartet auf den Tod des Grafen. Er will an die Macht. Also wird die große Intrige gesponnen, damit der Alte endlich einen Herzschlag kriegt. Karl − so behauptet Franz, *die Kanaille*, in einem gefälschten Brief − Karl ist verludert, hat Schulden, hat eine ehrbare Jungfrau verführt, einen braven Burschen im Duell erdolcht, er ist auf der Flucht und wird per Steckbrief gesucht.

Von dieser Szene aus rollt das Drama schnurstracks in die Katastrophe. Karl bekommt vom Bruder die erlogene Nachricht: Der Vater habe ihn verflucht und enterbt. So zieht der Verzweifelte mit Freunden als Räuber in die Wälder. Der Graf wird, weil er einfach nicht sterben will, lebendig begraben, heimlich aber von einem treuen Diener aus dem Sarg befreit. Franz buhlt vergeblich um Amalia, die Braut des Bruders.

Und Karl? Er wollte ein guter Räuber sein, glaubte, er könnte verkommene Politiker und selbstgerechte Herrscher einfach mit dem Tod bestrafen. Er verliert jedoch die Kontrolle über einige Freunde, die drauflosmorden, rauben, Klöster schänden und Nonnen vergewaltigen. Am Ende steht dann die große Abrechnung und die Erinnerung an die Liebe zu Amalia.

Der gesuchte Räuberhauptmann Karl kehrt ins Schloß zurück und will seinen Bruder zur Rechenschaft ziehen. Doch der erdrosselt sich, als er hört, daß der Betrogene ihn durchschaut hat. Und der alte Vater, der wie ein Gespenst aus seinem Versteck kriecht, fällt tot um, als er die Wahrheit erfährt. Karl ist nun hin- und hergerissen zwischen Amalia und dem Schwur, den er seinen Kumpanen gegeben hat. *Du willst von uns abfallen, nur weil ein Mädchen weint? Du Ehrloser, du Treuloser!* Und als ein Räuber sie erschießen will, zieht Karl seinen Degen und ersticht die Braut. Nun kann auch er nicht mehr leben. Doch das Geld, die hohe Belohnung auf seinen Kopf, soll der arme Tagelöhner mit elf Kindern, an den er sich erinnert, verdienen: *Dem Manne kann geholfen werden.*

Als der Dichter Schubart in den Kasematten vom Hohenasperg verschwindet, beginnt Schiller, die ersten Räuberszenen zu schreiben. Heimlich. Meist nachts. Immer so zwischen Lateinbüchern und medizinischen Abhandlungen. Denn Schiller hat inzwischen Order vom Herzog, Arzt zu werden. Der Despot hatte zu spät bemerkt, daß viel zu viele seiner *Söhne* Jurisprudenz studierten. Er kann sie längst nicht mehr alle in seinem Verwaltungsapparat unterbringen Also muß Schiller Mediziner werden. Das ist ein Befehl.

Schiller ist so entsetzt, daß er seinem Vater, der die Order abnicken muß, sagt, er wolle sich lieber umbringen, als Arzt zu werden. Die ganze Jura-Paukerei für die Katz! Das heißt ja, wieder von vorn anzufangen! Aber er will doch endlich mal raus aus dieser *Sklavenplantage,* wie der eingekerkte Schubart die Hohe Carlsschule genannt hat. Doch er muß sich fügen. Und nach den ersten Vorlesungen glaubt Schiller sogar, der Freiheit einen Schritt näher zu sein. Medizin hat ja mit Menschen zu tun. Mit Körper und Seele und nicht mit Paragraphen. Und es ist eine moderne, eine kühne Wissenschaft, in der ausprobiert und experimentiert wird mit Instrumenten und Medikamenten. Und ist dieser große Arzt Haller nicht auch ein Dichter, wenn er die Schönheiten der Schöpfung besingt?

Du hast den Elefant aus Erde aufgethürmt,
Und seinen Knochenberg beseelt…

Schiller belegt also Neurologie, Pathologie, Chirurgie, Chemie und Anatomie, ist auch bei der Leichenöffnung eines gestorbenen Schülers anwesend. Und fasziniert hört er die Vorlesungen über Psychologie. Davon werden seine Bühnenfiguren später profitieren. Aber erstmal hilft es einem Kommilitonen, einem schwermütigen, selbstmordgefährdeten jungen Mann. Als der von Schiller ein Schlafmittel erbittet, sorgt der Alarmierte dafür, daß der Patient ins Spital kommt. Und Schiller achtet darauf, daß der Suizidgeneigte rund um die Uhr betreut wird. Auch er selbst beteiligt sich und schreibt acht Berichte über den Seelenzustand des Schülers.

Schreibt, daß der Grund für seine *fürchterliche Melancholie* wohl darin zu suchen sei, daß der pietistische Schwärmer Metaphysik studierte und nun nicht mehr wüßte, wo die Wahrheit liegt. *Er sähe nicht ein, warum er leben sollte, da er ohne alle Absicht lebe.* Und als es immer toller wird, glaubt der Patient, *er habe zwei Köpfe.* Und das, schreibt Schiller, konnte man ihm nicht mit einen *diktatorischen Nein* austreiben, *sondern man setzte ihm einen künstlichen auf, und diesen schlug man ihm ab.* Das sei ihre *Generalregel* gewesen, *das Vertrauen eines Kranken kann nur dadurch erschlichen werden, wenn man seine eigene Sprache gebraucht.* Und sechs Wochen später findet Schiller den *Hypochondristen* schon wieder überaus *heiter, lustig* und *vergnügt.*

So wirft er sich ins neue Fach. Lernt, lebt auf, schreibt auch wieder gute Noten und füttert seinen noch nicht verrauchten Zorn gegen den Herzog mit Poesie und Persiflage: Er verkleidet sich als Carl Eugen und paradiert durch den Saal, am Arm einen berockten Freund als des Herzogs Geliebte. Die feixenden Kommilitonen klatschen Beifall. Plötzlich geht die Tür auf, und der Herzog steht da – mit seiner Mätresse am Arm. Schiller schwingt gerade einen Besen als Paradestab. Die Eleven erstarren. Und der Herzog? Schaut sich die Szene an, sagt kein Wort, verzieht keine Miene – geht. Und niemand wird bestraft.

Es ist die Zeit, als Gotthold Ephraim Lessing seinen »Nathan« schreibt. Mit der Parabel von den drei gleichen Ringen – die Christentum, Judentum und Islam bedeuten – kämpft der Humanist gegen Ungeist und Intoleranz in Religionsfragen an. Und in Königsberg schreibt Immanuel Kant »Die Kritik der reinen Vernunft« mit dem kategorischen Imperativ und der große Idee: Bestimme dich aus dir selbst. Schiller wird diese Philosophie in wenigen Jahren bejubeln.

Jetzt aber schreibt er nachts erstmal weiter an den »Räubern« und entlädt seine sturmgepeitschte Phantasie. Nachts ist es ruhiger. Und die Aufseher kontrollieren nur in Abständen. Doch die Angst vor Entdeckung ist immer da. Er schmuggelt Kerzen in den Schlafsaal, steigt um Mitternacht über die quietschenden Eisenbetten der schlafenden Mitschüler hinweg, setzt sich an den Tisch vorm vergitterten

Der junge Schiller führt auf der Karlschule seinen Herzog Karl vor.

Aufmüpfige Carlsschüler: Schiller, mit einem Kommilitonen in Frauenkleidern an seiner Seite, persifliert Carl Eugen und schwingt den Besen wie einen Paradestab. In dem Moment betritt der Herzog mit seiner Geliebten den Saal.

Fenster, legt Lehrbücher zum Überdecken seiner Räuber-Szenen bereit und schreibt.

Schreibt wild, lustvoll, gierig, wollüstig: *Ich will alles um mich her ausrotten, was mich einschränkt, daß ich nicht Herr bin,* läßt er Franz Moor sagen. *Herr muß ich sein, daß ich das mit Gewalt ertrotze, wozu mir die Liebenswürdigkeit gebricht.* Und Schiller stampft im Rhythmus seiner Texte mit den Füßen auf den Boden, greift zum Schnupftabak, trinkt den heimlich organisierten Wein und hört auf jedes verdächtige Geräusch. Kommt da wieder einer? Schon liegen die Anatomieseiten auf Karl und Amalia.

Was schreibt er da? Der Schreck sitzt immer wieder. Er lernt für die Prüfung, sagt er mit bleichem Gesicht. Und der Aufseher geht davon. Wenn einer von denen seine Texte lesen würde, nicht auszudenken! Ihm würde das Schicksal von Schubart blühen. Und vorsichtig stampft Schiller sich wieder in den Takt seiner unterbrochenen Gedanken. *Mir ekelt vor diesem tintenklecksenden Säkulum*, sagt sein Karl Moor, der manchmal auch Friedrich Schiller ist: *Da krabbeln sie nun wie die Ratten auf der Keule des Herkules und studieren sich das Mark aus dem Schädel.* Und die Paragraphenfuchser kriegen auch ihr Fett weg. *Das Gesetz hat zum Schneckengang verdorben, was Adlerflug geworden wäre. Das Gesetz hat noch keinen großen Mann gebildet, aber die Freiheit brütet Kolosse … aus.*

Und schnaufend, zitierend, trampelnd sitzt der junge Dichter da, und natürlich wacht wieder irgendein Kommilitone auf: Fritz, was ist? Was machst du da? Und schon sitzt Schiller an seinem Bett mit kleckernder Kerze und liest flüsternd die frische Szene vor. Und am Morgen taumelt er dann zum Früh-Appell – kaputt, übermüdet, selig.

An einem Sonntag im Mai, beim beaufsichtigten Spaziergang hoch zum Bopserwald über Stuttgart, lösen sich aus der marschierenden Korona sechs Eleven in Uniform und Dreispitz und schlagen sich in die Büsche: Schiller, sein langjähriger Freund von Hoven, der Maurersohn Schlotterbeck, den der Herzog einst so von der Straße weg auf seine Eliteschule geholt hatte, der Witzbold Kapf, Sohn eines Rittmeisters, der Stuttgarter Stallknechtssohn Dannecker, der 15 Jahre später die schönste Schillerbüste fertigen wird, und Heideloff, ein Bankert des Kurfürsten von Hannover. Sie liegen, lagern und stehen unter Bäumen, durch die sie unten im Kessel die Stadt schimmern sehen. Schiller zieht ein Manuskript aus dem Ärmel und liest, an einen Stamm gelehnt, Szenen seiner »Räuber« vor.

Seine Deklamation, erzählt Victor Heideloff später, *war anfänglich eine ruhige.* Als er aber an die Stelle kommt, wo Karl Moor den totgeglaubten Vater erkennt, steigert Schiller sich so sehr in wilde Gestikulation, daß die Freunde ganz bestürzt sind:

Höre mich Mond und Gestirne! Höre mich mitternächtlicher Himmel! … Hier knie ich – hier streck ich empor die drei Finger in die Schauer der Nacht – hier schwör ich … das Licht des Tages nicht mehr zu grüßen, bis des Vater-

mörders Blut…gegen die Sonne dampft. Heideloff wird diese Szene in einer Rötelzeichnung berühmt machen.

Seine erste Dissertation »Philosophie der Physiologie« schreibt der Feuerkopf in Deutsch und Latein. Er beginnt mit dem göttlichen Weltplan und teilt die Arbeit dann in Kapitel ein – vom geistigen und vom nährenden Leben und von der Zeugung bis zum Schlaf und zum Tod. Der Ton ist frisch, forsch und manchmal frech. Er wirbelt den Staub ein wenig auf, den Muff unter den Talaren.

Und so sagen dann die drei Zensoren: Nein. Nein, diese Arbeit wird nicht gedruckt. Kandidat Schiller reibe sich allzu sehr an medizinischen Autoritäten, gehe ungeniert und *äußerst verwegen* mit den würdigen Männern um. Und *daß die Seele erst während der Geburt in das Kind kommen solle*, schreiben die Herren in ihrer Beurteilung, das sei wohl selbst für einen Dichter eine zu kühne These!

Dichterlesung: Hoch über Stuttgart im Bopserwald lehnt Schiller an einem Baum und liest seinen Freunden Szenen aus den »Räubern« vor.

Dem Herzog, der diesen stolzen und so gar nicht devoten Schiller mag, hat nun gerade die kessen Stellen ganz köstlich gefunden. Ja, er hat sich prächtig amüsiert. Und *der junge Mensch* hat ja auch *viel Schönes darinnen gesagt*, antwortet er den Zensoren. Aber dieses Feuer! Das sei wohl doch zu heftig. Damit könne er Schiller *noch nicht öffentlich an die Welt* geben. Also, er soll eine zweite Arbeit schreiben und ruhig noch ein Jahr dranhängen.

Schiller ist außer sich. Noch ein Jahr? Auf dieser Galeere? Warum? Er kann es nicht fassen. Er hat doch fast alle Fächer mit Auszeichnung bestanden! Und tatsächlich, am 14. Dezember 1779 – er ist gerade 20 geworden – wird er viermal geehrt. Es ist das große Stiftungsfest. Feine Herrschaften kommen von überall her. Sogar Herzog Carl August vom Weimarer Musenhof ist angemeldet. Er hat gerade eine kleine Lustreise in die Schweiz gemacht, mit seinem Busenfreund Goethe, diesem Kraftgenie.

Und dieser Goethe steht nun da, links vom Thron Carl Eugens, steht da in seiner berühmten Werther-Kluft, dem blauen Frack zu gelben Hosen, die in eleganten Stulpenstiefeln stecken. Goethe, ihr Abgott, den sie heimlich gelesen, seinen Werther, seinen Götz.

Viermal wird Schiller aufgerufen. Viermal darf er einen Preis für beste Leistungen aus der Hand seines wieder mal so gehaßten Landesfürsten entgegennehmen, wofür er ihm den Rockzipfel küssen muß. Und viermal steht sein Idol Goethe nur ein paar Schritte entfernt. *Wie gerne hätte ich mich ihm bemerkbar gemacht*, wird Schiller später sagen. Aber Goethes Blick geht schon in Richtung Ewigkeit.

Das Extrajahr schleppt sich dahin. Schillers neues Thema heißt: »Versuch über den Zusammenhang der tierischen Natur des Menschen mit seiner geistigen«. Und weil diese Aufgabe eher philosophischen Charakter hat, gibt's noch ein Stück praktische Medizin dazu: »Über den Unterschied der entzündlichen und faulen Fieber«.

In der Dissertation zügelt Schiller seinen Ton. Doch das Feuer, das der Herzog in ihm löschen wollte, das ist eher noch angefacht. Denn nachts sitzt er wieder an den »Räubern«: *Oh, daß ich durch die ganze Natur das Horn des Aufruhrs blasen könnte... Mein Geist dürstet nach Taten, mein Atem nach Freiheit.*

Schillers zweite Arbeit wird angenommen, wird gedruckt, und beim mündlichen Examen, bei dem Publikum zugelassen ist, sitzt ein junger Mann im Saal, der ihm entzückt zuhört. Es ist der Musiker Andreas Streicher, der künftige Freund, der Schiller bald zur Flucht verhelfen wird.

Schiller beantwortet alle Fragen gewandt, frei, klug. Und er widerspricht dem prüfenden Professor. Und wie stolz er ihn anblickt. Und wie er lächelt dabei. Streicher ist schwer beeindruckt. Und wie unerschrocken Schiller mit dem Herzog parliert, der sich anschließend beim Essen bestens gelaunt über ihn beugt. Und auch da ist es wieder, dieses stolze Lächeln, denn Schiller ist jetzt frei. Entlassen aus der Leibeigenschaft nach sieben bitteren Jahren Carlsschule – endlich.

»Meine Knochen sollen nicht in Schwaben verfaulen«

Regimentsmedikus

Doch das Lachen vergeht ihm bald wieder. Was hatte Seine Gnaden Vater Schiller für den Sohn versprochen? Einen guten Posten mit bester Versorgung. Und wo steckt Serenissimus Carl Eugen seinen begabten Schützling hin? Ins Regiment von Augé. Als Medikus. Das ist nun wirklich das Allerletzte.

Augé ist das Krüppelregiment, sind 420 arme Teufel, Grenadiere, Invaliden, in Schlachten und Scharmützeln zusammengeschossen und notdürftig geflickt, verwilderte Gestalten in zerlumpten Uniformen, die im Spital liegen oder auf den Straßen Stuttgarts betteln. Bittere alte Männer mit schlechten Manieren und subalterne, besoffene Chargen, denen Schiller Hygiene beibringen und Medikamente verschreiben soll. Sein Vorgesetzter ist General Augé. 82 Jahre! *Er kommt zu Augé*, das ist so ein geflügeltes Wort in Stuttgart für Versager und solche, die das Leben bestraft.

Und Schiller tobt, als er hört, daß er auch noch Uniform tragen soll. Wie er sie haßt, diese Einheitskledage. Der alte Freund Scharffenstein – der sich nach dem bitteren Zerwürfnis aus Schülerzeiten wieder herzlich mit ihm versöhnt hat – ist dabei, als der Regimentsmedikus in seinen Dienst eingeführt wird: *Aber wie komisch sah mein Schiller aus!* Eingezwängt in den blauen Preußenrock, auf dem Kopf ein kleiner militärischer Hut, der irgendwie hochstand. Darunter die eingegipsten Haarrollen. Die Beine wie zwei dünne Zylinder in viel zu engen Hosen, die Gamaschen *mit Schuhwichse bekleckert*. Und so geht er denn, *ohne die Knie recht biegen zu können, wie ein Storch*.

Und Schiller? Dieser schlaksige, 1,80 Meter große Jüngling fühlt sich gedemütigt in dieser erbärmlichen Aufmachung. Fühlt sich verraten und verkauft zwischen diesen verwahrlosten Gestalten, die er da zu versorgen hat.

Was muß er tun? Früh aufstehen und ins Lazarett gehen. Visite machen in der Kaserne. Krankmeldungen kontrollieren. Rezepte schreiben. Arzneien mixen. Schiller ist ein wilder Mixer. Aus einem Almanach für Apotheker holt er sich Anregungen und mischt Brechmittel aus Weinstein und Wasser, dosiert fast alles viel zu hoch. Sein vorgesetzter Arzt korrigiert das stillschweigend und läßt die Mischungen regelmäßig überprüfen.

Ganze 23 Gulden verdient Schiller im Monat. Ein dürftiges Gehalt. Also zieht er mit seinem Freund, dem gleichaltrigen Leutnant Franz Joseph Kapf zusammen, diesem flegeligen Kauz, der schon bei der legendären Räuber-Lesung im Bopserwald dabei war. Sie mieten bei der jungen Hauptmannswitwe Louise Dorothea Vischer am Langen Graben ein Zimmer mit Schlafkammer, das seine Freunde als schrecklichen Saustall beschreiben.

Zwei ungemachte Feldbetten im Alkoven. Auf dem Heizofen eingekochte Reste in Töpfen. Die Kleider hängen an der Wand nur so an Nägeln. In der einen Ecke muffeln aufgeschüttete Kartoffeln, in der anderen Bücherberge, und leere Flaschen, wohin man tritt. Mitten im Chaos ein Tisch und zwei Bänke, auf denen Manuskripte herumliegen zwischen Tellern und Tabak. Und über allem wabert kalter Rauch. Ein *stinkendes Loch* nennt Scharffenstein das Zimmer. Und wenn Schiller den Schlüssel versust hat, tritt er die Tür auch schon mal ein.

Nach dem Dienst im Regiment Augé trifft der dichtende Medikus sich mit Freunden im »Ochsen«, seinem Stammlokal. Da wird geschwätzt, gekegelt und vorgelesen, Schach und Karten gespielt, Salat gegessen und Wein getrunken, ein, zwei Schoppen, mehr ist nicht drin im Gehalt. Aber man kann auch anschreiben lassen.

Der Ton in der Runde ist alles andere als lyrisch. Ein Zettel ist erhalten, den Schiller beim Ochsenwirt hinterläßt, als er seine Kumpels nicht antrifft: *Seid mir schöne Kerls. Bin da gewesen und kein Petersen, kein Reichenbach. Tausendsakerlot! Wo bleibt die Manille heut?* Also das Kartenspiel. *Hol Euch alle der Teufel. Bin zu Haus, wenn Ihr mich haben wollt. Adies. Schiller.*

Und natürlich haben die Kerls, die jahrelang nur mit Männern zusammenlebten – immer *en companie*, ob im Schlafsaal, im Waschraum, im Schulzimmer, immer nur mit Schülern, Lehrern, Aufpassern – natürlich haben die freigelassenen Kerls nun Lust auf das andere Geschlecht. Aber auch Manschetten vor dem, was sie nicht kennen und auf das sie niemand vorbereitet hat. Vor allem Schiller scheint dem Akt mit Grausen entgegengesehen zu haben. Schreiben konnte er darüber. Schreiben konnte er doch über alles. Hatte ja auch, wie er sagt, so manche *schlüpfrig sinnliche Stelle in platonischen Schwulst verschleiert.* Aber mit einer echten Frau schlafen?

So gehen sie denn erstmal ins Bordell. *En companie*, wie Scharffenstein in seinen Erinnerungen erzählt. Gemeinsam ist man eben mutiger. Und Petersen, der einst im Schlafsaal Schillers nächtliche Arbeitsweise an den »Räubern« beschrieb, mit *Stampfen, Schnauben und Brausen,* will dabeigewesen sein – und *noch mehrere sind Zeugen* – als Schiller mit einer Prostituierten verkehrt. Jedenfalls berichtet er, *daß er während eines einzigen Beischlafs, wobei er brauste und stampfte, 25 Prisen Tabak schnupfte – in die Nase nahm.*

Schiller hat sich sein Leben lang künstlich in Rauschzustände versetzt, vor allem mit Kaffee, aber auch mit Champagner, Likör, Wein und Tabak. Gelernt hat er das in der Carlsschule. Da blühte der Handel mit all diesen verbotenen Substanzen. Da wurde von einigen Eleven ein richtiger Schwarzhandel aufgezogen. Und weil Rauch und Qualm von den Aufsehern sofort gerochen wurden, schnupften die Schüler Tabak. Und hatte Schiller keinen Tabak mehr, dann *kitzelte er seine Geruchsnerven mit Staub,* schreibt Petersen.

Die Laura seiner Liebeslyrik: Hauptmannswitwe Louise Dorothea Vischer ist Schillers Vermieterin und Muse.

Und alle Lust, alles Verlangen, alle Sehnsucht, Qual, Begierde, Wollust entlädt sich nun in Schillers Lyrik für Laura, in wüsten, wilden, wütenden Gedichten:

Ewig starr an deinem Mund zu hangen
Wer enträtselt dieses Wutverlangen?
Wer die Wollust, deinen Hauch zu trinken,
In dein Wesen, wenn sich Blicke winken,
sterbend zu versinken?

Laura, die 30jährige Hauptmannswitwe und Mutter von zwei Kindern, ist Schillers Vermieterin. Seine Kerls, allen voran mal wieder Petersen, beschreiben diese Louise Dorothea Vischer rüde und respektlos als *magere Blondine* oder *gänzlich verwahrlostes Weib und wahre Mumie.* Scharffenstein bringt die Leiche wieder zum Leben: *Ein gutes Weib* sei sie, nicht hübsch, nicht geistreich, aber etwas Gutmütiges, Anziehendes und sogar Pikantes habe sie. Und sie spielt Klavier, was Schiller liebt.

Wenn dein Finger durch die Saiten meistert –
Laura, itzt zur Statue entgeistert,
Itzt entkörpert steh ich da.

Ja, sie ist seine Muse. Seine Geliebte wohl eher nicht. *Er liebte die Weiber im Grunde nicht,* sagt Scharffenstein. *Er kannte nur die Extreme: Excentricität oder thierischen Genuß.* Und der Freund ist nah dran, kennt ihn gut, sagt: *Außer ein paar Sprüngen mit Soldatenweibern, auch en companie, weiß ich keine Débauche von ihm,* also keine Ausschweifung. Die Sinnlichkeit, die er ihm ebenfalls abspricht, mit Frauen abspricht, die Sinnlichkeit webt Schiller in seine allerschönsten Verse – damals:

Deine Blicke – wenn sie Liebe lächeln,
Könnten Leben durch den Marmor fächeln,
Felsenadern Pulse leihn,
Träume werden um mich her zu Wesen,
Kann ich nur in deinen Augen lesen:
Laura, Laura, mein! –

Gegen Ende des Monats, wenn das Geld ausgeht, wandern Schiller und Scharffenstein, das Herz und seine Seele, in zwei Stunden Fußmarsch hoch zur Solitude. Aber jedesmal muß er dafür um Erlaubnis bitten. Ohne Erlaubnis darf Schiller Stuttgart nicht verlassen. Also dort oben, in einem der Kavaliershäuschen am Schloß, leben seit einigen Jahren Schillers Eltern und Schwestern. Herzog Carl Eugen hat

Caspar Schiller, der nun schon bald 60 wird, zum Chef der Hof-
gärtnerei und der Forstbaumschule gemacht.

Was für wunderschöne Tage sind das im Sommer. Der Blick geht
weit über Felder, und der Duft aus den Orangen-Gewächshäusern
weht durchs offene Fenster. Und Schillers Mutter kocht für alle. *Nie
habe ich ein besseres Mutterherz … gekannt*, schwärmt Scharffenstein. *Was
wurde dort für das liebe Wundertier von Sohn und seine mitgebrachten
Kameraden gebacken und gebraten!* Und bis das alles auf
dem Tisch steht, erzählt Vater Schiller die un-
glaublichen Abenteuer aus dem Siebenjährigen
Krieg.

Daß aber sein hochbegabter, kluger Sohn
nach einem so glänzenden Abschluß an der
Carlsschule nun als Regimentsmedikus ver-
sauert, das verbittert den Vater doch sehr.
Was hatte der Herzog nicht alles versprochen! Nichts hat er gehalten. Für Schiller
ist die Arbeit bei Augé sein *Loch der Prüfung.*
Und er schreibt: *Meine Knochen haben mir im
Vertrauen gesagt, daß sie nicht in Schwaben verfaulen sollen.*

Also »Die Räuber« müssen unbedingt
gedruckt werden. Sie sind seine Rache für sieben Jahre Angst und
Ackerei. *Wir wollen ein Buch machen*, sagt er zu Scharffenstein,
das aber durch den Schinder absolut

Verleger und Intendant:
Friedrich Schwan empfiehlt
»Die Räuber«, Heribert
von Dalberg (unten) bringt sie
im Nationaltheater Mannheim
triumphal auf die Bühne.

verbrannt werden muß! Freund Petersen soll in Mannheim nach einem Verleger suchen. *Höre Kerl!* schreibt er dem, *wenn's reussiert. Ich will mir ein paar Bouteillen Burgunder darauf schmecken lassen.*

Nichts reussiert. Schiller muß das Drama selbst verlegen. Bei einer Unteroffiziersfrau leiht er sich die nötigen 150 Gulden. Sie sind der Anfang eines Schuldenbergs, der Jahre und Jahre auf ihm lastet. Aber es wird gedruckt. Verlagsorte sind »Leipzig und Frankfurt«, die großen Messestädte. Reine Tarnung. Damit der Drucker aus Stuttgart keinen Ärger kriegt. Die ersten Bögen schickt Schiller an den Mannheimer Buchhändler Schwan. Der ist bekannt dafür, daß er Talente riecht.

Er riecht das Genie. Aber die Wildheit, die muß raus aus dem Text. Wird gemacht. Schiller hat doch beim Korrekturlesen längst gemerkt, wie *grell und widerlich* sich manches liest. Und Schwan? Der hat das Stück *brühwarm*, wie er Schiller schreibt, an den Intendanten des Mannheimer Nationaltheaters weitergegeben, den Freiherrn Heribert von Dalberg. Und der ist entzückt. Will das Schauspiel aufführen. Spricht auch schon von enger Zusammenarbeit und von neuen Stücken. Und Dalberg ist einer der berühmtesten und erfolgreichsten Theatermänner Deutschlands. Also Schiller glüht!

Und dann kommt die kalte Dusche. »Die Räuber« sollen ins 15. Jahrhundert verlegt werden, schreibt ihm der Intendant. Die Leute lieben nun mal die alten Ritterstücke. Man müsse sich da dem Geschmack beugen. Im übrigen sei so eine wilde Räuberbande, wie Schiller sie beschreibt, *in unserem hellen Jahrhundert, bei unserer abgeschliffenen Polizey* ja auch gar nicht denkbar.

Wie bitte? Nicht denkbar? Das Räuber- und Gaunerwesen blüht in Schwaben! Schiller hat hier kein Märchen geschrieben, sondern Wirklichkeit, Gegenwart. Aber Dalberg wird einen Teufel tun und sich mit der Zensur anlegen. Und dann diese Angriffe auf herrschaftliche Personen im Stück. Der Intendant ist einer, der oft bei Hofe geladen ist. Also bitte. Briefe gehen hin und her, und am Ende zieht Schiller den Kürzeren. Er fügt sich. Was bleibt ihm übrig. Er will sein Stück doch auf der Bühne sehen. Aber seine Briefe, die unterschreibt er schon mal mit »Doktor Schiller«. Schließlich ist er ja auch wer!

Der Ruf der »Räuber« geht der Aufführung voraus wie Donnerhall. Die Textbücher gehen von Hand zu Hand. Sogar der eingekerkerte Schubart liest sie auf der Festung Hohenasperg. *Außer Schiller,* sagt er, *wüßte ich kaum einen deutschen jungen Mann, dem heilige Geniefunken aus der Seele, wie Lohe vom Opferaltar emporsteigen.*

Schiller selbst macht in einer Stuttgarter Zeitung auch Werbung für sein Stück. Anonym. Sowas beherrscht er glänzend. Beschreibt zunächst Inhalt und Charaktere. Die Leute müssen ja erstmal wissen, worum es überhaupt geht. Bringt dann – für die Schlauen – Plutarch, Cervantes und Shakespeare ins Gespräch. Und tadelt schließlich witzig und ironisch den Dichter selbst – also sich. Das Ganze, findet er, hätte wirklich mit etwas mehr Anstand geschrieben sein sollen! *Laokoon kann in der Natur aus Schmerz brüllen*, aber in der Kunst müsse er sich mit der leidenden Miene begnügen. Da könnte der Verfasser, schreibt er weiter, jetzt natürlich einwenden: *Ich habe Räuber geschildert, und Räuber bescheiden zu schildern, wäre ein Versehen gegen die Natur – Richtig, Herr Autor! Aber warum haben Sie denn auch Räuber geschildert?*

Also Neugier und Erwartung für das berüchtigte Stück, den Geniestreich eines aufgehenden Helden, sind riesengroß. Und Wilhelm Iffland, der junge Bühnenstar, wird den Franz Moor spielen. Am 13. Januar 1782 ist die Uraufführung. Die Premierengäste kommen sogar aus Darmstadt und Frankfurt, Worms und Speyer in Kutschen angereist.

Schiller ist, ohne sich beim Herzog abzumelden, heimlich mit seinem Freund Petersen gekommen. Und weil er am Stadttor seinen Namen genannt hat, geht es wie ein Lauffeuer durch Mannheim: Der Dichter ist da! So füllt sich denn das Theater schon ab ein Uhr mittags. Aber wo ist der Autor? Der sitzt mit Petersen im Wirtshaus, trinkt Rheinwein und turtelt mit dem Serviermädchen rum. Verpaßt beinahe seine große Stunde. Kurz vor Beginn der Vorstellung kommen sie angehetzt und belegen die teure Loge, die für sie reserviert ist. Da sind alle Karten längst ausverkauft.

Und dann geht um 17 Uhr der Vorhang auf. Ach Gott, diese lächerlichen Ritterrüstungen, diese falschen Kostüme. Und was nicht alles aus dem Text gestrichen wurde! Aber Schiller merkt bald, das stört die Zuschauer gar nicht. Die verfolgen atemlos das Drama. Sind wie versteinert. Und als Franz, der Gottesleugner, zum Hades fährt und Karl, der Räuber, zum Rächer und Büßer wird, da hält es niemanden mehr auf dem Sitz. Bis zum Schluß wird der Text von Schreien und frenetischem Szenenapplaus begleitet.

Das Theater glich einem Irrenhause, erzählt einer, der dabeigewesen, *rollende Augen, geballte Fäuste, heisere Aufschreie im Zuschauerraum. Fremde Menschen fielen einander schluchzend in die Arme, Frauen wankten, einer Ohnmacht nahe, zur Türe. Es war eine allgemeine Auflösung wie im Chaos, aus dessen Nebeln eine neue Schöpfung hervorbricht.* Und Schiller ist am Ende dieses Abends ein glücklicher, berühmter Mann.

Aber zurück in Stuttgart geht der dumpfe Trott weiter. Uniform anziehen, Dienst tun, Kranke pflegen. Dabei sitzt er doch längst am nächsten Stück, an der »Verschwörung des Fiesco zu Genua«, diesem gewaltigen republikanischen Trauerspiel. Und Schiller schreibt mal wieder so drauflos, ohne Gerüst, ohne festen Plan. Das ist typisch für ihn. Aber das Dramenschreiben liegt ihm nun mal so im Blut, daß

sich die Szenen lückenlos zum großen Wurf zusammenfügen.

Wieder geht es um Macht, Mord und Moral. Fiesco, der Graf von Lavagna, will den reichen Stadtstaat vom Despoten Giannettino Doria befreien. Doch der Verschwörer Verrina ahnt, was dann kommt: *Den Tyrannen wird Fiesco stürzen, das ist gewiß. Fiesco wird Genuas gefährlichster Tyrann werden, das ist gewiß!* Also muß auch Fiesco beseitigt werden.

Große Besetzung: Wilhelm Iffland als Franz Moor in Schillers Erstling »Die Räuber«. Die Uraufführung am 13. Januar 1782 macht den Dichter über Nacht berühmt.

»Ich sage, bei Strafe der Kassation,
schreibt Er keine Komödien mehr!«
Herzog Carl Eugen zu Schiller

Im Spiegelsaal von Schloß Hohenheim verbietet Herzog Carl Eugen
dem Regimentsmedikus Schiller jegliche dichterische Arbeit.

Wieder schreibt Schiller nachts bei Kaffee und Kerzenschein oder tags an Lazarettbetten. Einem Kranken wird beim Anblick des dichtenden Arztes, der da zu wilden Zuckungen und rhythmischem Stampfen schreibt, angst und bange. Er glaubt, der Mann, der ihn betreuen soll, sei tobsüchtig geworden.

Im Mai 1782 ist Herzog Carl Eugen auf Reisen. Ist weit weg in Wien. Was für eine Gelegenheit! Schiller bittet seinen Vorgesetzten um Urlaub, und der drückt ein Auge zu für den Ausflug nach Mannheim. Schillers Wirtin, Louise Vischer, ist mit von der Partie, seine Laura. Und die bringt noch eine Bekannte mit, Henriette Freifrau von Wolzogen, Witwe eines Gutsbesitzers aus Thüringen. Sie hat vier Söhne auf der Carlsschule; Wilhelm, der Älteste, hat ihr von Schiller vorgeschwärmt. Sie muß ihn unbedingt kennenlernen. Ein richtiger Dichter! Und so fahren sie denn zu dritt in einer bequemen Chaise bei herrlichem Frühlingswetter nach Mannheim, um sich ein paar schöne Tage zu machen und die »Räuber« anzusehen.

Eine Reise mit Folgen. Die Damen schweigen drei Wochen, dann schwatzen sie, der Ausflug spricht sich herum, der Herzog erfährt davon, schickt, wie erwähnt, einen Boten, der Schiller frühmorgens aus dem Bett scheucht: Order von oben. Er soll nach Schloß Hohenheim reiten. Die Audienz endet im Zorn. Schiller muß zu Fuß nach Stuttgart zurück, muß seinen Degen an der Hauptwache abgeben, kommt 14 Tage in Haft, und das Ausland, also die Kurpfalz, ist ein für allemal verboten!

Es macht keinen Spaß mehr. Diese Deckelung, diese Beschränkung. Schiller denkt an Dalberg, den Mannheimer Intendanten, der ihn gerade noch mit offenen Armen empfangen hatte. Ja, wenn er sich freimachen könne in Stuttgart, hatte der gesagt, würde er ihn sofort an seinem Theater anstellen. Freimachen? Also der Herzog hatte doch mal den italienischen Hofpoeten von Mannheim ausgeliehen. Und der pfälzische und württembergische Hof laden sich doch gern gegenseitig ein. Vielleicht … nein, nein, nein. Schiller weiß, das sind Träume. Nie wird der Herzog ihn ziehen lassen. Wozu hat der seine Sklaven denn geschunden? Damit sie fremden Fürsten dienen?

In tiefer Depression und aus allen Himmeln gerissen schreibt er Panikbriefe an Dalberg. Berichtet, wie unglücklich er seit dem herrlichen Ausflug nach Mannheim sei. Stuttgart und alles Schwäbische empfinde er inzwischen als *unerträglich und ekelhaft*. Und der naive, undiplomatische Schiller erzählt auch noch von seinem Ärger mit dem Herzog und von der Arreststrafe. *Darf ich mich Ihnen in die Arme werfen, vortrefflicher Mann?*

Aber der vortreffliche Mann ist ein Mann des Hofes, und der hat nicht die Absicht, sich die Gunst von Carl Eugen zu verscherzen. Dieser junge Feuerkopf Schiller kann ihn ja in Teufels Küche bringen. Deutet da in seinem letzten Brief an, daß er wohl fliehen muß, wenn Dalberg nicht ein gutes Wort beim Herzog einlegt. Also solche Briefe beantwortet der Intendant erst gar nicht. Und Schiller, der verzweifelt auf ein Wort von ihm wartet, versinkt in Apathie und Trübsinn. Will seine Freunde nicht mehr sehen, kann nicht mehr schreiben, alles stockt. Was soll er tun?

Der Herzog tut was. Er zitiert Schiller ein zweites Mal nach Hohenheim. Und nun wird die Sache richtig ernst. Ein Arzt aus Graubünden hat die »Räuber« gelesen und ist geschockt. Da steht doch tatsächlich in der 3. Szene des 2. Akts: … *reis du ins Graubündner Land, das ist das Athen der heutigen Gauner.* Der Arzt tobt sich in einer Churer Zeitung aus. Der Artikel wird Schiller zugeschickt. Er soll den Satz widerrufen. Lächerlich. Auf so einen Kinderkram reagiert er erst gar nicht. Aber ein aus Graubünden stammender Aufseher der Carlsschule sorgt dafür, daß die *causa* dem Herzog zugespielt wird.

Und der schäumt, als Regimentsmedikus Schiller vor ihm steht. Brüllt ihn an, daß er mit seiner Dichterei nun auch noch für diplomatische Verwicklungen mit einem Kanton der Schweiz sorgt. Und entläßt den Verstörten höchst ungnädig mit den Worten: *Ich sage, bei Strafe der Kassation, schreibt Er keine Komödien mehr!*

Schiller geht den langen Weg nach Stuttgart wieder zu Fuß zurück. Es wirbelt nur so in seinem Kopf. Nicht mehr schreiben, nichts mehr veröffentlichen dürfen, kein Drama, kein Gedicht! Der ganze Zorn auf Gott und alle Gaukler dieser Welt steigt wieder in ihm auf, so wie er es in seiner Elegie auf den armen toten Schulfreund Johann Christian Weckherlin geschrieben hatte:

> *Über dir mag die Verleumdung geifern,*
> *Die Verführung ihre Gifte spein,*
> *Über dich der Pharisäer eifern,*
> *Fromme Mordsucht dich der Hölle weihn,*
> *Gauner durch Apostelmasken schielen,*
> *Und die Bastardtochter der Gerechtigkeit*
> *Wie mit Würfeln so mit Menschen spielen,*
> *Und so fort bis hin zur Ewigkeit…*

Ach, wie hatten sie sich aufgeregt, die wackeren Trauergäste. Blasphemie! Und drucken lassen hat er das Gedicht auch noch, so daß es überall rumgereicht werden konnte. Aber Schiller ist nun mal kein braver Carlsschüler, kein devoter Bursche, der den Konventionen Kränze flicht. Und er will dichten. Muß! Nicht mehr zu dichten ist für ihn der Tod.

In Stuttgart angekommen, geht er erstmal zum Ochsenwirt zu seinen Freunden. Sagt nichts über die Audienz. Spielt Karten, trinkt seinen Schoppen Wein. Doch zu Hause in seiner Bude zermartert er sich den Kopf. Was soll er bloß tun? Da macht er einen letzten Versuch, schreibt einen verzweifelten, einen herzzerreißenden Brief an Seine Durchlaucht.

Er bittet *in aller devotester Submißion ersterbend um die gnädigste Erlaubnis*, auch weiterhin literarische Texte schreiben zu dürfen. Ein paar seiner Versuche sind doch in ganz Deutschland bewundert worden, was er seinem Herzog *zu beweisen bereit* ist. Wenn er in seiner literarischen Freiheit zu weit gegangen ist, bitte er *allerunterthänigst* um Vergebung. Und er gelobt, alle künftigen *Produkte einer scharfen Zensur zu unterwerfen*. So weit geht er.

Und was tut der Herzog? Er verweigert die Annahme. Und sein Vorgesetzter, der alte General Augé, hat Order, den Regimentsmedikus sofort in Haft zu nehmen, wenn er sich unterstehen sollte, andere Texte zu schreiben als medizinische. Das ist das Ende. Nun bleibt nur noch die Flucht.

»Die Pistole ist nur mit frommen Wünschen geladen«

Flucht nach Mannheim, Frankfurt und Oggersheim

Schiller weiht Andreas Streicher in seine Pläne ein. Der junge Musiker hatte Schiller damals bei seiner öffentlichen Abschlußprüfung beobachtet, war von seiner Courage den Professoren gegenüber tief beeindruckt. Und er hatte sich gleich in dieses stolze Lächeln verliebt, ach, in den ganzen Schiller hatte er sich verliebt, in sein rötliches Haar, die schön geformte Nase und den *tiefen, kühnen Adlerblick*.

Kennengelernt hat Streicher sein Idol erst vor gut einem Jahr, im Juni 1781. Und Schiller genießt es noch immer, von diesem hochbegabten Pianisten, der ein paar Jahre jünger ist als er, angehimmelt zu werden. Sie sehen sich fast jeden Tag. Es ist Verlaß auf Streicher. Schiller weiß das.

Am 22. September 1782 soll die Flucht stattfinden. Denn an diesem Tag wird ganz Stuttgart auf den Beinen sein. Der künftige Zar von Rußland, Großfürst Paul, hat sich mit gewaltigem Troß und seiner Gemahlin Feodorowna angesagt, einer Nichte Carl Eugens. Also wird ein Riesenfest gefeiert. Honoratioren aus allen Ecken Deutschlands sind geladen. Auch Freiherr von Dalberg wird anreisen. So ein schönes Fest beim nachbarlichen Herzog entschuldigt doch wohl sein Schweigen dem armen Poeten gegenüber.

Und was soll in den Tagen davor nicht alles geboten werden: Schauspiele, Ballette, eine große italienische Oper, ein Galadiner, ein Bal parés, und der Clou ist eine glanzvolle Jagd. Dafür wurden aus vielen Revieren Württembergs 6000 Hirsche zusammengetrieben. Und alle Bauern der Umgebung sind abkommandiert worden und müssen dafür sorgen, daß die Tiere nicht aus dem Wald beim Schloß ausbrechen.

Die feine Gesellschaft wartet dann zur Stunde der Jagd mit Gewehren in einem frisch gebauten *Lusthause* auf das gewaltige Hirsch-

heer, das von Helfern mit Hunden und Knüppeln den Hügel hoch-
gescheucht wird. Oben angekommen, stürzt das Rotwild in einen
extra angelegten See und kann nun ganz bequem erlegt werden.

Im Tumult all dieser Vorbereitungen holt der praktische Andreas
Streicher jeden Tag ein paar Sachen aus Schillers Bude und verpackt
sie bei sich zu Haus. Kleider, Schuhe, Stiefel, Wäsche, Bücher. Er hat
sich entschlossen, seinen Freund zu begleiten. Er wollte sich doch
ohnehin in ein paar Monaten auf den Weg nach Hamburg machen,
um bei Karl Philipp Emanuel Bach weiterzustudieren. Für Schiller
verschiebt Streicher diese Reise nun nach vorn.

Kurz vor der Flucht gehen die beiden hoch zur Solitude, wo
Schillers Eltern und Schwestern in einem der Kavaliershäuser leben.
Er muß sich ja verabschieden. Das heißt, sein Vater darf natürlich
nicht eingeweiht werden. Der fromme Mann muß – ohne zu lügen –
seinem Dienstherrn, dem Herzog, schwören können, von einer
Flucht aber auch gar nichts gewußt zu haben.

Der Abschied von der Mutter und der ältesten Schwester in der
Küche ist tränenreich und schmerzhaft. Doch sie sehen seinen Schritt
als *Notwehr* an. Mit feuchten und geröteten Augen, schreibt Streicher,
kommt Schiller danach ins Zimmer zurück. Allein. Gottseidank

Des Dichters
Favoriten: Friedrich
Gottlieb Klopstock
(links) und Christoph
Martin Wieland.
Von beiden hat Schil-
ler Scherenschnitte
in seinem Zimmer
hängen. Den linken
liebt er, den rechten
verehrt er.

erzählt der Vater, der sich den gewaltigen Trubel draußen angesehen hat, von der Hirschjagd, die gleich stattfinden soll, und von den Menschenmassen, die von Stuttgart hochströmen, Gaffer, die sich die neuesten Kreationen der Gesellschaft ansehen wollen. Und den künftigen Zaren haben sie ja fast im Triumph davongetragen. Und neue Gäste werden mit Kanonendonner begrüßt, und die Neugierigen brüllen *vivat!*

Die Nacht vor der Flucht schläft Schiller bei seinem Freund Scharffenstein. Er bringt ihm einen ganzen Haufen Bücher mit. Schenkt er ihm, ja. Und der Freund ahnt wohl, was dahintersteckt. Am Tag der Flucht macht Schiller frühmorgens wie gewohnt seine Runde im Lazarett. Gegen 10 Uhr geht er nach Hause, um die letzten Sachen einzupacken. Streicher, pünktlich wie immer, will ihm dabei helfen. Doch was sieht er? Schiller versunken zwischen Büchern und Manuskripten. Sitzt da auf der Erde und schreibt. Schreibt eine Gegenode zu einer von Klopstock.

Freund und Fluchthelfer: Andreas Streicher (Büste von Franz Klein). Der Musiker wird die erste Biographie über Schiller schreiben.

Wir müssen machen! sagt Streicher. Die Zeit drängt! Der ganze Wagen muß bei ihm vor dem Haus doch noch bepackt werden. Alle Koffer, Taschen und das kleine Klavier! Hör zu, sagt Schiller und liest erst mal die Ode von Klopstock vor. Dann seine Antwort. Und Streicher soll sagen, welche er besser findet.

Der findet natürlich Schillers besser. Weil er glaubt, dann kommen sie schneller mit dem Packen voran. Aber Schiller schwärmt nun erst richtig von Klopstocks Hexametern und von seinen witzigen und frivolen Texten. Und kennt Streicher schon die Ode von »Freund und Feind«, wo es heißt:

Voll Durstes war die heiße Seele des Jünglings
Nach der Unsterblichkeit
Ich wacht', und ich träumte
Von der kühnen Fahrt auf der Zukunft Ozean!

Schiller hatte in seiner Bude doch zwei Scherenschnitte hängen, links Klopstock, rechts Wieland. Auf beide hat er dies Gedicht gemacht:

Gewiß! bin ich nur überm Strome drüben,
Gewiß will ich den Mann zur Rechten lieben,
Dann erst schrieb dieser Mann für mich.
Für Menschen hat der linke Mann geschrieben,
Ihn darf auch unsereiner lieben –
Komm, linker Mann! Ich küsse dich.

Am Nachmittag sind sie endlich fertig. Streicher nimmt die restlichen Sachen mit zu sich nach Hause. Abends um neun kommt Schiller nach. Natürlich in seiner abgewetzten Uniform. Es könnte ihn ja jemand sehen. Erst bei seinem Freund zieht er sich den mitgebrachten bürgerlichen Rock an. Und zwei Pistolen hat er auch dabei.

Pistolen? Naja, die eine hat zwar noch einen Hahn, aber keinen Feuerstein mehr. Die kann gleich ins Gepäck. Die andere, sagt Schiller, sollten sie zur Abschreckung mit in den Wagen nehmen. Man kann ja nie wissen. Aber auch die sei kaputt und *nur mit frommen Wünschen* geladen.

Als hoch über Stuttgart auf Schloß Solitude tausend Kerzen auf festlich gedeckten Tischen flackern, als vom Galadiner ein Gang nach dem anderen mit Rehen, Hasen, Tauben und Kapaunen serviert wird, als der Württemberger fließt und der Champagner, als der Herzog und seine Mätresse, der Großfürst und seine Gemahlin, Barone, Freifrauen, Grafen, Prinzessinnen und Hofdamen in pompösen Roben schmatzen und schwatzen, rollt unten in der Stadt eine mit zwei Koffern, einem Klavier und der »Verschwörung des Fiesco zu Genua« beladene Kutsche auf das Eßlinger Tor zu.

Halt! brüllt die Schildwache. *Wer da? Wer sind die Herren? Wohin wollen Sie?* Streicher übernimmt das. Doktor Ritter, sagt er und zeigt auf Schiller, er selbst sei Dr. Wolf. Sie sind auf dem Weg nach Eßlingen. Alles beglaubigt. Der Offizier im Wachhäuschen sitzt da ohne Licht, guckt auf das Gespann und winkt die beiden dann durch.

Angespannt und schweigsam holpern sie auf der Straße Richtung Ludwigsburg. Gegen Mitternacht sehen sie hinter *sich eine außerordent-*

»... der bacchantische Tanz stampfe das Totenreich in polternde Trümmer!«
Aus Schillers »Die Verschwörung des Fiesco zu Genua«

Als Herzog Carl Eugen auf Schloß Solitude ein bacchantisches Fest feiert,
flieht Schiller heimlich aus Stuttgart.

liche Röthe am Himmel. Es ist so hell, daß sie das Lustschloß erkennen können, das da von Hunderten von Fackeln erleuchtet ist. Schiller kann sogar das Haus seiner Eltern erkennen. Er zeigt es seinem Freund und seufzt: *Meine Mutter!*

Gegen zwei Uhr nachts machen sie Station und bestellen einen Kaffee. Und Schiller zieht ein Heft aus der Tasche. Es sind ungedruckte Gedichte von Schubart, dem armen Teufel, der wegen seiner revolutionären Texte noch immer auf dem Hohenasperg sitzt. Schiller hatte ihn dort vor nicht langer Zeit heimlich mit seinem Freund von Hoven besucht. Nun liest er Streicher die mitgenommenen Gedichte vor. Und endet mit dem gewaltigsten, mit der »Fürstengruft«, dieser bitteren Abrechnung mit den *Götzen dieser Welt* – auch mit Carl Eugen, der ihn ins Loch gesteckt:

> *Vertrocknet und verschrumpft sind die Kanäle*
> *drin geiles Blut wie Feuer floß,*
> *das schäumend Gift der Unschuld in die Seele,*
> *wie in den Körper goß*
> *Sie, die im ehrnen Busen niemals fühlten*
> *Die Schrecken der Religion*
> *und gottgeschaffne, bessre Menschen hielten*
> *wie Vieh, bestimmt zur Fron,*
> *die liegen nun in dieser Schauergrotte*
> *mit Staub und Würmern zugedeckt,*
> *so stumm! So ruhmlos! Noch von keinem Gotte*
> *ins Leben aufgeweckt*

Ja, er muß das seinem Freund alles vorlesen, er muß sich selbst noch einmal bestätigen: Die Flucht war nötig! Der Despot ließ ihm keine Wahl. Um drei Uhr brechen sie dann wieder auf, rumpeln weiter durch Württemberg und erreichen morgens kurz nach acht Uhr die kurpfälzische Grenze. Beim Anblick der weißblauen Grenzpfähle, die, wie Schiller sagt, einen so *freundlichen* Eindruck machen wie *der Geist der Regierung*, hellt sich sein umdüstertes Gemüt langsam auf. An der nächsten Station schicken sie den Wagen samt Kutscher nach Stuttgart zurück und nehmen die Postchaise über Schwetzingen nach Mannheim.

Und da klopfen die Flüchtlinge beim Regisseur Wilhelm Christian Meyer an. Der freut sich riesig. Schiller? Wie kommt er hierher? Als er hört, daß der Dichter geflohen ist und nun mit einem Koffer und zwanzig Gulden, also mittellos, dasteht, ist Meyer doch eher erschrocken. Aber erstmal lädt er die beiden zum Essen ein, sagt, er würde ein paar Häuser weiter eine kleine Wohnung für sie mieten, doch gleich nach Tische sollte Schiller schleunigst an seinen Fürsten schreiben. Er müsse sich mit ihm versöhnen. In Wahrheit will Meyer natürlich keinen Deserteur im Hause haben.

Schiller ist einverstanden und arbeitet brav ein paar Stunden im Nebenzimmer an einem Brief. Appelliert an die *Großmuth meines Fürsten*, ihn doch künftig schreiben zu lassen, weil er schreiben müsse. Durchlaucht möchte ihm bitte befehlen, sein Können zu beweisen und ihm sein Ausreißen vergeben. Dann würde er *mit zitternder Hoffnung, ungeduldigst aus einem fremden Lande zu meinem Fürsten ... eilen.*

Was immer Schiller bewogen haben mag, diesen Brief zu schreiben – Furcht vor der eigenen Tapferkeit, Angst, die Eltern könnten für ihn bestraft werden, Kalkül für den netten Gastgeber – Schiller fühlt sich ruhiger jetzt. Und es spricht sich in Theaterkreisen natürlich sofort herum, wer da angekommen ist. Und daß er ein neues Stück mitgebracht hat, »Die Verschwörung des Fiesco zu Genua«. Also das muß er sofort vorlesen.

Schiller ist begeistert. Nichts tut er lieber, als sich selbst zu deklamieren. Wer kommt? Die Crème des Nationaltheaters, allen voran die Stars Iffland, Beil und Beck. Und da sitzen sie nun alle zu Hause bei Regisseur Meyer um den großen runden Tisch herum, aufgeregt und gespannt. Das sind ja vielleicht alles Rollen für sie. Und Schiller erklärt, worum es in seinem Trauerspiel geht: Wir sind im Jahr 1547, der Schauplatz ist Genua, und die Stadt wird vom Tyrannen Giannettino Doria beherrscht, der in seinem Größenwahn zur Königskrone greift. Und da ist Fiesco, der junge Graf von Lavagna, schön, elegant und stolz. Und viele Genueser hoffen, daß er, der gerade die schwärmerische Leonore geheiratet hat, sie von den Dorias befreien wird.

Doch Fiesco spielt mit hohem Einsatz, spielt den Liebhaber von Dorias Schwester, um Doria in Sicherheit zu wiegen. Es ist ein wilder Tanz um die Macht, mit Mord, Verrat, Spitzelei, Vergewaltigung, Giftanschlägen, Demütigungen. Und einem Mohren, der Fiesco morden soll, und den Fiesco sich zum Spitzel erzieht und reichlich entlohnt.

Die Lesung beginnt. Auf einem rauschenden Maskenball ist der gesamt Adel der Stadt versammelt. Und Fiesco küßt vor aller Augen Julia, Dorias kokette Schwester, und Leonore, Fiescos Gemahlin, stürzt entsetzt aus dem Saal. Schiller ist in seinem Element. Er träumt mit Leonore, die sich betrogen fühlt. *Da er noch Fiesco war… ein blühender Apoll… Stolz und herrlich trat er daher, nicht anders, als wenn… Genua auf seinen jungen Schultern sich wiegte…* Und bläht sich mit Fiesco auf: *Gehorchen und herrschen! Sein und nicht sein! Ein Augenblick Fürst hat das Mark des ganzen Daseins verschlungen. Ich bin entschlossen*! Und wütet als gedemütigte Julia, die von Fiesco dazu gebracht wurde, besinnungslos vor Lust und Liebe, auf die Knie zu fallen und zu rufen: *Ich bete dich an Fiesco* – und dann von ihm ausgelacht wird. Da schreit Schiller: *Doch zittre du! Doria donnert in Genua, und ich – bin seine Schwester.* Und was? Glauben die Republikaner etwa nicht, daß Fiesco die Ketten sprengt? *Dachtet ihr, der Löwe schliefe, weil er nicht brüllt?*

Schiller schießt seine Sätze wie Kanonenkugeln ins Publikum. Leidenschaftlich, pathetisch, schwäbelnd:

Grausamschte, göttliche Julia,
Mei Vernunft hoißt me's Knie
Vorm Blud vom Doria beuge,
Aber mei Herz bädet de schö' Julia o

Und er jagt in einer anderen Szene den Mohren los, die Leute auszuhorchen:

Wie mer von dr Regierong denkt von mei Schlaraffeläbe und mei Liebesroma. Überschwemm d' Gehirn mit Woi, bis ihre Herzesmoinunge überlaufet.

Aber was ist los? Eisige Stille noch nach dem zweiten Akt. Kein Applaus. Streicher ist entsetzt. Schiller total irritiert. All die schönen Stellen. Er war so sicher, daß die Lesung ein Triumph werden würde.

Und nun schleppt der Hausherr auch noch Erfrischungen an. Äpfel, Trauben und sonstwas zu essen. Und alle fallen drüber her und reden nicht über »Fiesco«.

Ein Schauspieler schlägt sogar vor, doch lieber zum Bolzenschießen zu gehen. Nur Iffland, Meyer und ein paar Hausfreunde sind am Ende noch übrig. Und Meyer zieht Streicher sanft ins Nebenzimmer und fragt: *Sagen Sie mir jetzt ganz aufrichtig, wissen Sie gewiß, daß es Schiller ist, der die Räuber geschrieben?*

Natürlich hat er. *Wie können Sie daran zweifeln!* Streicher ist außer sich. Aber Meyer sagt, vielleicht hat es ja ein anderer unter Schillers Namen veröffentlicht. Ausgeschlossen, sagt Streicher. Warum glaubt er das? *Weil Fiesco das Allerschlechteste ist, was ich je in meinem Leben gehört,* sagt Meyer.

Ist das hier ein Komplott? Streicher kämpft jetzt wie ein Löwe. All die Fehler, die elend langen Monologe, die ungeschickten, groben Brüche, die es noch in den Räubern gab, gibt es im Fiesco nicht, sagt er. Fiesco ist klarer, klüger, geschliffener. Und viel besser gebaut. Aber Meyer sagt, Schillers Genius sei wohl mit dem ersten Stück erschöpft. So was gibt es ja. Was er im Fiesco verzapft hat, ist jedenfalls *erbärmliches, schwülstiges, unsinniges Zeug.* Ihm gefällt es überhaupt nicht.

Das ist ein Schlag. Was soll nun werden? Die Nachrichten aus Stuttgart, die sie am Morgen erhielten, waren schon unerfreulich genug. Der alte General Augé hatte zwar geschrieben, daß er Schillers Bitten vorgetragen habe, und Seine Durchlaucht sei auch *sehr gnädig* gewesen. Aber kein Wort, ob er in Württemberg nun wieder dichten darf. Und Dramen schreiben. Er soll mal zurückkommen. Mehr stand da nicht. Aber Schiller kann doch nicht so zurückkommen. Schubart ist auch auf einen Brief hin zurückgekommen und ist eingekerkert worden. Und nun dieses Fiasko mit dem Stück. Fiesco ist doch Schillers Kapital. Wovon sollen sie leben?

Als Schiller und Streicher aufbrechen, bittet Meyer um das Manuskript. Er möchte doch gerne wissen, wie die ganze Sache ausgeht. Zu Hause in ihrer kleinen Wohnung macht Schiller sich dann endlich Luft. Er schimpft auf die ganze Bagage. Borniertes Volk! Regt sich auf über *den Neid, die Kabale, den Unverstand* der Akteure. Gehen lieber Bolzenschießen. Pack! Und sagt zu Streicher, wenn er hier in Mannheim nicht als Theaterdichter angestellt werde, müßte er eben selbst Schauspieler werden. Warum eigentlich nicht. Niemand kann schließlich besser deklamieren als er! Der rührende Streicher traut sich nicht zu widersprechen. Sagt nur, daß Schiller dafür doch wohl nicht geflohen sei. Er soll mal abwarten, bis Freiherr von Dalberg aus Stuttgart zurückkommt.

Am nächsten Morgen steht Streicher früh auf und schleicht sich aus der Wohnung. Schiller schläft noch. Er rennt rüber zu Meyer, will wissen, ob der schon gelesen hat. Und ob er hat! Er empfängt den verängstigten Musikus mit offenen Armen. *Sie haben Recht!* ruft er. *Sie haben Recht! Fiesco ist ein Meisterstück.* Und warum war es gestern noch ein elendes Machwerk? Weil Schiller ein elender Vorleser ist, sagt Meyer. Er deklamiert doch jeden Satz in hochtrabendem Ton. Egal, ob es heißt: *Er macht die Thüre zu* oder *Herrschsucht zertrümmert die Welt wie ein rasselndes Kettenhaus.* Alles donnert Schiller raus.

Und dann diese schreckliche schwäbische Aussprache, dieses isch und kannsch und magsch. Macht doch jeden Text kaputt. Aber das Stück ist großartig. Und was für ein Schluß: Fiesco, der sich nach dem Mord am Tyrannen selbst den Purpur umhängt, wird von den Republikanern ins Meer gestürzt. Das muß so schnell wie möglich auf die Bühne.

Streicher fliegt nur so nach Hause zu seinem Freund, der gerade aufgestanden, erzählt, wie beglückt Meyer jetzt ist. Und verschweigt, weshalb er das Stück am Abend zuvor so grausig fand. Er kann Schiller nicht kränken. Der glaubt doch, er sei der beste Sprecher.

Das Glück hält nicht an. Madame Meyer, die auch auf Schloß Solitude war, ist zurück und erzählt, was für ein Aufsehen Schillers Flucht gemacht hat. Der Herzog ist außer sich, sagt sie. Er ist entschlossen, ihn gewaltsam einzufangen. Und Intendant Dalberg? Ist noch in Stuttgart. Und wo soll er nun hin? Am besten weit weg, sagt Frau Meyer. Vielleicht nach Frankfurt. Alle Post würden sie ihm dorthin natürlich nachschicken.

Frankfurt, das ist die Richtung nach Hamburg. Streicher will ja nach Hamburg. Aber ihr Geld ist geschrumpft. Der Rest reicht gerade noch für zehn oder zwölf Tage. Also müssen sie zu Fuß los. Nehmen nur das Nötigste mit, lassen Koffer und Klavier bei Meyers. Übernachten in einem billigen Gasthof, laufen früh weiter, laufen den ganzen Tag, haben Hunger, und die Füße tun ihnen weh, aber die Burgruinen an der Bergstraße sind wunderschön.

Nach zwölf Stunden haben sie Darmstadt erreicht. Sie essen zu Abend, und saubere Betten gibt es auch. Aber Schiller geht es nicht gut. Das ist alles zuviel. Sollen wir hierbleiben? fragt Streicher. Nein, sagt Schiller, in Frankfurt könnten doch schon Briefe liegen. Also wandern sie am Morgen weiter, machen Pause, kühlen die Füße, kehren ein, laufen wieder ein Stück in der Herbstsonne, und Schiller wird immer blasser. Als sie an ein Wäldchen kommen, bricht er zusammen, kann nicht mehr, legt sich ins Gras und schläft ein. Streicher setzt sich auf einen Baumstamm und bewacht voll Angst und Sorge den unruhigen Schlaf seines Freundes.

In Frankfurt nehmen sie eine Wohnung in der Vorstadt. In Sachsenhausen. Da ist es billiger. Und weil auf der Post noch keine Briefe liegen, schreibt Schiller an den Intendanten Dalberg. Er bittet um einen Vorschuß für seinen »Fiesco«. *Ich ging leer hinweg*, schreibt er, *leer in Börse und Hoffnung. Es könnte mich schaamroth machen, daß ich Ihnen solche Geständnisse thun muß, aber ich weiß, es erniedrigt mich nicht.* Angst und Beklemmung haben ihn in der letzten Zeit von *dichterischen Träumen* zurückgerissen, aber in der Hoffnung auf Seine *Exzellenz* könnte er Fiesco in drei Wochen *theaterfertig* machen.

Erleichtert schickt er den Brief ab. Und dann strolcht er endlich mit seinem Freund durch Frankfurt, stöbert in Buchläden herum, stellt sich einem Verkäufer als Dr. Ritter vor und fragt, wie sich die berüchtigten »Räuber« denn so verkaufen. Ganz prächtig, die sind ein Renner. Und was sagen die Leser? Na, die sind begeistert, vom Text, vom Ton, von der Wildheit. Berühmter Kerl, dieser Autor. Und als er so richtig ins Schwärmen gerät, sagt Schiller ganz entzückt: Der Autor bin ich. Und da sieht der Verkäufer ihn ganz enttäuscht an. So ein sanfter, freundlicher Jüngling soll die Räuber geschrieben haben? Er hatte wohl eher auf eine Art Windbeutel oder Abenteurer getippt.

Am nächsten Tag ist ein Packen Post da. Freunde aus Stuttgart raten Schiller dringend, sich versteckt zu halten. Den Brief von Meyer hebt er sich bis zum Schluß auf. Es kann ja nur Gutes drinstehen. Als er ihn gelesen hat, starrt er lange aus dem Fenster, rüber zur Mainbrücke, und sagt schließlich zu seinem Freund: Dalberg zahlt keinen Vorschuß. Er zahlt erst, wenn er die Korrekturen gelesen hat.

Und wie kommen sie nun an Geld? Streichers Mutter hat einen Vorschuß für Hamburg versprochen. So lange müssen sie noch in Frankfurt bleiben. Da schreibt Schiller ein langes Gedicht: »Teufel Amor«. Er bietet es einem Buchhändler an. Er ist ja schließlich ein bekannter Autor. Aha, was will er dafür haben? 25 Gulden, sagt Schiller. Ich zahle 18, sagt der Mann im Laden. Schiller könnte die 18 so gut gebrauchen, aber er sagt nein. Aus Stolz. Und weil er weiß, was er wert ist. Vor allem aber *aus herzlicher Verachtung gegen alle Knickerei*.

Streicher sagt auch nein. Er wird nicht nach Hamburg weiterreisen. Er läßt seinen Schiller in dieser Verfassung nicht allein. Die Mutter hat 30 Gulden geschickt, und Meyer hat vorgeschlagen, daß man sich in Oggersheim trifft. Die Freunde reisen also wieder los, wieder zu Fuß und kommen pünktlich und kaputt im »Gasthaus zum Viehhof« an. Hier sollen sie auf alle Fälle erst einmal bleiben, sagt Frau Meyer. Schiller muß auch dringend den Namen wechseln. Dr. Ritter hat sich doch längst rumgesprochen. Sie schlägt Dr. Schmidt als Tarnung vor. Das Zimmer im »Viehhof« ist preiswert, Koffer und Klavier werden geschickt. Und Meyer sagt, machen Sie sich an den »Fiesco«, es wird schon werden.

Zwei Monate leben die Freunde in Oggersheim zusammen in einem kleinen Zimmer mit einem Bett. Lustlos macht Schiller sich an die Korrekturen, lustvoll danach an seine »Louise Millerin«, die später »Kabale und Liebe« heißen wird. Bei Einbruch der Dämmerung legt er die Feder aus der Hand. Er kann nichts mehr sehen, und für Kerzen haben die beiden kein Geld. Aber die Gedanken müssen in Bewegung bleiben. Deshalb bittet der Freund den Freund – die beiden haben sich immer gesiezt – schon beim Mittagstisch: *Werden Sie nicht heute Abend wieder Klavier spielen?*

Und ob Streicher spielen wird. Wie könnte er Schiller einen Wunsch abschlagen. Wenn es also dunkel wird in Oggersheim, setzt er sich an sein Klavier, spielt eine Sonate von Bach oder eine Chaconne, oder er improvisiert, spielt auch mal einen flotten Marsch, und der Mond leuchtet durchs Fenster, und Schiller geht in der Kammer auf und ab, oft stundenlang, und stößt, angefeuert von Streichers Spiel, *unvernehmliche, begeisterte Laute aus.*

Erschöpft und hungrig schlafen sie dann im gemeinsamen Bett ein. Und am Morgen weiß der Dichter, wie es weitergeht mit seinem Stück: Louise, die Tochter des Stadtmusikers Miller, liebt Ferdinand, den Sohn des Präsidenten von Walter. Dieser intrigiert am Hof eines deutschen Fürsten gemeinsam mit seinem verschlagenen Sekretär Wurm. Wurm will die Liebenden auseinanderbringen, denn er, der häßliche Höfling, will Louise selbst haben. Und der Präsident will seinen Sohn an den Hof verkuppeln, damit er die Macht aus nächster Nähe atmen kann. So läßt er denn den hohlköpfigen Hofmarschall von Kalb verbreiten, sein Sohn werde bald Lady Milford heiraten, die abgelegte Favoritin des Herzogs.

Louise ist Schillers Eumenide, seine Erinnye, seine Rachegöttin, die noch einmal mit dem Herzog, dem Erzfeind, abrechnet. Abrechnet mit Hofintrigen, Verschwendungssucht, Korruption, Willkür, Unterdrückung und zerstörten Lebensläufen. Ferdinand weigert sich, die Mätresse des Herzogs zu heiraten, und tritt seinem Vater feurig entgegen: *Meine Ehre, Vater – wenn Sie mir diese nehmen, so war es ein leichtfertiges Schelmenstück, mir das Leben zu geben, und ich muß den Vater wie den Kuppler verfluchen.* Und der wütende Präsident fragt, *wo in aller Welt bringst du das Maul her, Junge?* Aber der Ferdinand läßt sich nicht beeindrucken

Schillers Rache am Herzog: »Kabale und Liebe«. Der Kupferstecher Daniel Chodowiecki hat das Trauerspiel illustriert.

von dem, was die Mächtigen Größe und Glück nennen. *Ihre Glückseligkeit*, sagt er, *macht sich nur selten anders als durch Verderben bekannt. Neid, Furcht, Verwünschung sind die traurigen Spiegel, worin sich die Hoheit eines Herrschers belächelt. – Tränen, Flüche, Verzweiflung die entsetzliche Mahlzeit, woran diese gepriesenen Glücklichen schwelgen, von der sie betrunken aufstehen, und so in die Ewigkeit vor den Thron Gottes taumeln.*

Das ist es, was Schiller seinem Herzog noch sagen möchte. Arrogant hat der seine Sklavenschüler *Söhne* genannt. Und wie ist er mit ihnen umgesprungen? Wie Schachfiguren, wie Bauern hat er sie auf glitschigem Parkett eingesetzt. Egal, ob sie ausrutschten oder krepierten. Nein, Schiller muß sich in seinem Trauerspiel nichts ausdenken. Das Trauerspiel ist die Wirklichkeit. Er hat sie erlebt und beschrieben wie kein anderer.

Und er korrigiert das Klischee einer Mätresse. Lady Milford ist aus Not und nicht aus Gier des Herzogs Geliebte geworden. Sie hat geholfen, wo sie nur konnte: *Ich habe Kerker gesprengt – habe Todesurteile zerrissen und manch entsetzliche Ewigkeit auf Galeeren verkürzt.* Und sie sagt Ferdinand auch, daß sie ihn liebt und nicht auf ihn verzichten möchte. Ferdinand, der sehr bewegt ist, sagt, er könne Louise nicht verlassen. Doch da hat Wurm schon die große Intrige gesponnen. Entweder schreibt Louise einen Liebesbrief an den Hofmarschall von Kalb, oder ihre Eltern wandern ins Zuchthaus und von dort an den Galgen. Da schreibt sie. Und Ferdinand glaubt sich betrogen. Am Ende schüttet er Gift in die Limonade, von der beide trinken. Als Ferdinand sagt, daß sie sterben werden, gesteht sie: Ich sterbe unschuldig, Ferdinand. *Meine Hand schrieb, was mein Herz verdammte – dein Vater hat ihn diktiert.* Und mit dem Gift im Leib und der toten Liebe im Arm verflucht der Sohn Vater und Wurm, die Mörder, die endlich dem Richter übergeben werden.

Schillers Wirklichkeit sieht auch nicht gut aus. Dalberg lehnt den korrigierten »Fiesco« ab. *Unbrauchbar.* Er kann mit dem Stück nichts anfangen. Er ist ein Fürstenfreund, kein Republikaner. Auf seiner Bühne möchte er keine Verschwörer sehen, die einen Herrscher umbringen. Bitte nicht.

Streicher muß seine Mutter also wieder um Geld bitten. Und die Angst vor Spitzeln des Herzogs wächst. In Briefen an Freunde und die Schwester gibt Schiller dauernd neue Reiseziele an. Er sei auf dem Weg nach Berlin, er schreibe von Erfurt aus, er werde bald nach Petersburg fahren. Und wenn es etwas mit Meyer zu besprechen gibt, geht er bei Dunkelheit zu Fuß nach Mannheim.

Eines Abends, es ist Mitte November 1782, stehen Schiller und Streicher mal wieder vor seiner Tür. Meyers sind in heller Aufregung. Eine knappe Stunde zuvor, so erzählen sie, habe ein württembergischer Offizier bei ihnen geklingelt. Er hat sich eindringlich nach dem Dichter erkundigt. Schiller wird bleich. Was hat Meyer gesagt? Daß er keine Ahnung habe, wo er sei. Und da klingelt es schon wieder. Erschrocken schiebt Meyer seine beiden Gäste hinter die Tapetentür. Aber der neue Gast ist ein Freund des Hauses, der nun auch von diesem Offizier erzählt. Ja, im Café hat er ihn getroffen. Alle Leute hat er dort ausgefragt. Auch ihn. Schiller? Der ist doch schon vor zwei Monaten nach Sachsen gereist, hat er geantwortet. Aufatmen. Und die zwei kommen aus ihrem Versteck hervor.

Am nächsten Morgen erfahren sie, daß die Panik übertrieben war. Der Fremde ist abgereist. Er war ein Freund aus alten Akademietagen. Doch der Schrecken sitzt tief. Schiller will weg. Seine mütterliche Freundin aus Stuttgart, Henriette von Wolzogen, hatte ihm schon ein paarmal Asyl in Thüringen angeboten. Ihr kleines Gutshaus in Bauerbach. Jetzt nimmt er an. Jetzt bittet er sie, sich dort verstecken zu dürfen.

An der schwarzen Tafel vom »Viehhof« in Oggersheim stehen mit Kreide die Schulden, die Herr Dr. Schmidt und Herr Dr. Wolf gemacht haben. Um sie zu tilgen, verkauft Schiller seine Uhr und seinen »Fiesco«. Buchhändler Schwan wird das Theaterstück drucken. Es gibt 10 Louisdor bar auf die Hand.

Dann wird gepackt. Schiller stopft seine Wäsche, ein paar Kleidungsstücke, Bücher und Manuskripte in den großen Mantelsack, trinkt eine letzte Flasche Wein mit Streicher. Und dann kommen die anderen auch schon an. Meyer, Iffland und ein paar Getreue aus

Mannheim. Alle begleiten den Dichter bis nach Worms, wo sie am frühen Abend bei Kälte und Schneefall eintreffen.

Schiller wird im Posthaus übernachten. Und gerade an diesem Abend spielt dort eine Wandertruppe »Ariadne auf Naxos«. Also das müssen sie sich natürlich ansehen! Was für eine komische Aufführung. Theseus türmt per Pappschiff, auf das zwei Kanonen gemalt sind. Und die arme Ariadne, die Theseus das Wollknäuel gegeben hatte, damit er wieder aus dem Labyrinth herausfindet, sitzt nun verlassen auf Naxos, wo es gewaltig donnert. Für den Donner schütteln die Helfer hinterm Vorhang einen Sack Kartoffeln in einen Zuber.

Brüllendes Gelächter. Meyer und seine Schauspieler schlagen sich auf die Schenkel. Das ist ja das reinste Witztheater. Nur Schiller sitzt versunken da. Ist angerührt vom naiven Spiel. Spürt hinter der Armseligkeit der Kulissen und Kostüme den Charme der Wörter, den Zauber der Poesie, das Glück des Dichters.

Nach einem gemeinsamen Abendessen verabschieden sie sich. Meyer und seine Mannen weinselig, redselig. Nur Streicher bringt kein Wort über die Lippen. Was sollte er seinem Schiller denn auch sagen? Nein, kein Adieu, keine Umarmung, nur ein Blick und ein starker, langer Händedruck. Und Schiller schaut der Kutsche nach, die nun mit den Freunden durch den Schnee in Richtung Mannheim rollt. Dann geht er zurück ins Posthaus, in seine kalte, häßliche Schlafkammer.

Das Versteck in Bauerbach

Eine Woche dauert die Reise mit der Kutsche. Es ist Dezember, es schneit, die Landstraßen sind holprig, und wenn es stürmt, rumpelt und wackelt der Postkarren. Es zieht durch alle Ritzen, und Schiller besitzt nur diesen leichten Überrock. Nach elenden sieben Tagen kommt er fast seekrank wie ein *Schiffbrüchiger, der sich mühsam aus den Wellen gekämpft hat*, im tief verschneiten Bauerbach an. Seine Gönnerin hat im Gutshaus alles vom Verwalter vorbereiten lassen. Zwei Zimmer im ersten Stock, der Ofen glüht, es ist herrlich warm, der Tisch steht am Fenster mit Aussicht auf die dörfliche Idylle, und im Nebenzimmer steht ein frisch bezogenes Bett.

Liebster Freund, schreibt er gleich am nächsten Morgen an Streicher. *Ich habe alle Bequemlichkeit, Kost, Bedienung, Wäsche, Feuerung, und alle diese Sachen werden von den Leuten des Dorfs auf das vollkommenste und willigste besorgt*. Und nun will er arbeiten, arbeiten, arbeiten.

Aber Schiller ist nicht für die Einsamkeit geschaffen. Er ist ein Mann für Freundschaften, braucht das Gespräch oder das Klavierspiel für die Geburt seiner Sätze. Wie gern, schreibt er, würde er seine *tägliche Kost um eine menschliche Gesellschaft dahingeben*. Und wie mühsam ist es, *eine Laune, eine dichterische Stimmung* allein in seiner Kammer zu erzeugen, die mit *einem guten denkenden Freund* in zehn Minuten geschaffen wäre.

Ach, wie oft grübelt er da wieder in melancholischen Stunden über sein Schicksal nach. Auch über seine Schulden, die ständig wachsen. Er schleppt sie ja schon von Stuttgart her mit. 300 Gulden muß er dort noch zurückzahlen für all seine Sonderdrucke. Und in Bauerbach hat sich auch schon ein Schuldenberg aufgehäuft. Er leiht Geld vom Schulmeister, läßt beim Wirt einen Eimer Bier anschreiben, das sind rund 60 Liter, und er nimmt beim Geldverleiher Israel einen ordentlichen Kredit auf zu 5 Prozent Zinsen. Für alles bürgt die *beste, theuerste Freundin*, Frau von Wolzogen, die ihrem Schiller auch immer wieder etwas zuschiebt, ihn damit vor dem Bankrott bewahrt, ihn aber auch einen *leichtsinnigen Verschwender* nennt.

Aber er arbeitet auch hart. *Meine L(ouise) M(illerin) jagt mich schon um 5 Uhr aus dem Bette. Da siz ich, spize Federn und käue Gedanken.* Das schreibt Schiller an den Hofbibliothekar Hermann Reinwald aus Meiningen, der in der Thüringer Einsamkeit sein wichtigster Vertrauter wird. Und Reinwald, ein Sonderling, ein verbitterter Mann Mitte vierzig, hochgebildet und schlecht bezahlt auf einem subalternen Posten, blüht auf. Und versorgt den jungen Dichter mit Büchern und Gesprächen. *Ich glaube, Deutschland wird einst seinen Namen mit Stolz nennen*, schreibt Reinwald in sein Tagebuch. *Ich habe die Funken gesehen, die diese vom Schicksal umdüsterten* Augen sprühen.

Reinwald besorgt, was Schiller braucht. Und Schiller braucht viel. Vor allem Bücher. Belletristik, ästhetische Schriften, Wielands »Agathon«, Homers »Ilias«, Shakespeares »Othello« und »Romeo und Julia«, Reisebeschreibungen und Geschichtsbücher über Spanien für

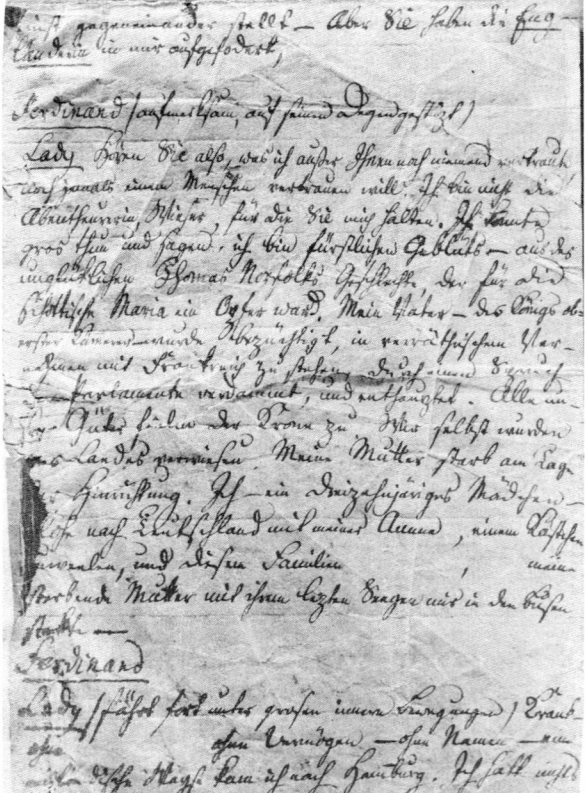

Hochgebildet und schlecht bezahlt: Hofbibliothekar Hermann Reinwald aus Meiningen. Er versorgt Schiller mit Literatur, Tabak, Tinte, Federn und Papier. Links eine Seite aus dem Rollenheft zu »Kabale und Liebe«.

sein Carlos-Projekt. Judith, die Gutsmagd, läuft dann die Stunde nach Meiningen hin und zurück. Und wenn Reinwald selbst kommt, ist die Wunschliste groß: Zeitungen aus Gotha hätte er gern. Und Tinte. Und ein halbes Pfund vom besten Schnupftabak, dem aus Marokko. Und gutes Papier. Er muß seine »Louise Millerin« abschreiben, und das holländische Papier *stumpft mir die Federn so ab.*

Für diese Liebesdienste bekommt Reinwald von Schiller die schönsten Gedanken per Post: *Ich stelle mir vor*, schreibt er, *jede Dichtung ist nichts anderes als eine enthusiastische Freundschaft oder platonische Liebe zu einem Geschöpf unsres Kopfes,* und erklärt das seinem Freund so: Liebe sei eigentlich nur ein glücklicher Betrug. *Erschrecken, entglühen, zerschmelzen wir für das fremde, uns ewig nie eigen werdende Geschöpf?* Nein, sagt Schiller. *Wir leiden jenes alles nur für uns, für das Ich, dessen Spiegel jenes Geschöpf ist.* Und da nimmt er selbst Gott nicht aus. Und so muß denn ein großer Dichter *die Kraft zur höchsten Freundschaft besitzen.* Er muß der Freund seiner Geschöpfe sein, seiner Helden, wenn er *in ihnen zittern, aufwallen, weinen und verzweifeln* soll.

Das schreibt Schiller am 14. April 1783 *in diesem herrlichen Hauche des Morgens* in der Gartenhütte des Gutshauses. Es ist ein heiteres Erkenne dich selbst. Und damit öffnet er – einen Spalt breit nur – die Tür zu seiner *philosophischen Bude.*

Schiller muß reden. Er ist nun mal ein geselliger Mensch. Er lädt seinen Vertrauten immer wieder nach Bauerbach ein. *Ich traktiere Sie mit Hünern,* schreibt er ihm dann vergnügt. Und wenn Reinwald den Herrn Hofprediger und dessen Frau mitbringt, muß *eine Zinshenne bluten.* Dann wird gelacht und geraucht und Wein getrunken. Und die Einsamkeit weicht für Stunden, die ihm oft wie stehendes Wasser vorkommt, das in Fäulnis übergehen würde, wenn es nicht hin und wieder *in eine kleine Wallung gebracht würde.*

In Wallung bringt ihn auch der Jude Mattes mit seiner Bildung und seinem Mutterwitz. Er gehört zu Schillers liebsten Gesprächspartnern. In Bauerbach gibt es 300 Einwohner, 100 davon sind Juden. Sogar eine kleine Synagoge ist da. Ist immer voll an Feiertagen. Auch die Magd Judith geht hin. Und Schiller staunt nur so über das inbrünstige Leben dort.

»Ich bin hier wie ein Schiffbrüchiger,
der sich mühsam aus den Wellen gekämpft hat«
Schiller am 8. Dezember 1782 an Verleger Friedrich Schwan

Am 7. Dezember 1782 kommt Schiller im tiefverschneiten Bauerbach an, wo er in Henriette von Wolzogens Gutshaus (rechts) zwei Zimmer im ersten Stock bezieht.

Also wenn er raus muß aus seiner Schreibstube, weil ihn die Einsamkeit wehmütig macht, läßt er anfragen, ob Mattes nicht Lust auf ein Kartenspiel oder einen Spaziergang hat. Der hat immer Lust. Und so spielen sie denn »Sechs Männchen«, die in Bauerbach gerade Mode sind, oder laufen durch Wälder und Felder. Der große Schiller meist mit leicht geneigtem Kopf und langen Schritten neben Mattes her, und der erzählt von Mythen, Sagen und Legenden, von Bauernkriegen und Feldzügen und von Gott und der Welt. Halt! ruft Schiller, halt! Und dann zieht er sein kleines Schreibkästchen aus der Tasche, hockt sich einen Augenblick irgendwo hin und notiert Stichwörter, die irgendwann ihren Weg in einen Vers finden, in eine witzige, wundersame Historia von Bauerbach, die er unter dem Namen Simeon Krebsauge veröffentlicht:

> *In Juda – schreibt die Chronika –*
> *War olim schon ein König,*
> *Dem war von Dan bis Berseba*
> *Bald alles untertänig…*

Und zwischen Rausch und Melancholie schreibt er nun an einem neuen Stück, für das er schon so viel gelesen hat, an einem dramatischen Gedicht, dessen Titelheld seine große Liebe ist: Don Carlos, Infant von Spanien, der Kronprinz eines Weltreichs, der glühende Idealist, der zusammen mit seinem Freund Posa, einem Malteserritter, das von Spanien gedemütigte Flandern befreien will:

> *Ich fürchte nichts mehr – Arm in Arm mit dir,*
> *So fordr ich mein Jahrhundert in die Schranken.*

Mit Carlos verbringt er seine Tage. Mit Carlos zittert er am Thron des Vaters:

> *Auf meinen Knien bitt ich drum. Es ist*
> *Die erste Bitte meines Lebens – Vater*
> *Vertrauen Sie mir Flandern.*

Mit Carlos liebt er die Königin, die einst Carlos' Weib hatte werden sollen:

Ein Wink

Ein halber Blick, ein Laut aus ihrem Munde

Gebietet mir zu sein und zu vergehen.

Und mit Carlos spricht der 23jährige Dichter:

Dreiundzwanzig Jahre,

Und nichts für die Unsterblichkeit getan!

Er muß das mit Carlos seinem Freund Reinwald erklären. *Ich muß Ihnen gestehen, daß ich ihn gewissermaßen statt meines Mädchens habe. Ich trage ihn auf meinem Busen – ich schwärme mit ihm durch die Gegend – um Bauerbach herum.* Nie wieder hat Schiller eine Figur auf so hohem Seil tanzen lassen: Die *Seele*, sagt er, hat Carlos von Shakespeares Hamlet, *Blut und Nerven* von »Julius von Tarent«, einem Drama von Anton Leisewitz, *und den Puls von mir.*

So gehen die Wochen, die Monate dahin. Er atmet die Freiheit, beendet »Kabale und Liebe«, streitet mit dem Meininger Hofprediger, der gegen Lessings »Nathan« wettert. Der verherrlicht ja das Judentum! Stellt es über die Christenheit! Wie bitte? Schiller widerspricht ihm heftig, verteidigt den Aufklärer, der von der Kanzel des Theaters herab Toleranz predigt und nicht Bigotterie.

Im Mai 1783 reist die Gutsherrin Henriette von Wolzogen mit ihrem Töchterchen an, der hübschen, blonden 16jährigen Charlotte. Schiller hatte sie schon im Dezember hier in Bauerbach kennengelernt und sich heftig in sie verliebt. Nun bereitet er den beiden einen bezaubernden Empfang. Er bestreut die ganze Allee bis hoch zum Gutshaus

Gönnerin und große Liebe:
Henriette Freifrau von Wolzogen (oben) und ihre Tochter Charlotte, die der Dichter Hals über Kopf heiraten will.

mit Blüten, windet Girlanden um die Eingangstür, bestellt die Blas-
kapelle aus dem Dorf. Und da steht er nun, der verliebte Dichter,
etwas verwirrt, doch sehnsüchtig hoffend.

Er ist doch so schnell entflammt. War es schon für Charlottes Mut-
ter, sie ist jetzt 37 Jahre, und Schillers Briefe an sie sind voll erotischer
Zeichen. Er spricht von *Liebe*, und *daß drei Stunden von Ihnen jeden
Augenblick an Sie gedacht wird von Ihrem zärtlichsten Freunde FSchiller.*

Und nun also die Tochter, diese kleine, kokette Aristokratin. Und
er, der bürgerliche Dichter ohne Geld. Trotzdem will er sie heiraten.
Schreibt einen wirren Brief an ihre Mutter, schreibt von seiner
Herzensneigung zu Lottchen. Will nicht mehr ohne sie leben, schickt
Blumen, will für sie sorgen, will *alle Jahr eine Tragödie mehr schreiben und
auf den Titel setzen: Trauerspiel für Lotte.*

Die Unterhaltsträume platzen, als Schiller erfährt, daß da einer mit
älteren Rechten ist, ein Carlsschüler, Leutnant von Winkelmann.
Schiller kennt seinen Rivalen noch von Disputationen her. Und nun
kommt dieser Kerl mit seinem arroganten Getue zu Besuch nach
Bauerbach! Vielleicht verrät er ja auch noch Schillers Versteck! Weiß
man es? Bei der *Impertinenz jenes Herrn?* Da kann er doch besser gleich
nach Weimar gehen.

Also Schiller leidet. Er ist voller Eifersucht. *Eifersucht ist die abgefeim-
teste Kupplerin*, schreibt er im »Fiesco«. Jetzt quält sie ihn selbst bis zur
Raserei. Was soll ihm da sein dichterischer Lorbeer noch? Ab damit in
den Rinderbraten, schreibt er an Frau von Wolzogen. Ab ins *Bœuf à la
Mode.* Und seine *tragische Muse?* Er bietet sie seiner Gönnerin als
Stallmagd an, falls sie sich Tiere zulegen sollte. Ja, ja, er weiß, es ist ein
toller Brief, den er da geschrieben hat. *Aber Sie verzeihen mir ihn. Wenn
ich mündlich ein Narr bin, so werde ich schriftlich wol nicht viel weiseres seyn.*

Dann sitzt er wieder am Tisch in seiner Kammer und schreibt am
Carlos, schreibt über des Prinzen unerfüllbare Liebe zur Stiefmutter:

O Königin, daß ich gerungen habe,
Gerungen, wie kein Sterblicher noch rang,
Ist Gott mein Zeuge – Königin umsonst!
Hin ist mein Heldenmut. Ich unterliege.

»Meine Louise Millerin jagt mich schon
um 5 Uhr aus dem Bette«
Schiller an den Hofbibliothekar Hermann Reinwald

Schillers Schlafstube in Bauerbach.

»*Ich trage Karlos auf meinem Busen – ich schwärme*
mit ihm durch die Gegend – um Bauerbach herum«
Schiller an Hermann Reinwald

Schillers Spazierweg in Bauerbach.

Henriette von Wolzogen macht Schillers verwegenen Wünschen ein Ende. Sie hat nun einmal andere Pläne mit ihrer Lotte. Auf einem langen Spaziergang sagt sie ihm, daß alles doch nur eine Schwärmerei ist. Und Bauerbach sei für ihn auch viel zu klein. Ein Dorf. Er brauche die Stadt. Das Theater. Er hat ein Stück geschrieben, das aufgeführt werden soll. Wo will er hier denn Anregungen kriegen? Es wäre also gut, eine Zeitlang zu verreisen.

Auch der kluge Reinwald hatte ihm das längst geraten. Bauerbach! Da wird er doch nur hypochondrisch. Und in Mannheim hat sich herumgesprochen, daß Schiller ein neues Stück geschrieben hat. Ein Sittendrama. Wenn das nichts ist fürs Publikum! Also Dalberg, der ihn so bitter im Stich gelassen hatte, will seine Louise Millerin auf die Bühne bringen. Unbedingt. Die Aufregung über den Deserteur hat sich doch längst gelegt, und Dalberg hat vom Stuttgarter Hof nichts mehr zu befürchten. Also kann er jetzt Schiller den Hof machen.

Und der ist Feuer und Flamme. Zeigt es aber nicht. Wie es ihm gehe? Wie er so lebe? *Wenn Verbannung der Sorgen, Befriedigung der Lieblingsneigung und einige Freunde von Geschmack einen Menschen glücklich machen können,* antwortet Schiller dem Intendanten mit Distanz und Kühle, *so kann ich mich rühmen es zu seyn.* Dann kommt er zum Stück. Nein, er preist es nicht an. Im Gegenteil. Es sei viel Satire, viel Spott darin, vor allem bei *einer vornehmen Narren- und Schurkenart.* Er meint natürlich die Hofgesellschaft. Das sei durchaus ein Mangel, schreibt Diplomat Schiller. Er vermische auch Tragödie und Komödie. Also man müsse mal sehen. Im Zweifel würde er das Stück auch zurückbehalten.

Aber nein, nur das nicht! Dalberg flötet und läßt nicht locker. Und Schiller? Wartet noch ein Weilchen. Läßt ihn zappeln. Er kennt ja Dalbergs Temperament: Ein *Pulverfeuer,* das *schnell wieder verpufft.* Im Juli packt Schiller dann seinen Mantelsack und fährt schweren Herzens vom Ort seines zertretenen Liebesglücks ab. Das Reisegeld schießt wieder mal Frau von Wolzogen vor.

»Ich schreibe als Weltbürger, der keinem Fürsten dient«

Sturm und Drang in Mannheim

Dalberg empfängt ihn mit Wohlwollen. Bietet ihm – für ein Jahr – eine Anstellung als Theaterdichter an, zahlt 300 Gulden und verlangt dafür drei Stücke. Ein schäbiges Angebot, aber Schiller jubelt. Der erste feste Vertrag seit der Flucht. Mit dem Vorschuß kauft er sich endlich eine ordentliche Garderobe. An Schuldentilgung ist nicht zu denken, auch wenn Frau von Wolzogen drängt.

Er schreibt ihr statt dessen zärtliche Erklärungs-Briefe. *Aus einem Tumult von Zerstreuungen fliege ich an Ihr Herz…* Er hat jetzt doch so viele Ausgaben: Logis 5 Gulden, Kerzen 1 Gulden, Friseur 1 Taler, Wäsche 1 Taler, dann Holz für den Ofen, Postgeld 1 bis 2 Gulden, Tabak, Papier, *und tausend Kleinigkeiten ungerechnet.* Morgens ißt er nur ein *Wek*, mittags im Theater oder im Wirtshaus. *Abends esse ich allenfalls Kartoffel in Salz oder ein Ey oder so etwas zu einer Bouteille Bier.* Zusammengerechnet im Monat sind das nicht mehr als *11 Gulden fürs Maul.*

Schiller wird bald nur noch Wassersuppe essen, denn in Mannheim bricht eine Seuche aus, eine Epidemie. Die Hitze der Sommerwochen war so groß, daß das Wasser in den versumpften Festungsgräben um die Stadt zu faulen begann. Und auch das Trinkwasser ist bald vergiftet. Von 20000 Einwohnern

Jung und dynamisch: Schiller im Rock,
den er als Regimentsmedikus trug.

stecken sich 6000 an. Regisseur Meyer wird sterben. Und Schiller liegt wochenlang mit schwerem Fieber im Bett.

Der ehemalige Regimentsmedikus therapiert sich selbst. Kramt aus der Erinnerung, was er in den Vorlesungen auf der Carlsschule bei Professor Consbruch gelernt hat, dem beliebten Arzt, dem es immer um das Zusammenspiel von Körper und Seele ging. Und Schiller geht rigoros mit sich um. *Schon vierzehn Tage habe ich weder Fleisch noch Fleischbrühe gesehen. Wassersuppe heute, Wassersuppe morgen … Allenfalls gelbe Rüben oder saure Kartoffeln. Fieberrinde eß ich wie Brot, und ich habe mir sie expreß von Frankfurt verschrieben.*

Diese Chinarinde senkt wohl die Temperatur, aber sie ruiniert seinen Magen. Und immer steht Schiller zu früh auf. Eines Abends ist er bei seinem Verleger Christian Friedrich Schwan und bekommt gleich wieder einen schweren Anfall. Man legt ihn ins Bett und läßt dann eine Postchaise kommen, die ihn nach Hause bringt.

Am nächsten Tag schaut Schwan auf seinem Spaziergang bei Schiller vorbei. Er glaubt, der Patient liege brav im Bett. Aber was für ein Getöse und was für ein Anblick: Die Fensterläden sind runtergelassen. Zwei Kerzen brennen auf dem Tisch. Eine Flasche Burgunder steht zwischen Manuskripten, Gläsern, Tinte und Federkiel. Und der Dichter rennt wie ein Verrückter im Zimmer hin und her. *Gestikulierte und krakeelte ganz barbarisch.* Schwan ist entsetzt. *Aber, lieber Schiller*, sagt er, *was treiben Sie denn, daß Sie hausen wie ein Türke.* Er habe doch wohl nicht Medizin studiert, um sich jetzt mit aller Gewalt kaputtzumachen. Schiller hört auf zu schnaufen und sagt, daß er gerade den Mohren am Kragen gepackt habe, der Fiesco, den Grafen von Lavagna, ermorden wollte und dann überläuft zu ihm:

Topp, Lavagna! Ich bin Euer, und zum Henker fahre das Privatleben. Braucht mich, wozu Ihr wollt. Zu Eurem Spürhund, zu Eurem Fuchs, zu Eurer Schlange, zu Eurem Kuppler und Henkersknecht … Bei so einer Szene, sagt Schiller zu Schwan, kann er kein Tageslicht gebrauchen. Er braucht diese künstlich düstere Stimmung.

Und die Korrekturen am »Fiesco« müssen schließlich fertig werden. Es wird ja schon geprobt. Und wie bei den »Räubern«, so hat

Erdolcht von Fiesco: Leonore, im scharlachroten Mantel des toten Despoten,
sucht ihren Mann Fiesco. Der hält sie für seinen Erzfeind Doria und sticht zu.
Zeitgenössische Illustration zu Schillers Drama.

Schiller auch dieses Mal wieder harte Auflagen von der Intendanz:
Keine Vergewaltigung durch den Tyrannen, keine Demütigung der
Gräfin, kein gräßlicher Tod von Fiescos Frau. Wird alles gestrichen.
Und Fiesco selbst? Dieser geschmeidige Taktiker, dieser Stratege, der
sich am Ende den Purpur umhängt? Wird in der Mannheimer Premiere ein glücklicher Bürger, dem die Herzogwürde winkt. Da geht
doch wieder die ganze Psychologie zum Teufel. Und die pompöse
Inszenierung wird noch nicht mal ein Erfolg. Wie auch. *Republikani-
sche Freiheit*, sagt Schiller, *ist hier zu Lande ein leerer Name. In den Adern
der Pfälzer fließt kein römisches Blut.*

»Kabale und Liebe« ist da schon etwas anderes. Sowas mag das
Publikum: Louise, die reine Liebende, Ferdinand, der sich ins Schicksal
stürzt, und Wurm, der Sekretär, der *satanisch fein* ein Netz aus Intrigen
spinnt. Andreas Streicher, Schillers Fluchthelfer, der noch immer in

Mannheim lebt, begleitet seinen Freund zur Premiere. Sie sitzen in der Loge, und Streicher beobachtet Schiller, wie er sich auf die Lippen beißt, die Brauen hochzieht, sieht den *Blitz* in seinen Augen, und am Ende des ersten Akts hört er nur drei Worte: *es geht gut.* Es geht sogar sehr gut, denn als der Vorhang längst gefallen ist, stehen die Zuschauer noch immer an ihren Plätzen, jubeln, rufen Bravo und klatschen Schiller in der Loge so stürmisch zu, daß der Dichter sich erhebt und verbeugt.

Aber glücklich wird er in Mannheim nicht. Die meisten Schauspieler können auch mit seinen Texten nichts anfangen. Zu hoch der Inhalt, zu revolutionär der Ton, zu schwer die Sprache: *Ich will die Kabalen durchbohren – durchreißen will ich all diese eisernen Ketten des Vorurteils – Frei wie ein Mann will ich wählen, daß diese Insektenseelen am Riesenwerk meiner Liebe hinaufschwindeln.* Solche Sätze trompeten sie bei den Proben absichtlich mit gewaltigem Pathos von der Bühne herab. Machen sich lustig und poltern derb durch Schillers schöne Bilder.

Der junge Dramatiker sitzt dann im Parkett und ärgert sich. Und resigniert. Und manchmal verwünscht er sogar sein Talent. Und denkt daran, alles hinzuwerfen, eine Praxis aufzumachen und wieder Arzt zu werden. Wer will denn schon seine Menschheitsgedanken hören, seine kühnen politischen Ideen? In solchen Augenblicken geht er zu Freund Streicher. Der ist immer bereit, ihn aus dem Loch der Depression zu ziehen. Setzt sich ans Klavier, improvisiert für Stunden, und Schillers Schwermutskruste löst sich langsam auf. Die Flamme lodert wieder für Carlos und für Posa.

Die Geschichte spielt am Hofe des katholischen Königs Philipp II. Der regiert Spanien und seine Kolonien mit harter Hand. Wer erobert wird, muß konvertieren, sonst brennen die Scheiterhaufen der Inquisition. Prinz Carlos flieht den ungeliebten Vater, den Hof, die Feste. Er leidet und schweigt – bis sein Jugendfreund, der Marquis von Posa, nach einer langen Reise durch Europa zurückkommt.

Posa ist entsetzt über den in Selbstmitleid und Resignation schwimmenden Freund. Erzählt von den flandrischen Provinzen, die von

Philipp blutig unterdrückt werden. Wo bleibt da der Kämpfer Carlos? Der gesteht: *Ein entsetzliches Geheimnis brennt auf meiner Brust…Ich liebe meine Mutter.* Die junge Königin sollte einmal seine Gemahlin werden, bis Philipp selbst an ihr Gefallen fand und sie zu Carlos' Stiefmutter machte. Posa vermittelt ein Gespräch mit Elisabeth von Valois, doch die darf Carlos' romantische Träume nicht mehr erwidern. *Elisabeth war Ihre erste Liebe*, sagt sie, *Ihre zweite sei Spanien.*

So schließen denn Carlos und Posa einen Pakt und einen Freundschaftsbund. Freundschaften unter Männern sind Kult im 18. Jahrhundert, und Schiller selbst hat sie ein Leben lang mit Hingabe zelebriert. Sein idealisierter Kronprinz Carlos und der erfundene Posa sind das feurigste Paar seiner Phantasie, und ihre Liebe reicht bis in den Tod.

Posa versucht sogar, den König für seine Ideale zu gewinnen. Er kniet vor der erstaunten Majestät und sagt:

Geben Sie
Die unnatürliche Vergöttrung auf,
Die uns vernichtet. Werden Sie uns Muster
Des Ewigen und Wahren. Niemals – niemals
Besaß ein Sterblicher soviel, so göttlich
Es zu gebrauchen. Alle Könige
Europens huldigen dem spanschen Namen.
Gehn Sie Europens Königen voran.
Ein Federzug von dieser Hand, und neu
Erschaffen wird die Erde. Geben Sie
Gedankenfreiheit.

Zufrieden ist Schiller in Mannheim nicht. Und in der Liebe hat er auch kein Glück. Er himmelt die junge Schauspielerin an, die seine Louise Millerin spielt. Will ihr sogar nach einer Vorstellung die kostbare Miniatur schenken, die Freund Scharffenstein ihm gemalt hat und die ihm so ähnlich sieht. Was soll ich damit? sagt die ungezogene Aktrice. Sie mag ihn nicht. Schiller ist ihr zu nachlässig gekleidet. Zu schlampig.

Verliebt ist er auch in die älteste Tochter seines Verlegers Schwan. Margareta ist 18 Jahre, und es gefällt ihr, wenn Schiller zu Besuch kommt und aus seinen Stücken vorliest. Seine Zuneigung bemerkt sie nicht. Der sprachgewaltige Schiller kann seine Liebe nur dichten…

Wenn dein Dichter sich an deine süßen

Lippen klammert mit berauschten Küssen…

…sagen kann er sie nicht. Nicht der Angebeteten. Den Freunden schon. Denen schwärmt er so von Margarete vor, daß in Stuttgart das Gerücht umgeht, Schiller hätte sie geheiratet. Mutig wird er erst, als er Mannheim verläßt, als er in Leipzig ist. Weit weg also. Da schreibt er einen Brief an seinen Verleger und hält um die Hand der Tochter an. Traut sich zu bitten, *ihr Sohn seyn zu dörfen.* Schwan hält sich bedeckt, und so begräbt Schiller denn zum zweiten Mal eine Liebe.

Doch dann ist da noch die 23jährige Charlotte von Kalb. Eine Romantikerin mit üppigem blonden Haar. Pompös, schön, exaltiert und überspannt. Sie war früh verwaist, hatte wechselnde Vormünder, eine Schwester stirbt im Wochenbett, ihr Bruder im Duell, und sie versinkt in Literatur. Zieht sich zurück mit Büchern, liest sich ganze Epochen an, wird eine *schöne Seele.* Und heiratet Alexander von

Kalb, einen Hauptmann in französischen Diensten, der schon in Amerika war. Ein weltgewandter Abenteurer, der für die literarischen Höhenflüge seiner Frau wenig übrig hat.

Natürlich kennt sie Schiller aus Büchern, ist berauscht von dem, was er geschrieben, und als sie mit ihrem Mann nach Mannheim zieht, will sie ihn unbedingt kennenlernen. Frau von Wolzogen vermittelt. Und Charlotte von Kalb schmilzt dahin. Schiller auch. Welcher Kunstsinn, welche Kenntnis

Pompös, klug, exaltiert: Charlotte von Kalb bringt Schiller höfische Manieren bei und wird seine Geliebte in Mannheim.

und welche Neugier. Am Abend will die junge Frau gleich mit ihrem Mann ins Schauspiel, in »Kabale und Liebe«. Da läuft Schiller sofort rüber ins Theater und weist die Schauspieler an, dieses eine Mal den Intriganten des Stücks, den Hofmarschall von Kalb, bitte nicht beim Namen zu nennen.

Schiller und die hochschwangere Charlotte sehen sich oft. Der Gatte hat nichts einzuwenden. Er sucht ohnehin lieber seinen Männerclub auf. Die beiden dagegen schlendern Stunden durch den Mannheimer Antikensaal mit all den Gipsabgüssen berühmter Skulpturen, mit Laokoon, dem Priester des Apoll, der mit seinen Söhnen von Seeschlangen erwürgt wird, und mit Herakles, dem Lieblingshelden von Athene, der die Unterwelt bezwungen und für kurze Zeit den Himmel getragen hat. Und Schiller dichtet:

Auch ich war in Arkadien geboren,
Auch mir hat die Natur
An meiner Wiege Freude zugeschworen,
Auch ich war in Arkadien geboren,
Doch Tränen gab der kurze Lenz mir nur.

Als die junge Frau zwei Tage nach der Geburt ihres Sohnes ohnmächtig zusammenbricht, ist es Schiller, der sie findet, der erste Hilfe leistet und dann den Arzt holt. Von nun an ist er Dauergast im Hause von Kalb. Bespricht mit der Freundin psychologische Konflikte seines Carlos-Personals, diniert mit ihr, und sie bringt ihm höfische Manieren bei, schleift den Diamanten, zähmt den Widerspenstigen. Oft bleibt er bis in die Nacht hinein, während der Ehemann auf Reisen ist. Und wenn er neuen Text hat, wie die große Szene zwischen Carlos und der Königin, die sein Vater ihm genommen, liest er ihr vor:

Ich will nicht klagen, nein, ich will vergessen,
Wie unaussprechlich glücklich ich an Ihrer Hand
Geworden wäre – wenn nur er es ist.
Er ist es nicht – Das, das ist Höllenqual!
Er ist es nicht und wird es niemals werden.
Du nahmst mir meinen Himmel nur, um ihn
In König Philipps Armen zu vertilgen.

Charlotte von Kalb dankt für solche Lesung mit einem besonderen Geschenk. Sie läßt ihre guten Kontakte zur Hocharistokratie spielen, und Schiller erhält eine Einladung vom Hof in Darmstadt. Ja, er soll den ersten Akt aus »Don Carlos« lesen. Am zweiten Weihnachtstag 1784. Der Herzog von Weimar ist auch da. Diesmal ohne Goethe. Der ist gerade von einer Harzreise zurück und sitzt nun an seinen anatomischen Studien. Aber versammelt ist hier die allerfeinste Gesellschaft. Und Schiller hat gelernt. Sein Vortrag schockiert nicht mehr. Im Gegenteil. Die erlauchten Herrschaften applaudieren. Und Carl August läßt am nächsten Morgen zur Audienz bitten und ernennt den Poeten zum »Weimarischen Rat«.

Schiller selbst hatte den Wunsch geäußert. Er weiß doch inzwischen, daß so ein Titel vom berühmtesten Musenhof Deutschlands das Leben leichter macht. Er ist in der Gesellschaft mehr wert als Charakter und für Schiller Balsam auf die Wunde Mannheim. Denn Dalberg hat den Vertrag als Theaterdichter nicht verlängert. Und wie das bei ihm so war, kam die Kündigung ohne Skrupel und Bedauern. Aus. Vorbei.

Nein, Mannheim hat Schillers Wünsche und Hoffnungen nicht erfüllt. Zu den drei genialen Stücken hätte er so gerne eine Dramaturgie ins Theater eingebracht. Er war Mitglied der »Deutschen Gesellschaft«, in der alle Honoratioren der Stadt versammelt waren. Dadurch war er Pfälzischer Staatsbürger geworden. Seine Antrittsrede vom Juni 1784 ist der große Aufsatz »Die Schaubühne als moralische Anstalt«.

Hier nun trägt er *die Fackel der Aufklärung* voran und stellt gleich einmal fest, was der Unterschied ist zwischen Pedant und Künstler, zwischen *Trockenheit* und *Ameisenfleiß* und dem genialischen Feuer. Wie bitter, sagt er, ist der *unversöhnliche Haß*, die *stolze Verachtung, womit Fakultäten auf freie Künstler heruntersehen.*

Dabei sind sie es doch, die den Menschen *Glückseligkeit* schenken. Wo die *weltlichen Gesetze* enden, sagt er, da beginnt die *Gerichtsbarkeit der Bühne*, beginnt das Reich der Phantasie und Schöpferkraft. *Kühne Verbrecher, die längst schon im Staube vermodern, werden durch den allmächtigen Ruf der Dichtkunst jetzt vorgeladen.*

Und neben dem bürgerlichen Publikum sollte noch eine *merkwürdige Klasse* dankbar sein, solchen Gestalten auf dem Theater zu begegnen: *Hier nur hören die Großen der Welt, was sie nie oder selten hören – Wahrheit; was sie nie oder selten sehen, sehen sie hier – den Menschen.* Das Spiel auf der Bühne, sagt Schiller, ist mächtiger *als toter Buchstabe* und tiefer und dauernder als *Moral und Gesetze.*

Herrscher vom Musenhof in Weimar: Herzog Carl August (auf einem Gemälde von August Tischbein) ernennt Schiller zum »Weimarischen Rat«.

Es ist dieser stolze und unnachahmliche Schillerton, der durch die ganze Rede weht – leidenschaftlich, fordernd, verführerisch. Und am Ende, sagt er, wird der *Unglückliche* seinen eigenen Kummer mit dem fremden auf der Bühne ausweinen, der *empfindsame Weichling* wird zum Manne, und der *rohe Unmensch* fängt zum erstenmal an zu empfinden. Das sei der Triumph des Theaters, wenn alle nur noch eine Empfindung haben: *ein Mensch zu sein.* Damit ist er der Erfinder einer großen Bildungsidee. Was kann der Mensch? Jeder Mensch? Er kann sich erheben, kann sich zu einer Persönlichkeit machen.

Soviel sprudelnde Sprache, soviel Posaunen für Lorbeer und Thalia, soviel lodernder Idealismus schreckt die Herren der Deutschen Gesellschaft eher, als daß sie angezündet werden. Und warum läuft der junge Mensch auch so unordentlich rum, die Haare sind immer irgendwie schlecht onduliert. Und dann leiht er sich ja wohl auch überall Geld. Und diese albernen Liebeleien. Und kann er sich nicht endlich mal dieses Schwäbeln abgewöhnen? Er ist doch pfälzischer Staatsbürger.

Dalberg findet die Rede natürlich schon ganz interessant. Und wenn Schiller da so eine Mannheimer Dramaturgie schreiben will, gut. Soll er mal machen. Und Schiller sieht schon wieder alle Tore weit geöffnet, setzt sich gleich zu Hause hin und macht einen Entwurf *gegen eine jährliche Gratifikation von 50 Gulden.*

Dalberg lehnt ab. Hat es sich anders überlegt. Er will keine Dramaturgie mehr. Er will auch Schiller nicht mehr. Er verlängert den Vertrag nicht. Und die Gläubiger stürzen sich auf den arbeitslosen

Schiller-Freunde:
Christian Gottfried Körner,
vermögender Oberkonsistorialrat
für Landwirtschaft und Kommerz,
und Ludwig Ferdinand Huber,
Übersetzer und Schriftleiter.

Dichter. Diese elenden Schulden sind eine *Quelle von Marter* für ihn. Er hat das Geld nicht. Schreibt ohnmächtige Briefe. Und dann kommt es zu einem schrecklichen Zwischenfall:

Eine Korporalsfrau, die in Stuttgart für Schiller-Schulden gebürgt, klingelt an der Haustür. Sie sei in Panik vor den Stuttgarter Schuldnern hierher geflohen, sagt sie zu Schillers Vermieterin. Aber Schiller sei nicht da, sagt die. Und eine verzweifelte Frau geht davon.

Schiller ist natürlich da, sitzt zitternd in seinem Zimmer und erzählt seiner Wirtin von den 200 Gulden Schulden. Die berät sich nun mit ihrem Mann, einem Maurermeister, der etwas Erspartes hat. Sie sorgen dafür, daß die Korporalin, die bereits in Schuldhaft sitzt, wieder freikommt. Schiller wird ihnen das nie vergessen. Und Jahre später, als sie selbst in Geldnot geraten, sorgt er dafür, daß ihr Sohn eine Stellung am Theater bekommt und so die Eltern unterstützen kann.

Der arbeitslose Schiller setzt jetzt auf ein neues Projekt, auf eine literarische Zeitschrift, die er »Rheinische Thalia« nennt. Und weil er keinen Verleger findet, versucht er, die Gelder über Subskription hereinzubekommen. Schreibt charmante Bettelbriefe nach Stuttgart an seinen alten Freund Scharffenstein oder nach Weimar an Johann Justin Bertuch, den vermögenden Industriellen.

Der Text, den er allen Briefen beilegt, ist ein echtes Schillerbekenntnis, eine anrührende biographische Skizze: *Ich schreibe als Welt-*

Schiller-Freundinnen: Minna Stock, Körners anmutige Verlobte, und ihre Schwester Dora Stock, Hubers begabte Verlobte. Sie zeichnete die vier Porträts.

bürger, der keinem Fürsten dient. So beginnt er, der *zum Dichter verurteilt* sei. Doch die *Neigung zur Poesie beleidigte die Gesetze* seiner Schule. Acht Jahre rang er mit den militärischen Regeln, *aber Leidenschaft für die Dichtkunst ist feurig und stark, wie die erste Liebe. Was sie ersticken sollte, fachte sie an.* Und aus dem naturwidrigen *Beischlaf der Subordination* mit dem *Genius* entstand sein erstes Stück: »Die Räuber«. Das war Majestätsbeleidigung. Auf die folgten Schreibverbot, Flucht und Anklagen. Nun aber will er sich nur noch einem Tribunal stellen, seinem Publikum. Und *an keinen anderen Thron* will er mehr appellieren *als an die menschliche Seele.*

Ein großer Aufwand für ein kühnes Projekt. Doch nur wenige abonnieren das Heft. Und es gibt noch ein Problem, das sich langsam zum Drama ausweitet: das Verhältnis zu Charlotte von Kalb. Ihre Ehe ist so unglücklich, daß sie nur noch einen Satz dafür übrig hat: *Sturm – Frost – Erstarrung.* Sie leidet an Schwermutschüben, hängt sich an Schiller, will ihn ganz für sich. Das erträgt er nicht. Er gerät in Panik. Muß raus aus dieser Umklammerung, die ihm alle Luft nimmt.

Da beantwortet er endlich einen wunderbaren Brief, den er sieben Monate hatte liegen lassen. Vier Verehrer aus Leipzig hatten eine rauschende Eloge an ihn geschrieben, ihn nach Leipzig eingeladen und eine seidene Brieftasche mit ihren vier Bildnissen beigelegt. Die hängen mittlerweile wie ein Damoklesschwert über seinem Schreibtisch:

Christian Gottfried Körner mit seiner Braut Minna Stock und Ferdinand Huber mit seiner Braut Dorothea Stock, Minnas Schwester.

Nun geht ein Hilfeschrei an die Vier ab. Nun jagt die Feder nur so übers Papier. Er kann nicht mehr in Mannheim bleiben. *Zwölf Tage habe ichs in meinem Herzen herumgetragen, wie den Entschluß aus der Welt zu gehen.* Alles sei ihm hier in dieser Stadt zuwider, *Menschen, Verhältnisse, Erdreich und Himmel.* Er dürste nach *Freundschaft, Anhänglichkeit und Liebe.* Alles stockt. Alles ist vertrocknet. Sein Herz wie seine poetische Ader. Ja, er will ihre Einladung annehmen, will nach Leipzig kommen. Bei ihnen werde er glücklich sein. *Ich wars noch nie…*

Die Antwort kommt prompt. Jubel über seinen Entschluß. Nun gehen Briefe hin und her. Etwas umständlich und genant erklärt Schiller, daß er in Finanznot sei, daß er zum Kaufmann ebensowenig geeignet sei wie zum Kapuziner. Die vier Bewunderer verstehen und schicken taktvoll einen Wechsel.

Und Schiller schwärmt sich in ein neues Leben hinein. Er möchte mit den noch unbekannten Freunden zusammenwohnen. Braucht nicht mehr als ein Schlafzimmer, das zugleich Arbeitszimmer sein soll. Und ein Besuchszimmer. An Möbeln würden Schreibtisch, Bett, Commode, Sofa, Tisch und Sessel reichen. Im Parterre möchte er allerdings nicht wohnen und auch nicht unterm Dach. Die Aussicht auf einen Friedhof wäre ihm schrecklich. Und essen möchte er am liebsten immer mit ihnen zusammen.

Wieder einmal packt Schiller. Seinen letzten Abend verbringt er mit Streicher, dem Freund, der ihn noch nie enttäuscht hat. Sie sitzen bis Mitternacht vergnügt zusammen, und Schiller sagt, er werde seine Muse künftig nur noch in *aufgeheizter Stimmung* bemühen. Sein Geld will er von nun an mit Juristerei verdienen und als Rechtsgelehrter am sächsischen Hof landen. Und sie wollen sich keine Briefe mehr schreiben, bevor Streicher nicht Kapellmeister und Schiller Minister geworden ist. Am frühen Morgen des 9. April 1785 nimmt er die Postchaise nach Leipzig.

»Alles lebt und webt und liebt und begattet sich«

Leipzig, Dresden und die Freundschaft mit Körner

L eipzig. Was für eine Stadt! Großzügig, modern, mit europä-
ischem Flair, nicht muffig und miefig wie Mannheim. Eine
Messestadt, wo auch Franzosen, Polen, Russen und Griechen
leben. Hier kommt Schiller nun nach acht Tagen Fahrt durch Regen
und Sturm *zerstört und zerschlagen* an und steigt erstmal im »Blauen
Engel« ab.

Christian Gottfried Körner ist in Dresden, doch Ferdinand Huber
und die Geschwister Stock erwarten ihn mit Spannung und Herzklopfen. Wie mag er wohl aussehen, der Dichter? Na, wie sein Räuberhauptmann natürlich, wie der Karl Moor aus den böhmischen
Wäldern, sagt Minna Stock, *mit Kanonenstiefeln und Pfundsporen* und
dem *rasselnden Schleppsäbel an der Seite.* Und dann sind sie doch sehr
überrascht. Steht da ein langer, rotblonder, blauäugiger, schüchterner
Mensch vor ihnen. Überhaupt nicht zum Fürchten. Ein Mann, *dem
die Tränen in den Augen standen und der kaum wagte, uns
anzureden.* Und sein Schwäbeln ist in Sachsen ja
nun was ganz Besonderes.

Doch die Befangenheit dauert nicht lange.
Sie sind sich bald mehr als sympathisch.
Und der charmante, vier Jahre jüngere Halb-
franzose Huber, Übersetzer und Schriftleiter der »Allgemeinen Zeitung«, erinnert
Schiller sogleich an seinen Marquis Posa,
und er will *Arm in Arm mit ihm bis vor die*

Umschwärmter Mittelpunkt: Schiller in Pastell
von Dora Stock nach einem Ölgemälde von Anton Graff.

Falltüre der Sterblichkeit treten. Hubers Verlobte Dora ist eine begabte Zeichnerin, die ein strahlendes Pastell von Schiller macht. Ein bißchen verwachsen ist sie, aber voll Geist, Spottlust und Humor. Körners Verlobte Minna ist die Anmutige, Fröhliche.

Und Körner? Er wird nun erstmal der wichtigste Mann in Schillers Leben. Der drei Jahre Ältere war nach der Fürstenschule in Grimma ein bißchen durch die Fakultäten gesprungen – mal Theologie, mal Philosophie, dann Naturwissenschaften und Jura, und schließlich hat er einen Adelssproß durch ganz Europa begleitet. Nun ist er durch den Tod seiner Eltern ein vermögender Mann, ist Oberkonsistorialrat für Landwirtschaft, Manufaktur und Kommerz und hat diese schwärmerische Liebe zur Literatur.

Noch ist er in Dresden. Noch schreiben die beiden sich Briefe über ihr Leben und die Kunst. *In einer unendlich seligen Stimmung setze ich mich hin, an meinen Schiller zu schreiben.* Und er will ihn auch nicht mehr siezen. *Das Sie in unseren Briefen ist mir zuwider. Wir sind Brüder durch Wahl, mehr als wir es durch Geburt sein könnten. – Ich wünsche dir Glück, Freund.*

Das Glück der ersten Tage ist Erholung. Huber zeigt Schiller die Stadt, und sie landen am Ende immer im Kaffeehaus. Hier trifft sich *die halbe Welt*: Schauspieler, Schriftsteller, Maler, Musiker, und Schiller ist eine Zeitlang umschwärmter Mittelpunkt. Er ist eben der Dichter der »Räuber«, den will man sehen, und wo er auftaucht, lauern die Bewunderer. Das geht ihm bald ziemlich auf die Nerven.

In einem Brief an seinen Verleger Schwan beschreibt er diesen *fatalen Schwarm* von Glotzern, *die wie Geschmeißfliegen um Schriftsteller herumsumsen, einen wie ein Wundertier angaffen und sich obendrein gar, einiger vollgekleckerter Bogen wegen, zum Kollegen aufwerfen.* Als er auf einem Spaziergang an einer Zirkusbude vorbeikommt, wo dressierte Hunde rumhüpfen, lädt der Direktor Schiller zu einer kleinen Vorführung ein. Gratis natürlich – so von Künstler zu Künstler.

Gleich Anfang Mai zieht Schiller aufs Land, nach Gohlis. Georg Göschen, der sieben Jahre ältere Buchhändler, der bald Schillers Verleger wird, begleitet ihn in den beliebten Sommerkurort und geht

»Jede Kokette kann mich fesseln.
Jede hat eine unfehlbare Macht auf mich.«
Schiller an Körner

Das Schillerhaus in Leipzig-Gohlis. Hier fängt der Dichter an,
sein Leben zu genießen.

täglich die halbe Spazierstunde nach Leipzig ins Geschäft. Abends kommt er dann zurück, um bei Schiller zu übernachten.

Sie wohnen beim Karpfenhändler unterm Dach in zwei winzigen, weißgekalkten Kammern. Und ein zwölfjähriger Junge aus dem Dorf bietet sich dem Räuberhauptmann Schiller – er ist auch hier eine geradezu volkstümliche Berühmtheit, ein Held, der gegen Unrecht kämpft – also er bietet sich gleich als Laufbursche an. Und erzählt, daß der Dichter schon in aller Herrgottsfrühe aus dem Bett fällt. Manchmal schon um drei, sonst um vier oder fünf. Und *nur mit dem Schlafrocke bekleidet* marschiert er nun kreuz und quer über die Felder. Und er, sein braver

Sommerkurort: In Leipzig-Gohlis wohnt Schiller zusammen mit Georg Göschen, seinem neuen Verleger (links), beim Karpfenhändler unterm Dach. Hier schreibt der Dichter seine Hymne »An die Freude«.

Bursche, folgt mit einer Wasserflasche und einem Glas. Wenn Schiller dann wieder in der Wohnung ist, sagt er, fängt er gleich an aufzuschreiben, was er beim Spaziergang erdacht.

Schiller ist fleißig in Gohlis. Und weil die Kammern unterm Dach im Sommer viel zu heiß und stickig sind, setzt er sich draußen unter die Linde oder in die Holunderlaube. Da sitzt er dann Stunden mit Tabak und Kaffee und führt seine schwungvollen, ewig unter Hochdruck stehenden Figuren in Jamben immer tiefer in ihr Schicksal hinein.

Da ist der Generationenkonflikt zwischen Carlos und Philipp II., dem scheinbar versteinerten Despoten und dem Sohn, der das Ideal vom Menschenglück erträumt. Da ist die unglückliche Liebesschwärmerei von Carlos für Elisabeth von Valois, Philipps Gemahlin; die Intrige der Prinzessin von Eboli, die Carlos begehrt und dem König von der verbotenen Leidenschaft zur Stiefmutter erzählt. Und da ist Posa, der brillante Weltverbesserer, der die Freundschaft zu Carlos verrät, ohne es zu wollen, der sein Sendungsbewußtsein durch eine Verschwörung so strapaziert, daß am Ende nur noch der Tod steht.

Und wie groß hatte er gedacht, als er die Audienz bei Philipp nutzt, *und wärs – auch eine Feuerflocke Wahrheit nur – in des Despoten Seele kühn geworfen.* Sie gipfelt im mutigen Ruf nach Gedankenfreiheit. Da beginnt der Rausch. Da beginnt Freund Carlos zum Werkzeug zu werden, denn nur mit dem Infanten kann Flandern – stellvertretend für Posas Welt – befreit werden. Und Schiller läßt Carlos die vermeintliche Treulosigkeit entschuldigen:

Er hat
mich liebgehabt. Sehr lieb. Ich war ihm teuer
wie seine eigne Seele. O, das weiß ich!
das haben tausend Proben mir erwiesen.
Doch sollen Millionen ihm, soll ihm
das Vaterland nicht teurer sein als einer?
Sein Busen war für einen Freund zu groß,
und Carlos' Glück zu klein für seine Liebe.
Er opferte mich seiner Tugend.

Nein, es geht Schiller in seinen Stücken nicht um historische Wahrheit, darum ging es schon beim »Fiesco« nicht. Schiller will Gefühle erzeugen. Ihn interessiert nichts so sehr wie die Psyche seiner Figuren, die hin- und hergeworfen sind zwischen Macht und Ohnmacht. Daß der echte Carlos jähzornig und sadistisch war und vielleicht vergiftet wurde, ist nicht sein Thema. Er sei kein Geschichtsschreiber, sagt Schiller, *und eine einzige große Aufwallung, die ich durch die gewagte Erdichtung in der Brust meiner Zuschauer bewirke, wiegt bei mir die strengste historische Genauigkeit auf.*

Als Schillers Marquis Posa den katholischen Herrscher um Gedankenfreiheit anfleht, will der *den Jüngling, der sich übereilte*, schützen und sagt: *Fliehe meine Inquisition. – Es sollte mir leid tun.* Auch das ist Schillers Thema. Die Inquisition. Es gibt sie nicht mehr, doch er nimmt sie als Symbol, um *die prostituierte Menschheit zu rächen, und ihre Schandflecken fürchterlich an den Pranger zu stellen.*

So wird denn am Ende der Großinquisitor über den schwankenden König triumphieren. Philipp hatte ihm gebeichtet, er habe sich nach einem Menschen gesehnt. *Wozu Menschen?* fragt der Inquisitor, *Menschen sind für Sie nur Zahlen, weiter nichts.* Und *Verwesung* ist besser als *Freiheit.* Zurück in der Steinzeit wird Philipp ihm nun das letzte Menschenopfer übergeben: Carlos, seinen Sohn.

Nach der Arbeit kommt die Geselligkeit. Mit Huber, Göschen und den Stock-Mädchen strolcht Schiller nachmittags durch die Gegend oder macht Gondelfahrten auf der Pleiße. Abends sitzen die Freunde in der »Wasserschenke«, trinken Leipziger oder auch mal das teure Merseburger Bier, spielen Karten oder kegeln. Und eines Tages fahren alle zum Rittergut Kahnsdorf bei Leipzig, wo Körner eingetroffen ist.

Schiller ist nach dieser ersten Begegnung überwältigt. Schreibt gleich in den frühen Morgenstunden nach heftigem Weinkonsum einen langen, exaltierten, pathetischen, fast blasphemischen Brief an den *theuersten* Körner, schreibt von *Gefühl, Magie* und *philosophischer Gewißheit*, daß es hier nicht um Schwärmerei geht, sondern um *heilige Freundschaft*, um die göttliche *Berührung zweier Seelen.* Erzählt, wie Huber, Göschen und er nach der Verabschiedung von ihm noch irgendwo in eine Schenke einkehrten und *heilig* auf sein Wohl tranken, *jeder von uns hatte Tränen in den Augen.* Göschen brannte der Wein *in jedem Gliede*, Huber war feuerrot im Gesicht. Und er selbst? Schiller? Er denkt, er sei beim Abendmahl. Denkt: *Dieses tut, so oft ihrs trinket, zu meinem Gedächtnis.* Dann hört er nur noch Orgelrauschen.

Körner ist auch beglückt. Doch er hat bei dieser ersten Begegnung auch noch etwas sehr Weltliches bemerkt: Schiller hat kein Geld. Seine finanzielle Lage ist mehr als miserabel. So bittet er ihn, doch für ein Jahr sein Gast zu sein. Er würde sich freuen, denn er möchte, daß Schiller frei leben, wohnen und schreiben kann. Ohne Druck. Und überweist ihm gleich eine Summe für alle täglichen Ausgaben. Schiller kann es nicht glauben, und der begüterte Körner schreibt, Geld habe ihm nie etwas bedeutet. Und es hat ihn immer *angeekelt, mit Seelen, die mir teuer waren, davon zu reden.*

Schiller im Glück. Sorgenfrei zum erstenmal in seinem Leben. Da muß er doch gleich ein Poem auf seinen Freund machen:

Schimmernd tritt er aus der Nacht
Wie der Erdensöhne keiner,
Groß und trefflich, wie der Sieben einer,
Die am Throne dienen, schwebt er her.
»Streut mir Blumen – Seht, da bin ich wieder«
ruft er lächelnd von dem Himmel nieder.

Und als er erfährt, daß sein Mannheimer Verleger Schwan ihn betrügt, daß der – ohne einen Taler Honorar zu überweisen – eine Neuauflage vom »Fiesco« drucken ließ, daß er Schiller sogar eine Rechnung schickte für die paar Exemplare, die er noch bestellt hatte, kündigt er ihm. Und auch das macht ihn glücklich, denn sein neuer Verleger ist Freund Göschen.

Und als Körner, der seine Minna inzwischen geheiratet hat und mit ihr nach Dresden gezogen ist, Schiller bittet, per Extrapost von Gohlis, nachzukommen, um mit ihnen zu leben, ist er wie berauscht. Läuft hoch in seine winzige Bude und schreibt die Hymne, die seinen Namen in alle Welt tragen wird, die Hymne »An die Freude«.

Freude, schöner Götterfunken,
Tochter aus Elysium,
Wir betreten feuertrunken
Himmlische, dein Heiligtum.
Deine Zauber binden wieder,
Was der Mode Schwert geteilt;
Bettler werden Fürstenbrüder,
Wo dein sanfter Flügel weilt.
Seid umschlungen, Millionen!
Diesen Kuß der ganzen Welt!
Brüder – über'm Sternenzelt
Muß ein lieber Vater wohnen.
Wem der große Wurf gelungen,
Eines Freundes Freund zu sein;
Wer ein holdes Weib errungen,
Mische seinen Jubel ein!
Ja – wer auch nur e i n e Seele
S e i n nennt auf dem Erdenrund!
Und wer's nie gekonnt, der stehle
Weinend sich aus diesem Bund!

Dieser Bund kommt nun in Dresden wieder zusammen, der größten und schönsten Stadt, in der Schiller je gelebt. Es ist erst 20 Jahre her, daß die Preußen im Siebenjährigen Krieg die Stadt besetzt, geplündert und verwüstet haben.

Alles ist wieder aufgebaut. Dresden ist wieder das alte Elbflorenz, das deutsche Venedig, so, wie Canaletto es gemalt hatte, größer als Frankfurt und Leipzig, pompöser als Berlin, gefüllt mit Kunstschätzen, Gemälden, Putten, Parks und Pavillons, Brücken, Booten und Göttern, die Posaune blasen.

Die Stadt läßt Schiller merkwürdig kalt, die Natur nicht. Die Gegend ums Elbtal herum weckt Sehnsüchte an seine Kindertage. *Romantisch* nennt er die Natur. Nur die Dresdner findet er seicht und unleidlich. Aber er hat ja seine Freunde. An Huber, der noch in Leipzig ist, schreibt er gleich nach der Ankunft: *Ich bin hier im Schoße* unserer Lieben wie im Himmel. Über seinem Zimmer hört er die *lieben Weiberchen herumkramen*, unten spielt jemand Klavier, also genau die richtige Stimmung für einen Brief. Spätabends sei er angekommen. Und *Minna und Dorchen* hätten ihn *in Prozession* auf sein herrlich bequemes Zimmer gebracht. Am Morgen dann wieder Klavierspiel. Und in die Weinberge sind sie gefahren nach Loschwitz, wo Körner ein ländliches Haus mit Garten hat, haben Rheinwein getrunken und philosophische Gespräche geführt.

O, liebster Freund, das sollen göttliche Tage werden.

Einen göttlichen Morgen hat Minna Körner beschrieben. Es ist der erste Morgen in Loschwitz, wo sie gemeinsam ein paar Wochen verbringen. Der Septembertag ist warm, und die junge Hausfrau deckt den Frühstückstisch draußen unterm Nußbaum. Legt ein frisches, weißes Damasttuch auf und stellt zum deftigen Déjeuner Weingläser hin und gefüllte Karaffen. Als Schiller kommt, will er gleich mit einem Toast auf ihr Zusammenleben anstoßen. Und das tut er im Überschwang so heftig, *daß sein Glas in Stücke sprang* und der *Rotwein zu meinem Schreck*, wie Minna Körner schreibt, über die Decke läuft.

Schiller arbeitet das Malheur gleich in einen neuen Trinkspruch ein, *eine Libation für die Götter. Gießen wir unsere Gläser aus.* Körner und Minnas Schwester schütten lachend ihren Roten auf den ruinierten Damast. Dann nimmt Schiller alle Gläser und wirft sie über die Gartenmauer, wo sie auf dem Straßenpflaster zerspringen. *Keine Trennung*, ruft der selige Kindskopf, *keiner allein! Sei uns ein gemeinsamer Untergang beschieden!*

In Loschwitz hat Schiller sein Zimmer im Parterre. Minna Körner richtet es ihm ein, hängt grünseidene Vorhänge an die Fenster und stellt einen Schreibtisch, ein Bett und einen *Großvaterstuhl* hinein. Doch gleich nebenan sind die Waschküche und der Kuhstall. Und wenn dann noch die *weibliche Waschdeputation* anrückt und Hemden, Hosen, Strümpfe und Decken ans Waschbrett klatscht, stört ihn das schon gewaltig bei der Arbeit am Don Carlos. Und so schildert er denn die Not eines *niedergeschlagenen Trauerspieldichters*:

»*Die Wäsche klatscht vor meiner Thür …*
und mich, mich ruft das Flügelthier
Zu König Philipps Hofe.«
Scherzgedicht für Körner während Schillers Arbeit an »Don Carlos«

In Dresden (links ein Blick über die Elbe auf die Stadt,
rechts oben zum Weißen Hirsch) und im ländlichen Loschwitz,
wo Körners Sommerhaus steht, frühstückt Schiller mit seinen
Freunden im Garten und schreibt seinen »Don Carlos«.

Die Wäsche klatscht vor meiner Thür,
es scharrt die Küchenzofe –
und mich – mich ruft das Flügelthier
nach König Philipps Hofe.
Ich steige mutig auf das Roß;
in wenigen Sekunden
seh ich Madrid – am Königsschloß
hab ich es angebunden

Er rennt nun durch die Galerie, belauscht Frau Eboli, die an des Prinzen Brust versinkt, und als sie denkt: Triumph – da klatscht ein nasser Strumpf.

Und weg ist Traum und Feerey
Prinzessin, Gott befohlen!
Der Teufel soll die Dichterei
Beim Hemderwaschen holen.

So flieht er denn oft in das winzige Häuschen, das auf dem Körnerschen Weinberg steht, um ungestört arbeiten zu können. Und Körner, der großzügig drei Abschreiber für die Carlos-Szenen zahlt, erinnert Schiller immer mal wieder an seine gewaltigen Schulden. Er ist nun mal Geschäftsmann. Also macht er mit seinem leichtfertigen Dichter einen Schuldenplan. Nur Schiller hält sich nicht dran. Zockt auch wieder irgendwo beim Kartenspiel und verliert dann schon mal *Rock und Wams*.

Die teuren Weine schmecken auch besser als billige. Und Kaffee und Tabak sind Luxusgüter. Da fragt Körners Schwägerin schon mal vorsichtig beim Dichter an, ob der Kaffeeverbrauch nicht etwas eingedämmt werden könne. Also halb Kaffee, halb Wurzelsaft. Das ist so etwas wie Muckefuck. Für Schiller eine ziemliche *Jammerbrühe*.

Und doch fühlt er sich wohl wie nie. Hat eine Familie. Ist nicht allein. Zieht im späten Herbst, als Körners wieder in Dresden leben, mit Huber zusammen, führt mit ihm einen richtigen Junggesellenhaushalt auf dem Kohlenmarkt, ganz in der Nähe von Körners Haus, wo sie oft und gern eingeladen sind. Und die Hausfrau sorgt dafür, daß die Bude der beiden von Zeit zu Zeit gescheuert wird, was Schiller haßt.

Ruhelos ist er noch immer. Wenn der Schreibschub kommt, sitzt er Tage und Nächte an Prosa und Jamben. Und die Freunde sind schon besorgt um ihn, wenn er nach dem Essen auf dem Sofa einfach so wegsackt und einnickt. Sie lösen ihm dann vorsichtig die enganliegenden Kniegürtel und lassen ihn schlafen.

Ruhelos ist Schiller auch, als er dem berühmten Maler Anton Graff zum Porträt sitzt. Dauernd bewegt er sich, ändert den Ausdruck, springt auf, redet. *Ein unruhiger Geist*, sagt Graff, *hatte kein Sitzfleisch.*

Und wehe, wenn Körners samt Huber auf Reisen sind. Dann legt sich der Schleier der Melancholie wieder über ihn, dann schreibt er an Körner: *Alles lebt und webt … und liebt und begattet sich, und ich – mein Zustand ist trostlos.* Dann sinken, wie er an Huber schreibt, *Enthusiasmus und Ideale … unglaublich tief.* Dann möchte er am liebsten nicht mehr leben, *wenn es der Mühe verlohnte, zu sterben.* Dann stockt die Arbeit am Carlos. Aber am Horizont seines Schreibtisches steigt auch ein neues Thema auf, ein Roman: »Der Geisterseher«.

Ich erzähle eine Begebenheit, die vielen unglaublich scheinen wird, und von der ich großenteils selbst Augenzeuge war. So beginnt die Geschichte, und dann geht's auch schon los. Es ist Karneval in Venedig. Es ist spät am Abend. Die letzten Masken huschen über den Markusplatz und verschwinden in den Gassen. Bald sind nur noch der Prinz und der Erzähler, Graf von O., unterwegs, und die beiden haben längst bemerkt, daß sie von einer armenischen Maske verfolgt werden.

Hat der Graf sich etwa mit einer verheirateten Dame eingelassen? *Die Ehemänner in Venedig sind gefährlich,* sagt der Prinz. Aber nein, der Graf hat keine Liebschaft hier. Auf einer steinernen Bank erwarten die zwei schließlich die düstere Figur. Hoffen, daß sie vorbeigeht. Doch sie setzt sich zu ihnen und flüstert: *Wünschen Sie sich Glück, Prinz … Um neun Uhr ist er gestorben.* Und tatsächlich, kurz darauf erfährt der Prinz, daß zu eben jener Stunde sein Cousin gestorben und er in der Thronfolge auf den zweiten Platz gerückt ist.

Eine dramatische Szene löst nun die andere ab. Im Kaffeehaus gerät der Prinz mit einem Spanier aneinander. Der will ihn umbringen lassen, wird aber von der Staatsinquisition vor den Augen des Prinzen geköpft. Dann verschwinden Uhren und Schatullen-Schlüssel. Ein Sizilianer läßt den Prinzen in einen Spiegel schauen, worin er den Armenier ohne Maske erkennt. Wie ist das möglich? Nichts ist möglich. Alles ist Lug und Trug. Täuschung hinter Spiegel und Glas. Doch alles ist Teil einer gewaltigen Intrige gegen den Prinzen, einer Verschwörung, an der Mordbuben, Wunderheiler, Agenten und falsche Mönche mit Zauberlaternen, Beschwörungsformeln und Spiritusflammen beteiligt sind.

Schiller peitscht die Leser nur so durch seine Spukgeschichte. Und die Leute wollen mehr. Schreien nach Fortsetzung. Göschen ist selig, als die erste Folge in der »Thalia«, erscheint, die ja auch bei ihm gedruckt wird. Nie mehr wird Schiller einen solchen Sensationserfolg haben. Dabei ist ihm die Lust an der Geschichte bald vergangen. Doch die Geister, die er rief, wird er nicht mehr los.

Er weiß aber gar nicht, wie die Sache weitergehen soll. Es war doch nur so ein Spaß ohne Plan, um die Schreibblockade beim Carlos zu überwinden. Fingerübungen. Und nun wird ein richtiges Geschäft draus. Mit Trivialliteratur. Tatsächlich aber wird Schillers »Geisterseher« zum Vorbild für künftige Romantiker, für die Schauernovellen von Ludwig Tieck oder E. T. A. Hoffmann. Drei Jahre lang wird Schiller immer mal wieder an der verrückten Geschichte arbeiten, auch wenn er sich manchmal gar nicht mehr in dem verwickelten Stoff zurechtfindet, der zu einer Gorgo mit 1000 Köpfen geworden ist. Schreibt aber auch an Körner: *Ich wär ein Narr, wenn ich das Lob der Thoren und Weisen so in den Wind schlüge.* Doch das Ende der Geschichte, in dem der Prinz unter dem Einfluß des Armeniers den regierenden Fürsten ermordet und selbst den Thron besteigt, schreibt Schiller nicht mehr. Sein Roman bleibt Fragment.

Der Schmöker für die Gesellschaft ist ein Spiegel des herrschenden Zeitgeistes. Im spätaufgeklärten Absolutismus ist Preußen – kurz vor dem Tod Friedrichs II. – eine bröckelnde Großmacht. Und in den vielen kleinen Herzogtümern ist alles zu finden: Leichtsinn, Luxus, Kunstsinn, Willkür, Humanismus, Tyrannei, Ausbeutung und Folter.

Und die selbsternannten Sonnenkönige wollen in ihren Flickenstaaten Glanz und Gloria und öffnen ihre Schlösser für Hochstapler und Abenteurer.

Da blühen Romane, Skandale und Intrigen. Da wächst in der Gesellschaft das Bedürfnis nach Wahrsagern und Alchimisten. Da bilden sich Geheimbünde und Zirkel für politische Verschwörer. Und aus Paris schwappen bereits die Vorboten der Revolution herüber – noch als schaurigschönes Faszinosum in Gestalt eines Sizilianers.

Giuseppe Balsamo heißt der Mann und wird berühmt als Graf Cagliostro, berüchtigt als Magier, Prophet und Zaubermixer. Nach jedem Betrug und jeder mißglückten Wunderheilung wechselt er die Stadt. So kommt er auch nach Paris. Dort ist Kardinal Rohan, der sittenlose Bischof von Straßburg, bei Königin Marie Antoinette in Ungnade gefallen. Wie kann der Kirchenfürst Madame wieder unter die Augen treten? Mit einem Halsband, rät Cagliostro. Aber kostbar muß es sein. Luxuriös. Das teure Stück, das er besorgt, landet aber nicht am Hals der Königin, sondern in dunklen Kanälen, taucht in England auf und wird dort verkauft.

Der Skandal ist da. Die Betrüger wandern ins Gefängnis, Cagliostro kann sich herausreden, wird aber des Landes verwiesen, und die Zeitungen haben ihren Stoff. In ganz Europa wird über die Halsbandaffäre geschrieben, über die Verschwendungssucht am französischen Hof, über Geld und Günstlinge und den verfaulten Staat. Für diesen Niedergang ist Cagliostro ein Menetekel, und für Schiller ist er die ideale Romanfigur, ist der Armenier im »Geisterseher«, ist Scharlatan und politischer Extremist, der den Prinzen und die restlichen Figuren an langer oder kurzer Leine in den Abgrund lenkt.

1786 wirft Schiller sich dann selbst in einen Roman hinein, in ein wildes Liebesabenteuer. Er ist 26, es ist Winter, Karnevalszeit, und Minna Körner hat Lust auf einen Maskenball im Redoutensaal. Sie gehen zu fünft: Körner und seine Frau, Huber und seine Verlobte und Schiller. Alle in Verkleidung. Es ist ein verrücktes Fest, das Minna beschreibt, als ob sie im »Geisterseher« sei: *Unter dem tobenden Lärm und Gewirr der hier aus allen Ländern und Völkern versammelten ausgelasse-*

nen Narrenwelt wurde mir ganz unheimlich zumute. Sie läßt den Arm ihres Mannes nicht mehr los. *Huber führte Dorchen.* Und Schiller? Der macht, wie Huber später erzählt, von seiner *Maskenfreiheit sehr ungenierten Gebrauch.*

Im Gewimmel dieses Festes lernt er Henriette von Arnim kennen, ein kapriziöses, wildes Weibchen, das mit ihrer Mutter gekommen ist. Unter der Maske einer Zigeunerin liest das schöne Kind den Männern aus der Hand. Die Kavaliere drängeln sich nur so, doch die Mutter, »Gardedame« bei Hofe, erkennt den Dichter und setzt die Tochter auf ihn an. So was wie Schiller fehlt doch noch in ihrer Gesellschaft. Und der so schnell Entflammbare brennt lichterloh, als Henriette ihm die Zukunft aus den Händen liest.

Henriette von Arnim? Minna Körner ist entsetzt, als sie am nächsten Tag davon erfährt. Die Mutter ist eine unmögliche Frau. Eine intrigante Hofdame. Schreckt vor nichts zurück. Nicht vor Kabale, nicht vor Kuppelei. Und Schiller soll bloß nicht glauben, daß die Affäre Zukunft hat. Die Mutter nimmt doch für ihre Töchter nur Männer mit Vermögen. Schiller ist in ihrem Spiel nichts als Draperie.

Aber Schiller ist erstmal nicht zu retten. Er fehlt Abend für Abend an Körners Tisch, denn er ist Abend für Abend bei den Arnims. Mit kostspieligen Geschenken, für die er mal wieder einen Kredit aufnimmt. Doch plötzlich taucht Schiller wieder am abendlichen Teetisch der Freunde auf, ist ziemlich verdrießlich und sagt: *Habe schon wieder niemand zu Hause gefunden.* Da klärt Minna Körner den Verliebten auf. Er ist nicht der einzige Freier. Seine Rivalen sind ein jüdischer Bankier und Graf Waldstein-Dux. Wenig später schärft Frau von Arnim dem armen Poeten selbst ein, daß er bitte nicht anklingeln möchte, wenn ein Licht im Fenster brennt. Dann sei Henriette beschäftigt. Und der gedemütigte Dichter weiß, daß dann die anderen am Zuge sind, und schleicht in seinem grauen, so wenig schicken Rock mit tiefgesenktem Haupt nach Hause und verkriecht sich.

Arbeiten kann er nicht mehr. Kann sich nicht konzentrieren. Huber versucht, ihn an den Schreibtisch zurückzubringen, um *den Carlos vorm*

Fallen zu schützen. *Lulle dich zurück in die Tage deiner Kraft.* Vergeblich. *Unser Freund war ganz toll und blind verliebt,* schreibt Minna Körner.

Ganz einseitig scheint diese Liebe aber nicht gewesen zu sein. Die 19jährige kokette Henriette schreibt, daß sie *immer und unaufhörlich* an Schiller denken muß, daß sie sich, seit sie ihn kennt, verändert hat. Und *der dicke Graf* aus dem Geschlecht der Wallensteins, den ihre Mutter da für sie ausgesucht hat, sei zwar ein ehrlicher Mann, aber er stört. Sie hat ihn satt. *Er hat uns schon um manchen schönen Augenblick gebracht,* schreibt sie an Schiller.

Körner kann es nicht mehr mitansehen, wie sein Freund sich gehen läßt. Im Frühjahr schleppt er ihn nach Tharandt, diesen hübschen Ort südlich von Dresden. Da mietet er eine kleine Wohnung im Gasthof. Und die richtige Lektüre gibt er dem Liebeskranken auch gleich mit, die »Liasions dangereuses« des Choderlos de Laclos, die »Gefährlichen Liebschaften«, die 1782 erschienen sind. Die soll er mal lesen, soll mal sehen, wie diese wüste Sittengeschichte des ausgehenden Ancien régime endet. De Laclos als moralische Anstalt? Die Hoffnung erfüllt sich für Körner nicht. Schiller findet das Buch *allerliebst geschrieben* und wünschte sich, die *nachlässigschöne und geistvolle Schreibart* der Franzosen selbst zu beherrschen.

Heftige Leidenschaft: Schiller verliebt sich auf einem Maskenball in Henriette von Arnim.

Ansonsten ist das Wetter im Exil schrecklich. Dauernd regnet es, manchmal hagelt es, wo er hintritt, steht er im Morast. Aus Verzweiflung fängt er an, ziemlich viel englisches Bier zu trinken, und holt sich davon *dumme Geschichten im Unterleib,* leidet also an Verstopfung. Wenn er versucht zu arbeiten und dabei nach alter Gewohnheit im Zimmer hin- und herspringt, bebt gleich das ganze Haus, *und der Wirt fragt erschrocken, was ich befehle.* Also mit einem Wort: Es geht ihm miserabel.

Henriette, das schöne Fräulein mit dem schwarzen Haar und dem glutvollen Blick, besucht Schiller in Tharandt. Doch Graf Waldstein kommt gleich hinterher und stöbert die Liebenden auf, denen das Feuer schon ausgeht. Als Schiller Ende Mai nach Dresden zurückkehrt, ist die *liaison dangereuse* beendet. Wird die Geliebte zu einer literarischen Figur. *Ich kann dir nichts als treue Freundschaft geben,* schreibt er ihr zum Abschied in einem Gedicht:

Ein treffend Bild von diesem Leben,
Ein Maskenball, hat dich zur Freundin mir gegeben.
Mein erster Anblick war – Betrug.
Doch unsern Bund, geschlossen unter Scherzen,
Bestätigte die Sympathie der Herzen,
Ein Blick war uns genug;
Und durch die Larve, die ich trug,
Las dieser Blick in meinem Herzen,
Das warm an meinem Busen schlug!

Beendet ist auch Schillers Leben *der seligen fünf* – mit Körner, Huber und den beiden Frauen. Sie hat er geliebt trotz aller Diskrepanzen. Die Sachsen kann er nicht ausstehen. Seicht, servil, bigott, *ein unleidliches Volk, bei dem es einem nie wohl wird.* Er braucht eine Luftveränderung für den Geist, schreibt: *Ich bedarf einer Krisis – die Natur bereitet eine Zerstörung, um neu zu gebähren.* Die beiden Jahre haben ihn nicht allzu weit gebracht. Er hat die Geschichte des Dreißigjährigen Krieges studiert, ein Stück Vorarbeit für seinen »Wallenstein«. *Wie viele große Männer gingen aus dieser Nacht hervor.* Er hat ein gutes Stück vom »Geisterseher« geschrieben, er hat gelebt, gelesen, geliebt und endlich seinen »Carlos« beendet. Der Rabenvogel, *der schwarze Genius meiner Hypochondrie,* ist davongeflogen.

Nun fliegt auch der Dichter fort. Schreibt seinem Freund Körner zu dessen 31. Geburtstag am 2. Juli 1787 einen dramatischen Jux, in dem alle Freunde lustige Sachen sagen, und Schiller, der verkappte Schauspieler, spricht jede Rolle selbst, spricht auch Minna, die Schiller ausschimpft: *Da steht er wieder und hält meinen Mann auf. Sieht er denn nicht, daß er ins Konsistorium muß? Hanswurst!*

Aber wo will Schiller hin? Nach Riga? Das Theater lockt ihn. Hamburg lockt auch, will seinen »Carlos« inszenieren, honoriert das

Stück mit 21 Louisdors. Aber will er da hin? Er läßt sich von Göschen Goethes Bücher kommen, »Werther«, »Götz«, »Iphigenie«. Klingt nach Weimar. Weimar heißt auch Wieland, und Wielands Scherenschnitt hing einst in seiner Stuttgarter Kammer neben Klopstock. Und dann lebt auch Charlotte von Kalb inzwischen in Weimar, die Geliebte von einst. In Briefen haben sie sich nie ganz aus den Augen verloren. Warum sollte er sie nicht wiedersehen, jetzt, nach seinem Liebesdrama? Als Trösterin?

Er liest den Freunden zum Abschied die letzten zwei Akte seines »Don Carlos« vor. Läßt Posa, den vermeintlichen Hochverräter, durch den König erschießen. Und Carlos bricht ohnmächtig an der Leiche des Freundes zusammen. Als der Vater ihn in die Arme nehmen will, ruft der Sohn: *Dein Geruch ist Mord. Ich kann Dich nicht umarmen.* Und der König, der auch um Posa trauert, weil er zum erstenmal Glück empfunden hat − *in diesem Jüngling ging mir ein neuer, schöner Morgen auf* −, er-

fährt nun, daß Posas Herz nur für den Prinzen schlug, daß er alles vorbereitet hatte, um Flandern mit Carlos' Hilfe zur abtrünnigen Provinz zu machen. Wie erkaltetes Gestein fällt er zurück in den erbarmungslosen Schoß der Kirche und überläßt den Sohn der Inquisition: *Kardinal! Ich habe das Meinige getan. Tun Sie das Ihre!*

Ergriffen umarmen die Freunde ihren Schiller. Und mit Rheinwein beenden sie diesen langen, unvergeßlichen Abend. Ein paar Tage später bricht der Dichter auf zu einem neuen Leben.

Verzweiflung: Carlos beweint seinen toten Freund Posa. Diese Szene liest Schiller seinen Dresdner Freunden zum Abschied vor.

»Eine fatale Kette von Opium-
schlummer und Champagnerrausch«

Am Musenhof von Weimar

Weimar döst in der Julisonne vor sich hin, als Schiller 1787 dort eintrifft. Die *Götter und Götzendiener*, schreibt er an Körner, sind ausgeflogen. Goethe ist noch in Italien, der Herzog in Potsdam, Bertuch verreist. Das Schloß noch immer eine Brandruine. Die Residenz mit sechstausend Seelen ein Nest zwischen Weiden und Wäldern. Regierungsgebäude gibt es nicht, der Herzog führt seine schlechte Ehe in einer Villa mit Hofbeamten und der Landeskasse. Die Küche ist im Nebenhaus, die Speisen werden über die Straße getragen. Und im Wittumspalais gleich neben dem Theater lebt Carl Augusts Mutter, die Herzogin-Witwe Anna Amalia. Bescheiden. Alles sehr bescheiden. Auch die Landschlösser Tiefurt und Ettersburg.

Doch die kleine Welt hat einen großen Namen: Weimar ist Deutschlands Musenhof. Und auf dem ist Goethe Jupiter. Zehn Jahre hatte das Kraftgenie eine Brief- und Billet-Liaison mit der Hofdame Charlotte von Stein, dieser nervösen, zarten Seele mit dem frigiden Touch. Dann floh er nach Italien. Christoph Martin Wieland, der Weltmann, der Dichter, ist über fünfzig und gibt die Literaturzeitschrift »Der teutsche Merkur« heraus. Gottfried Herder predigt in der Kirche. Goethe hat den Philosophen nach Weimar geholt. Als Superintendenten. Der 43jährige, der die Welt zwischen Riga, Paris und Straßburg kennt, erforscht gerade das deutsche Volkslied.

In dieses Weimar kommt nun Schiller, steigt im Gasthof ab, und gleich am ersten Abend trifft er Charlotte von Kalb, seine alte Liebe, in ihrer Wohnung an der Esplanade. Nach zwei Jahren sehen sie sich wieder. Und dieses Wiedersehen, schreibt Schiller an Körner, *hatte so viel gepreßtes, betäubendes*, daß er nicht darüber reden kann. Kann nur sagen, daß ihre *sonderbare, weibliche Seele* einem schon ganz schön zu schaffen machen kann. Und doch hängen sie wieder aneinander. Er nimmt sich nah bei ihr, auch auf der vornehmen Esplanade, zwei Zimmer, eine Kammer und einen Bediensteten. Und die Freundin wird bald mit ihm *Ceremonien-Besuche* beim Adel machen.

Bei Wieland hat er ein Billet abgeben lassen. Ja, er soll kommen. Schiller steigt bei seinem Besuch *durch ein Gedränge kleiner und immer kleinerer Kreaturen von lieben Kinderchen*, bis er schließlich beim Meister selbst landet. Wie bezaubernd und graziös hatte der einst über die frivolen Spielchen von Griechen, Göttern und Gelehrten geschrieben:

Abendgesellschaft bei Anna Amalia.
Die Herzogin-Mutter (rechts)
begründet den Musenhof in Weimar,
zu dem Goethe (dritter von links)
und Herder (rechts) gehören.

Warens oft die Grazien und Musen,
Die mit feinem Haar und offnem Busen
Hand in Hand um ihren Lieben Alten
Tanzten zu der goldnen Leier Klang
Und ihm jedes Lied mit einem Kuß vergalten,
Das er Amorn und der Freude sang.

Ein bißchen sehr pedantisch findet er den Grazien-Dichter jetzt, diesen letzten Meister des vergehenden Rokoko. Und *sehr gerne hörte er sich sprechen,* schreibt Schiller, auch über völlig alltägliche Dinge, und ein guter Redner ist er leider nicht. So langweilt sich der Besucher schon ein bißchen. Aber die beiden verstehen sich, und Wieland möchte, daß Schiller für seinen »Merkur« schreibt. Das ist ein Glück, denn er braucht hier ja nun dringend Geld.

Herder hört er in der Kirche. Sie ist zum Platzen voll, und die Predigt, schreibt Schiller, *hatte das große Verdienst, nicht zu lange zu dauern.* Er spricht über praktische Philosophie. Erzählt Geschichten aus

Praktischer Philosoph:
Johann Gottfried Herder
imponiert Schiller
mit seinen Predigten.

dem Leben. Ganz bürgerlich. Klarer Vortrag, klare Sprache. Gefällt Schiller. Im Gespräch merkt er dann, daß Herder noch keine Zeile von ihm gelesen hat. Er kennt nur seinen alten Kampf mit Herzog Carl Eugen. Dennoch macht der Mann Eindruck auf ihn, *ist voll Geist, voll Stärke und Feuer, aber seine Empfindungen bestehen in Haß oder Liebe.* Und Goethe *liebt er mit Leidenschaft, mit einer Art von Vergötterung.* Also von Herder ist wohl im Moment nicht viel zu erwarten.

Schiller wird rumgereicht. Anna Amalia bittet nach Tiefurt zum Tee. Tiefurt ist der Sommersitz der Herzogin-Mutter. Man ist zu fünft mit Wieland, einem Kammerherrn und der Hofdame von Göchhausen, einem verwachsenen Unikum mit Witz. Schiller ist überrascht, wie unkonventionell der Besuch ist, *keine Steifigkeit des Zeremoniells.* Und ihn überrascht seine eigene Sicherheit, Nicht er ist verlegen, sondern die Fürstin. Aber die taut nach dem Tee auf und schwätzt so *viel schaales Zeug,* daß Schiller ganz entsetzt ist.

*»Herders Unterhaltung ist voll Geist,
aber seine Empfindungen bestehen in Haß oder Liebe«*
Schiller an Christian Gottfried Körner

Die Herder-Kirche in Weimar mit dem Denkmal
des Generalsuperintendenten.

Sie dagegen ist begeistert und lädt den Dichter gleich wieder für den nächsten Tag zu Konzert und Souper ein. Mit Charlotte von Kalb. Und seine Freundin findet, daß Schiller sich *diesen Abend zu frey betragen habe*. Sie nimmt ihn auch zur Seite und sagt, er könne die Herzogin nicht einfach so stehen lassen. Schiller sieht das anders. Ihn nerven die *flachen Creaturen* und die *seichten hiesigen Cavaliers*. Und er findet auch die Herzogin-Mutter noch immer *äußerst borniert, nichts interessiert sie, als was mit Sinnlichkeit zusammenhängt*. Doch der Geist, der vom Hofe her weht, ist ihm angenehm. Man lebt nach der Devise vom Alten Fritz in Potsdam: Jeder soll nach seiner Façon selig werden.

Das heißt, Schiller kann überall mit Charlotte von Kalb erscheinen. Als Paar. Niemand nimmt Anstoß. Jeder weiß, daß ihr Mann mal wieder lange unterwegs ist. Und sie kennt in Weimar Gott und die Welt. Wird oft eingeladen. *Charlotte versichert mir auch*, schreibt Schiller an Körner, *daß ich es hier überall mit meinen Manieren wagen dürfe*.

Sie haben wieder ein Verhältnis. Zweimal am Tag besucht Schiller sie. Monatelang geht das so. Und Charlotte von Kalb hofft wieder. Hofft auf Scheidung, hofft auf Schiller. *Charlotte hat alle Hoffnung, daß unsere Vereinigung im Oktober zustand kommen wird*. Doch er würde lieber eine Ehe zu dritt führen. Geht ja alles in Weimar. Und Major von Kalb mag den Nebenbuhler sogar. *Seine Freundschaft für mich ist unverändert*, schreibt Schiller, *welches zu verwundern ist, da er seine Frau liebt und mein Verhältnis mit ihr notwendig durchsehen muß*. Und da sitzt die Schwärmerin dann wieder einmal zwischen Kalb und Abgott und sieht ihr Glück in Schwermut versinken.

Schiller aber fühlt sich wohl. Macht auch kein Geheimnis aus seiner Liaison. *Mein Verhältnis mit Charlotte fängt an, hier ziemlich laut zu werden und wird mit sehr viel Achtung für uns beide behandelt*. Was will er mehr? Er macht Spaziergänge mit ihr, geht montags in den Herren-Club, spielt eine Partie Whist und hört dort die komischsten Sachen über die großen Geister von Weimar:

Wenn Herder und seine Frau sich zanken, zieht sie in die obere Etage, und man verkehrt nur durch Briefe. Wenn sie es satt hat, kommt sie runter, zitiert aus einem seiner Texte und sagt: *Wer das gemacht hat muß ein Gott seyn.* Dann fällt der Besiegte ihr um den Hals. Doch beim Geld werden die Götter wieder sterblich. Herders haben gewaltige Schulden beim Schneider und Fleischer. Und als ihre Magd den Lohn von Monaten fordert, wird sie gefeuert, und die Frau Generalsuperintendentin stellt ihr eine Rechnung auf für zerbrochenes Geschirr! Und Wieland ist ein Hypochonder und so um seine Gesundheit besorgt, daß er selbst bei Hitze nicht ohne Mantel geht. Und Herder haßt Kant, und Bertuch, der Fabrikant, der auch Geschichten schreibt, haßt Herder. Das alles erzählt Schiller seinem Freund Körner.

Mit Charlotte von Kalb feiert er am 28. August den 38. Geburtstag des abwesenden Herrn von Goethe. Herr von Knebel, der solange in des Dichters Gartenhaus wohnt, bis der aus Italien zurück ist, hat eine kleine Gesellschaft geladen, und Schiller schreibt an Körner: *Wir fraßen herzhaft, und Göthens Gesundheit wurde von mir in Rheinwein getrunken.* Nach dem *Souper* ist der ganze Garten mit Lampions illuminiert, und zum Abschluß wird ein ordentliches Feuerwerk in den nächtlichen Himmel gejagt. Die Bekanntschaft mit den Halbgöttern, diesen *weimarischen Riesen*, die alle nur auf den Übergott Goethe warten, verbessert bei Schiller vor allem eins: *Meine Meinung von mir selbst.*

So vergehen die Wochen in der kleinen Gelehrtenrepublik, in der viele Sprachen gesprochen werden. Meist sitzen sie in ihren *Schneckenhäusern* und tun was. Wieland übersetzt Shakespeare, Bertuch, dem die Kunstblumenfabrik in Weimar gehört, übersetzt den »Don Quijote«, und Christoph Bode, Diplomat und *homo politicus* in des Herzogs Diensten, übersetzt Fieldings »Tom Jones« und Sternes »Sentimental Journey«. Und Schiller schreibt seit Wochen schon an seiner »Geschichte des Abfalls der Vereinigten Niederlande von der Spanischen Regierung«.

Im langen Freiheitskampf gegen die spanische Verwaltung kämpfen die Protestanten Wilhelm von Oranien und Graf von Egmont gegen den katholischen Herzog von Alba, den Kriegsherrn Philipps II. Schillers großer Wurf ist ein Torso von fast vierhundert Seiten, ist der Beginn einer langen Liaison mit Historie.

»Wir fraßen herzhaft, und Göthens Gesundheit
wurde von mir in Rheinwein getrunken«
Schiller an Körner

Goethes Gartenhaus in Weimar. Hier wird der 38. Geburtstag
in Abwesenheit des Dichterfürsten mit Lampions im Park gefeiert.

Bei Schiller wird Geschichte lesbar: *Wilhelm der Stille ... entkleidet sich großmütig seines fürstlichen Daseins, steigt zu einer freiwilligen Armut herunter und ist nichts mehr als ein Bürger der Welt.* So zieht er gegen die Spanier.

Und Egmont besaß *mehr Gewissen als Grundsätze.* Er sah die Welt nicht, wie sie war, sondern im *magischen Spiegel einer verschönernden Phantasie. Er vertraut sich selbst tolldreist, wie Caesar seinem Glücke. Von diesen Menschen war Egmont. Trunken von Verdiensten ... taumelte er in diesem süßen Bewußtsein wie in einer lieblichen Traumwelt dahin.* Bis zur Gefangenschaft durch den Herzog von Alba 1567, bis auf dem Marktplatz von Brüssel ein Schafott errichtet wird, bis Egmont im *Nachtrock von rotem Damast,* umgeben von spanischer Wache, auf dem Gerüst erscheint, auf das Kissen kniet, die letzte Ölung erhält, die seidene Mütze über die Augen zieht – und enthauptet wird. *Ganz Brüssel, das sich um das Schafott drängte, fühlte den tödlichen Streich mit. Laute Tränen unterbrachen die fürchterlichste Stille.*

Manchmal sitzt Schiller zwölf Stunden hintereinander am Schreibtisch, oft ohne Essen, meist mit Schmerzen, immer mit Kaffee und Tabak, und einmal wird er auf *gar liebliche* Art unterbrochen. Es klopft. *Herein,* sagt Schiller. *Und hereintritt eine kleine dürre Figur in weißem Frack und grüngelber Weste, krumm und sehr gebückt.* Ob er das Glück habe, fragt die Figur, vor dem Herrn Rath Schiller zu stehen? *Der bin ich. Ja.* Und die Figur sagt, sie komme gerade aus seinem »Don Carlos« und wolle den Dichter gerne einmal sehen. *Gehorsamer Diener,* sagt Schiller, *mit wem hab ich die Ehre?* Er werde ihn nicht kennen, sagt die Figur. *Mein Name ist Vulpius.* Er bitte noch einmal um Verzeihung, empfiehlt sich, *und ich schreibe fort,* schreibt Schiller an Körner.

Die kleine dürre Figur ist Christian August Vulpius, der Bruder von Christiane Vulpius, die bei Bertuch Kunstblumen bastelt und in einem halben Jahr ganz Weimar in Aufruhr bringt, weil sie, ein Mädchen aus der untersten Schicht, Goethes Geliebte wird. Ihr Bruder hat bisher nur ein paar Schauergeschichten geschrieben, die kaum einer kennt. Doch bald wird er für einen Augenblick berühmt werden mit seinem Bestseller »Rinaldo Rinaldini«, diesem Vorbild aller edlen Räuber.

Zwischendurch fährt Schiller für ein paar Tage nach Jena. Wenigstens mal wieder eine Stadt und kein Nest wie Weimar, schreibt er nach Dresden. Und die Studenten dort gefallen ihm auch, *wandeln hier mit Schritten eines Niebesiegten*. Er ist zu Gast bei Wielands Schwiegersohn, Professor Reinhold, der an der Universität Jena lehrt, einem glühenden Verehrer von Immanuel Kant, einem Apostel der Vernunft, der den Anstoß gibt zu Schillers Bekehrung. Auch er wird bald ein Kantianer.

Und immer wieder lockt die alte Freundin Frau von Wolzogen. Warum er nicht mal wieder nach Bauerbach kommt, wo er doch gar nicht so weit entfernt in Weimar ist? Also gut. Im November 1787 reißt er sich von seiner Arbeit los. Auch, weil seine Geliebte Charlotte gerade auf dem Weg zu ihrem Mann ist. Er nutzt seinen *Interims-Witwerstand* und fährt in die Vergangenheit, in die Idylle von einst. Fünf Jahre ist es her. Aber alle *Magie* ist wie weggeblasen. *Ich fühlte nichts*. So viel lag zwischen Bauerbach und Bauerbach: Mannheim, Charlotte von Kalb, Körners, Huber, Leipzig, Dresden, Weimar, Herder, Wieland, *eine ganz neue Epoche meines Denkens*.

Er bleibt zwei Wochen und fühlt sich nicht unwohl. Erzählt, was er so erlebt, und liest aus dem »Carlos« vor, den er hier unterm Dach begann. Henriette von Wolzogen ist selig, und ihre Tochter Charlotte, Schillers unglückliche Liebe, ist mit Herrn Lilienstern da, ihrem Verlobten. Auch hier bricht keine Wunde mehr auf. *Alles hat seine Sprache an mich verloren*.

Neue Verhältnisse:
Schillers Schulfreund
Wilhelm von Wolzogen
wirbelt des Dichters Leben
durcheinander, als er
ihm seine Cousine
Caroline von Beulwitz
vorstellt.

Und so ist er denn froh, als Wilhelm von Wolzogen, der Sohn des Hauses, und er sich aufs Pferd schwingen, um gemeinsam nach Weimar zu reiten. Ist Schiller einverstanden mit einem Umweg über Rudolstadt? Seine Cousinen Charlotte und Caroline besuchen? Schiller ist schon überredet. Und dieser Umweg bei den Lengefelds wird sein Leben wieder einmal total verändern. Aus seiner ménage à trois mit zwei Männern und einer Frau wird nun eine ménage à trois mit einem Mann und zwei Frauen.

Die Ältere, die 24jährige Caroline, die mit dem Legationsrat von Beulwitz verheiratet ist, erinnert sich später genau, wie die beiden Reiter da in der Abenddämmerung des 6. Dezember 1787, in Mäntel gehüllt, herangaloppieren. Der Vetter, mit halbverdecktem Gesicht, sieht aus wie ein Räuberhauptmann, und der stellt den neugierigen Mädchen dann Schiller vor, den Dichter.

Die Lengefelds gehören zum Thüringer Hofadel. Louise von Lengefeld ist Witwe eines Oberforstmeisters und bald Erzieherin der Erbprinzen von Rudolstadt. Charlotte, die unverheiratete jüngste Tochter, ist das Patenkind von Goethes Freundin Charlotte von Stein. Nun sitzen sie alle zusammen, man ißt und redet, und die Mädchen spielen Klavier. Sie sind nicht schön, wird er gleich den Dresdener Freunden berichten, aber sie sind *anziehend und gefallen mir.*

Wer gefällt ihm nicht? Vor seiner Reise nach Bauerbach hatte Schiller noch an Körner geschrieben, er könnte sich vorstellen,

Die künftige Braut:
Charlotte von Lengefeld,
Carolines Schwester, und
Louise von Lengefeld,
die Mutter, genannt
chère mère.

*»Charlotte versichert mir, daß ich es hier
überall mit meinen Manieren wagen dürfe«*
Schiller an Christian Gottfried Körner

Im großen Park des kleinen Schlosses Tiefurt
(oben) flanieren Schiller und Charlotte von Kalb
mit der Herzogin–Mutter Anna Amalia.

Wielands Tochter Amalia zu heiraten. Nicht, weil er sie liebt, sondern weil er sie nicht liebt und auch keine Leidenschaft für sie empfindet, keine Sinnlichkeit und keinen *Platonismus*. Aber sie ist gut erzogen, hat ein nettes Wesen, hat *äußerst wenig Bedürfnisse und unendlich viel Wirtschaftlichkeit*. Als der Freund sich etwas entsetzt nach dieser neuen Geschichte erkundigt, ist Schiller das fast peinlich. *Es war ein hingeworfener Gedanke*, schreibt er zurück. Mehr nicht. Und er möchte ja auch gar nicht heiraten. *Jedenfalls nach meinem 30sten Jahr heurathe ich nicht mehr*. Einen Monat später möchte er dann doch.

Aber Charlotte von Kalb möchte er nicht. Zu kompliziert, zu schwierig, zu fordernd. Er ist froh, daß ihr Mann mal wieder für ein paar Wochen im Lande ist. Doch wie soll die ideale Frau sein? Eine Kokette? *Jede Kokette kann mich fesseln,* schreibt er. *Jede hat eine unfehlbare Macht auf mich durch meine Eitelkeit und Sinnlichkeit, entzünden kann mich keine, aber beunruhigen genug.* Also dann doch lieber eine Frau wie die von Wieland? Sie ist *häßlich wie die Nacht aber brav wie Gold und biß zur kindlichen Einfalt natürlich und munter.*

Ironisch, witzig, augenzwinkernd schreibt Schiller in den nächsten Wochen über Wünsche und Weiber. *Könntest du mir innerhalb eines Jahres eine Frau mit 12 000 Thalern verschaffen?* fragt er Freund Körner, nachdem er gehört hat, daß ihm eine Professur in Jena angeboten werden soll. Also dann würde er ihm ein paar klassische Tragödien schreiben und *dazu ein halb Dutzend schöner Oden,* auf die er so versessen ist, *und die Academie in Jena möchte mich dann im Asch lecken.* Natürlich wäre ihm eine reiche Frau angenehm. Aber dann schreibt er: *entweder sehr viel Geld oder lieber gar keins und desto mehr Vergnügen im Umgang.*

Im Moment verdient Schiller selbst ganz gut. Kann sich also die teure, möblierte Wohnung an der Esplanade leisten, denn seine Mitarbeit bei Wielands »Merkur« blüht, und der hat mit 1400 Exemplaren weit mehr Leser als Schillers »Thalia«. Die ersten Kapitel vom »Geisterseher« werden also auch hier gedruckt, und das Publikum verschlingt sie. Der Anfang seiner »Geschichte des Abfalls der vereinigten Niederlande« wird veröffentlicht. Wieland ist von der Arbeit tief beeindruckt. So sollten Geschichtsbücher geschrieben werden: Im Erzählton und mit psychologischen Porträts. Und Wieland möchte unbedingt ein langes Gedicht von ihm. So schreibt Schiller denn »Die Götter Griechenlands«.

> *Da ihr noch die schöne Welt regiertet,*
> *An der Freude leichtem Gängelband*
> *Selige Geschlechter noch geführet,*
> *Schöne Wesen aus dem Fabelland!*
> *Ach, da euer Wonnedienst noch glänzte,*
> *Wie ganz anders, anders war es da!*
> *Da man deine Tempel noch bekränzte,*
> *Venus Amathusia!*

Alles läuft eigentlich bestens, aber Schiller geht es schlecht. Seine Seele ist krank, und er kommt nicht dagegen an. *Du glaubst nicht, wie sehr ich seit 4 oder 5 Jahren aus dem natürliche Geleise menschlicher Empfindungen gewichen bin,* schreibt er in einem hellsichtig analytischen Brief an seinen Freund Huber, *diese Verrenkung meines Wesens macht mein Unglück, weil Unnatur nie glücklich machen kann.* Aber wie soll er das ändern? Wie? Er hat nur noch eine Hoffnung, aus diesem verheerenden Tief herauszukommen. *Diß ist eine Heurath.*

Häuslichkeit könnte *mich heilen.* Sonst nichts mehr. Und niemand kann seinen jetzigen Zustand ermessen. *Weder du noch Körner – und wer also sonst? – könnt die Zerstörung ahnden, welche Hypochondrie, Überspannung, Eigensinn der Vorstellung, Schicksal meinetwegen in dem innern meines Geistes und Herzens angerichtet* hat. Er spricht von der großen Verwüstung seines Wesens. Von der fatalen *Kette von Spannung und Ermattung, Opiumschlummer und Champagnerrausch* und hofft, daß wenigstens der letzte Charakterzug, den er noch hat retten können, seine *Bonhommie* und *die Weichheit meines Herzens* ihn irgendwie aus dieser Existenzfalle ins Leben zurückholt. Das mußte er einmal loswerden, auch wenn er den Freund damit in *Verlegenheit* gebracht hat … *adieu.*

Ein Jahr ist es nun her, daß Schiller auf dem wilden Karnevalsfest in Dresden war, wo die dramatische Liaison mit Henriette von Arnim begann. Nun ist er im verschneiten Weimar wieder zu einem Maskenfest geladen. Und da trifft er die schüchterne Charlotte von Lengefeld aus Rudolstadt. Gleich nach dem Ball schickt er ihr ein Billet: *Eben zieht mich ein Schlitten an's Fenster und wie ich hinaussehe sind Sie's. Ich habe Sie gesehen und das ist doch etwas für diesen Tag.*

Charlotte von Lengefeld ist von *chère mère*, wie sie ihre Mutter nennt, nach Weimar geschickt worden, um an den Gesellschaften der beginnenden Saison teilzunehmen. Sie ist in dem Alter, ist 21, muß langsam an eine standesgemäße Verlobung denken. Und Rudolstadt ist einfach zu klein. Natürlich gibt es den Fürsten und einen Hof und dreiundzwanzig adelige Familien, aber die Musik spielt natürlich in Weimar.

Also bis Anfang April wird sie bleiben und die Redouten besuchen, wohnt solange bei der Schwester von Charlotte von Stein, ist natürlich auch bei der oft zu Besuch, bei Goethes platonischer Liebe. Das Kraftgenie hat sie vor Jahren schon kennengelernt. Er mochte die schüchterne Lotte. Hatte sie sogar im Schlitten durch den Schnee geschoben. Nun wartet Frau von Stein sehnlichst auf seine Rückkehr aus Rom. Aber sie ist natürlich noch immer ziemlich verschnupft, daß er so sang- und klanglos geflohen war.

Charlotte von Lengefeld erzählt Schiller von der Bildungsreise, die *chère mère* fünf Jahre zuvor mit ihr und Caroline gemacht hat. Auf dem Weg in die Schweiz zum Genfer See fuhren sie über Coburg, Bamberg, Erlangen und Nürnberg, wo sie die Gemälde von Dürer sahen. In Ludwigsburg haben sie den armen eingekerkerten Schubart auf dem Hohenasperg besucht, der für sie Klavier gespielt hat.

Dann fuhren sie nach Stuttgart und in die Carlsschule des Herzogs, haben die Eleven beim Mittagessen erlebt. *Jede ihrer Bewegungen hängt von dem Wink des Aufsehers ab,* erzählt sie. *Es wird einem nicht wohl zu Mute, Menschen wie Drahtpuppen behandelt zu sehen.* Ihre Schwester hatte sich damals schrecklich in ihren Vetter Wilhelm von Wolzogen verliebt, mit dem Schiller doch neulich bei ihnen angeritten kam. Aber die Mutter hatte sie schon mit Ludwig von Beulwitz verlobt, diesem netten Landjunker, der total unromantisch ist und ja auch meist mit seinem Prinzen rumreist.

»Wie sich in sieben milden Strahlen
Der weiße Schimmer lieblich bricht,
Wie sieben Regenbogenstrahlen«   *Aus Schillers Gedicht »Die Künstler«*

Diesen Weg von Volkstedt hoch zum Schloß von Rudolstadt geht Schiller fast täglich, wenn er die Schwestern von Lengefeld besucht.

Frau von Wolzogen hat sie dann oben am Schloß mit Schillers Eltern bekanntgemacht. Danach sind sie nach Mannheim gefahren, um den Dichter kennenzulernen und die Grüße der Eltern auszurichten. Am 6. Juni 1784 war das. Aber wer war nicht da? Schiller. Er war spazierengegangen, und so hatten sie nur ein Billet abgegeben, und sie und ihre Schwester waren schrecklich enttäuscht, hätten ihn zu gern gesehen. Aber dann kam er doch noch ins Hotel, etwas derangiert, mit schiefer Halsbinde und zerzaustem Haar, aber selig, von Vater und Mutter zu hören. Viel Zeit hatten Wolzogens nicht, waren mitten im Aufbruch, hatten ihre Kapotthüte umgebunden, die Koffer waren gepackt, also es war nur eine ganz kurze Begegnung. Und sicherlich könne er sich auch gar nicht mehr daran erinnern. Sie sei ja auch erst fünfzehn gewesen. Das alles erzählt Lotte nun Schiller.

Die beiden schreiben sich in diesen Wochen fast täglich. Es wimmelt in Weimar nur so von Boten, die Billets von Haus zu Haus tragen. Und als das junge Mädchen, das einmal Hofdame werden soll, nach Rudolstadt zurückreist, schreibt er: *Sie werden gehen, liebstes Fräu-*

Ländliche Einsamkeit: In Volkstedt wohnt Schiller beim Kantor und dessen Frau, die ihn verwöhnen.

lein, und ich fühle, daß Sie mir den besten Teil meiner jetzigen Freuden mit sich hinwegnehmen.

Ja, warum kommt er denn im Sommer nicht auch in ihre Gegend? Soll er denn? Natürlich. Ihr Fürstentum ist wunderschön. Wälder, Wiesen, Hügel, Täler, und mittendurch fließt die Saale. Die Schwestern suchen gleich ein Quartier aus. Zuerst denken sie an die Wohnung des Schloßgärtners. Aber da würden ihm dauernd irgendwelche Spaziergänger ins Fenster gucken. So entscheiden sie sich für Volkstedt, das ist eine halbe Stunde Fußmarsch von ihnen entfernt. Beim Kantor gibt es eine kleine Wohnung, und seine Frau wird ihm seinen Kaffee kochen. *Ländliche Einsamkeit im Genuß der Freundschaft,* schreibt Schiller zurück, sei für ihn das höchste Glück.

Verliebt ist er in Charlotte von Lengefeld nicht, kein Blitz schlägt ein, nichts lodert, aber er merkt, daß ihre Ruhe, ihre Natürlichkeit, auch ihre Schüchternheit geradezu krampflösend auf sein Gemüt wirken. Sie *schläft tief in meiner Seele.* So packt er denn Mitte Mai mal wieder seinen Mantelsack, nimmt Bücher und Manuskripte mit, vor allem seine niederländischen Rebellen, und Charlotte von Kalb, *die mich fein durchsieht und bewacht,* ahnt nichts von dem, was in ihm wächst.

Fast täglich besucht er die Lengefelds in der Neuen Gasse, wo Caroline von Beulwitz und ihr Mann in einem Haus leben, Lotte und ihre Mutter in einem zweiten, das in den Garten hineingebaut ist, und wo auch noch ein Tempelchen steht. Schiller kommt meist gegen Abend, wenn er sein Pensum Egmont oder Alba hinter sich hat. Dann läuft er unter Bäumen am Saaleufer entlang nach Rudolstadt. Und die Schwestern, die von irgendeiner langweiligen Kaffeevisite kommen, erwarten ihn mit rauschenden Röcken an der schmalen Brücke. Caroline von Beulwitz wird das Bild nie vergessen, wenn Schiller ihnen im *Schimmer der Abendröte* entgegengeht.

Aber dann erwischt ihn eine schwere Grippe. Ist auch nachts wieder viel zu dünn angezogen durch die Stadt gelaufen. Nun liegt er mit Krämpfen, Atemnot und Schüttelfrost immer so am Rande einer Ohnmacht im Bett, ist *schändlich zugerichtet und mein Kopf will mir fast zerspringen.* Von den Schwestern erbittet er sich gegen die *Zentnerlast von Langeweile* Märchenbücher, Siegfried, den Drachentöter, und »Die schöne Melusine«. Daß er nicht an seinem Geschichtsbuch weiterarbeiten kann, empfindet er als bitteren, unwiederbringlichen Zeitverlust.

Aber dann sind sie wieder da, die unvergeßlichen Abende im gemütlichen Landhaus. Schiller mag Carolines Mann, den gebildeten Geheimen Legationsrat am Rudolstädter Hof. Aber er ist oft mit seinem Herzog auf Reisen, und *chère mère* ist auch ewig unterwegs. So hocken denn die Töchter allein mit Schiller zusammen, was in der Zeit eher unschicklich ist. Und Schiller schreibt: *Hätte man uns erst in unserm engen Kreis beobachtet, wo wir drei ohne Zeugen waren – wer hätte dieses zarte Verhältnis begriffen?*

Nach dem Abendessen wird vorgelesen. Es ist ja nun mal Schillers Schönstes. Er liest, was er am Tag geschrieben, liest die Zeitung vor – Herder nach Italien abgereist, Goethe wird zurückerwartet –, liest die Fortsetzung vom »Geisterseher«, er ist ja dabei, ihn *ins Weite* zu schreiben, liest aus Homers »Odyssee« vor, die Johann Heinrich Voß vor ein paar Jahren in Weimar übersetzt hat:

> *Sage mir, Muse, die Taten des vielgewanderten Mannes,*
> *Welcher so weit geirrt nach der heiligen Troja Zerstörung,*
> *Vieler Menschen Städte gesehn und Sitte gelernt hat*
> *Und auf dem Meere so viel unnennbare Leiden erduldet,*
> *Seine Seele zu retten und seiner Freunde Zukunft.*

Und wenn er dann spät in der Nacht am stockfinsteren Saaleufer entlangläuft, schicken die besorgten Wirtsleute Boten mit Laternen los, oder sie gehen ihm selbst entgegen, damit ihrem Schiller bloß nichts zustößt. Dann sitzt er noch gemütlich in seinem Zimmer, liest bei trübem Kerzenschein, einer Pfeife und einem Glas Wein in seinen alten Lieblingen, den Griechen. Alle modernen Schriftsteller legt er damals weg. *Keiner tut mir wohl*, schreibt er, *jeder führt mich von mir selbst ab.* Wohltuend sind ihm Sophokles, Euripides, Plutarch und Lukian. In ihrem Geist beschwört er die idolisierte Zeit seiner »Götter Griechenlands«.

»…im Idealschönen muß sich auch das Erhabene verlieren«
Schiller in »Über das Erhabene«

Die Saale bei Jena.

Ja, sie kehrten heim, und alles Schöne,
Alles Hohe nahmen sie mit fort,
Alle Farben, alle Lebenstöne,
Und uns blieb nur das entseelte Wort.
Aus der Zeitflut weggerissen, schweben
Sie gerettet auf des Pindus Höhn,
Was unsterblich im Gesang soll leben,
Muß im Leben untergehn.

Alle Wehmut schwindet, wenn am nächsten Tag die Schwestern ihren Boten schicken, der einen Korb mit Kirschen abliefert, mit Kuchen oder Aprikosen. Dabei sehen sie sich fast jeden Tag. Und jeden Tag schicken sie Briefchen. Ob er um fünf Uhr ins Wirthaus kommt, um Kaffee mit ihnen zu trinken? *Sie haben doch Zeit?* Und sie wollen mit ihm zum Vogelschießen gehen, was in Rudolstadt gerade große Mode ist.

Schiller wird bald vertraulich. Fragt Lotte Lengefeld: *Wie haben Sie denn heute Nacht in Ihrem zierlichen Bette geschlafen?* Da wird das schamhafte Mädchen wohl rot geworden sein, denn ihr Leitsatz heißt: Es schickt sich nicht. Ein bißchen kokett aber ist sie schon, und ihr *unnachahmliches Schmollen* gefällt Schiller zu gut.

Ihm gefällt auch Caroline von Beulwitz. Er fragt an, ob *der Pantoffel schon um ihre zierlichen Füße* klappert, oder ob sie *noch im weichen Bette* liegt. Also die zärtlichsten Gedanken gehen hin und her, und das Wetter ist schön, und Schiller badet in der Saale, lebt gesund wie selten, braucht nur manchmal ein bißchen Opium.

Wenn ein Gewitter im Anzug ist, so ein herrlich heftiges, das von den Rudolstädter Bergen widerhallt und knallt, dann rennt er raus aus dem Haus, läuft mitten hinein in Donner, Blitz und Regen. Und wenn ihm danach ist, schreit er die schwarzen Wolken an.

Der Blitz prahlt mit der Nacht, und Pol und Himmel krachen,
Der Donner brüllt aus tausendfachem Rachen.

Anfang September 1788 wird Lotte Lengefeld nach Kochberg gerufen, dem Gut der Frau von Stein. Goethe hat sich angesagt, und alle schwirren nervös umher. Lotte soll ihrer Patentante beim Vorbereiten helfen. Eineinhalb Jahre ist es nun her, daß Goethe heimlich von Karlsbad aus mit der Postchaise nach Italien floh. Nun ist er zurück aus der großen Welt, war bei Vollmond in Weimar angekommen, wie denn sonst! Braungebrannt ist er, und die erste richtige Leidenschaft hat er auch hinter sich, die erste sexuelle Erfahrung. Mit weit über dreißig. Seine platonische Geliebte Charlotte von Stein bemerkt die Veränderung sofort und gefriert. Goethe ist *sinnlich* geworden, sagt sie, und sinnlich bedeutet bei ihr, die das Asexuelle zum Ideal erhoben, soviel wie ekelhaft. Nein, das Wiedersehen ist nicht sehr erfreulich. *Bei mir verharscht keine Wunde*, hatte sie gesagt. Sie empfängt ihn *ohne Herz*, und er ist den ganzen Tag verstimmt. Also Tapetenwechsel.

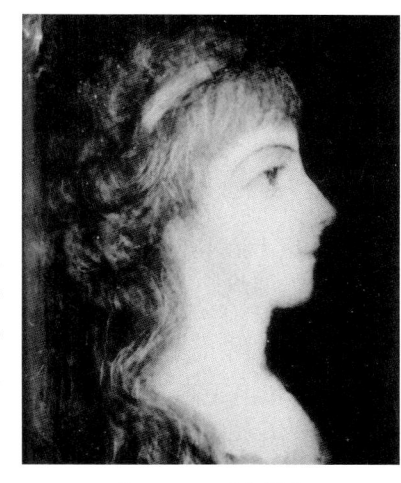

Streng und kühl:
Charlotte von Stein,
Hofdame der Herzogin
Anna Amalia, platonische Liebe
von Goethe und Patentante
von Charlotte von Lengefeld.

Am 7. September, einem Sonntag, macht sich die kleine Gesellschaft – Goethe, Frau von Stein, ihr Sohn Fritz und Frau Karoline Herder – auf den Weg nach Rudolstadt. Die Lengefelds haben es eingerichtet, daß der Weimarer Riese auf Gut Beulwitz ihren Freund kennenlernen wird.

Wie lange wartet Schiller schon darauf. Er verehrt Goethe doch, hat als Eleve seinen Götz verschlungen und seinen Werther. Heimlich nachts im Bett. Ja, er liebt Goethe und möchte so gern von ihm zurückgeliebt werden. Die Schwestern wirbeln im Haus herum, stellen Erfrischungen ins Speisezimmer, warten mit Herzklopfen auf das Zusammentreffen *und wünschten nichts mehr als eine Annäherung* der ungleichen Giganten.

Doch es gibt keine Annäherung. Goethe ist mal wieder stocksteif, hat keine Lust auf diesen jungen Feuerkopf, der die »Räuber« geschrieben, und Frau von Stein steht auch immer irgendwo in der Nähe und beobachtet ihn mit anklagender Miene. Also Konversation. *Sein Anblick stimmte die hohe Meinung ziemlich tief herunter*, schreibt Schiller ein paar Tage später an Körner. *Er ist von mittlerer Größe, trägt sich*

steif und geht auch so; sein Gesicht ist verschlossen, aber sein Auge sehr aus-
drucksvoll, lebhaft … Er ist brünett und schien mir älter auszusehen, als er mei-
ner Berechnung nach wirklich sein kann. Seine Stimme ist überaus angenehm.

Und wenn er von Italien erzählt, von der Campagna di Roma, vom Capitol, das nachts wie ein Feenpalast in der Wüste aussieht, vom düsteren Colosseum, vom Forum Romanum, von Pompeji und seinem dramatischen Aufstieg zum Vesuv, wo er einen Ausbruch miterlebte, dann, schreibt Schiller, wird er richtig leidenschaftlich. *Aber ich zweifle, ob wir einander je näherrücken werden.*

Als Goethe geht, blättert er noch den »Merkur« durch, der auf dem Tisch liegt, und bleibt bei einem Gedicht hängen:

Traurig such ich an dem Sternenbogen,
Dich, Selene, find ich dort nicht mehr,
Durch die Wälder ruf ich, durch die Wogen,
Ach, sie widerhallen leer!

Es sind »Die Götter Griechenlands« von Schiller. Goethe bittet sich das Heft aus und verabschiedet sich. Die große Freundschaft zwischen beiden beginnt erst in sechs Jahren.

Bis dahin sind die zwei sich herzlich unangenehm. *Schiller war mir verhaßt*, schreibt Goethe in seinen Erinnerungen. Auch nach »Fiesco«, »Kabale und Liebe«, nach »Don Carlos«, dem »Geisterseher«, dem Lied »An die Freude« und seinen populären historischen Schriften ist Schiller für Goethe noch immer der Räuber-Dichter. Aus. Und den mag er nicht. Aber den »Carlos« mag er auch nicht. Und er fährt jedem über den Mund, der ihn zu Schiller bekehren will. Über »Die Götter Griechenlands« sagt er gerade mal ein paar unverbindliche Freundlichkeiten, findet das Gedicht aber viel zu lang. *So lebten wir eine Zeit lang nebeneinander fort,* schreibt er.

Und Schiller? Ist Goethes »Egmont« fremd. Sein Held geht im Augenblick, wo er handeln soll, zur Geliebten, zu Klärchen, und schlägt jede Warnung in den Wind. *Nein, guter Graf Egmont,* schreibt Schiller, *wenn es euch zu beschwerlich ist, über Rettung nachzudenken,* dann ist es richtig, *wenn sich die Schlinge über euch zusammenzieht. Wir sind nicht gewohnt, unser Mitleid zu verschenken.*

Die Kritik erscheint kurz nach der Begegnung mit Goethe in der Jenaer »Allgemeinen Literatur-Zeitung«. Seine beiden Freundinnen sind ganz erschrocken. *Wir hatten Schillern die Rezension des Egmont fast nicht verzeihen können,* sagt Caroline von Beulwitz. Und als Goethe den Text liest, ist er auch eher verärgert und sagt seinem Herzog, daß Schiller den poetischen Teil seines Trauerspiels überhaupt nicht begriffen hat.

Und Schiller findet, daß Goethe das Talent hat, Menschen zu fesseln, *aber nur wie ein Gott, ohne sich selbst zu geben.* Für ihn ist er ein *Egoist in ungewöhnlichem Grade,* dem alles im Leben so leicht gemacht wurde. *Ich betrachte ihn wie eine stolze Prüde,* schreibt er an Körner, *der man ein Kind machen muß, um sie vor der Welt zu demütigen.* Und doch möchte er wissen, was Goethe über ihn denkt: *Ich will ihn auch mit Lauschern umgeben, denn ich selbst werde ihn nie über mich befragen.*

Die Lauscher können ihm nichts Gutes berichtet haben, denn Goethe lehnt ihn offen ab. Ist auch entsetzt über den gewaltigen Erfolg von Schiller. *Wunderliche Ausgeburten* applaudieren ihm, und gelesen wird er *von wilden Studenten* wie von der *gebildeten Hofdame.* Ach, wie lange ist es her, daß sein Bestseller »Werther« die literarische Welt zu Tränen rührte und viele sogar in den Tod trieb. Jetzt ist er 39, ist berühmt, aber seine Leser haben ihn fast vergessen. Und dieser 28jährige Schiller ist ein Publikumsliebling, seine Stücke werden in ganz Deutschland gespielt. *Man denke sich meinen Zustand!* schreibt Goethe. *Die reinsten Anschauungen suchte ich zu nähren,* und nun findet er sich eingequetscht zwischen Schiller und Franz Moor. Und bei Schiller fällt auch so ein bitterer Satz: *Dieser Mensch, dieser Goethe ist mir nun einmal im Wege.*

So geht er ihm denn aus dem Weg. Hält Abstand. Ist ja auch noch in Rudolstadt. Wollte nur den Sommer bleiben, und nun wird es schon Herbst. Madame von Lengefeld weiß nicht so recht, was sie davon halten soll. Schiller scheint keine Heiratsabsichten zu haben. Tritt auch nicht wie ein Liebhaber auf. Das beruhigt sie. Sie sind zwar nicht vermögend, aber adelig. Das verpflichtet. Und Schiller hat ja nun außer seiner Begabung und seiner Berühmtheit so gar nichts zu bieten.

Also Schiller wirkt neutral, die schüchterne Lotte bewundert ihn, das mag angehen, aber vorsichtshalber schickt *chère mère* das Kind ab und zu nach Kochberg zur Zuchtmeisterin Frau von Stein. Doch die temperamentvolle Caroline scheint entbrannt zu sein. Frau von Lengefeld merkt natürlich, daß die Ehe ihrer Tochter nicht glücklich ist und daß sie aufblüht, wenn Schiller kommt. Da ist ein intimes Einverständnis. *Sagen Sie mir, was ist zwischen uns?* fragt Caroline in einem Brief den Freund. *Daß etwas ist, fühle ich.* Und wie oft hocken die zwei im Garten zusammen. Allein.

Chère mère sieht das mit Besorgnis. Findet auch, daß Caroline so gar nicht mehr dem Bild der anschmiegsamen Frau entspricht, die einem Mann dient und gehorcht. Daran ist wohl auch der Vater schuld, Frau von Lengefelds Mann, Oberförster am Hofe, der nun schon zwölf Jahre tot ist. Er hat dem Kind doch die Ideen der Aufklärung eingepflanzt. Und die haben Früchte getragen. Caroline emanzipiert sich von den Frauen ihrer Zeit, ist leidenschaftlich, geist-reich, egozentrisch und sucht das Glück, das sie in ihrer Ehe nicht findet, woanders. Ja, das beunruhigt die Mutter. Und dann fängt ihre Tochter auch noch an, Erzählungen und Märchen zu schreiben. Woher sie das nun schon wieder hat! Von Schiller etwa?

Nein, sie ist gar nicht glücklich, daß ihre Töchter dauernd mit dem Dichter rumziehen. Und muß der nicht langsam mal wieder nach Hause? Kann er nicht. Er liegt mit schwerem Fieber im Bett. Mit Grippe und Zahnschmerzen. Und die Mädchen sorgen sich und dür-fen natürlich nicht zu ihm. Ans Bett eines Mannes! Das verbieten nun wirklich Etikette und Schicklichkeit! Also werden wieder Zettelchen geschrieben. *Leben Sie geduldig heute*, schreibt Lotte Lengefeld, *wohl* könne sie ja nicht sagen. Ihre Schwester nennt die Sache schon eher beim Namen: *Daß man sich doch im Grunde so wenig sein und helfen kann.*

Als man den Kranken in einer Portechaise zu ihnen tragen lassen will, winkt Schiller ab. Er kann mit seinen geschwollenen Backen ja überhaupt nicht reden. Der Diener Ludwig, den sie geschickt, wird das bezeugen, *denn verlange ich zu trinken, so bringt er mir die Pfeife, und will ich Tee, so präsentiert er mir die Pantoffel.*

Seinen 29. Geburtstag am 10. November verbringt er noch bei den Lengefelds. Er wird groß gefeiert. Und zum Dank für alle Mühe, Liebe und Gastfreundschaft liest Schiller zum Abschied in großer Runde sein neues Gedicht vor, das am Ende des Jahrhunderts noch einmal Atem holt und zurückblickt auf den Geist der Welt – »Die Künstler«.

Wie schön, o Mensch, mit deinem Palmenzweige
Stehst du an des Jahrhunderts Neige,
In edler stolzer Männlichkeit…

So beginnt das fast fünfhundert Zeilen lange Opus, dieses gewaltige Bildungs- und Lehr-Gedicht, das Ideen-Gebirge, das seine geduldigen Gäste und seligen Freundinnen mit Andacht und Entzücken hören.

Im Fleiß kann dich die Biene meistern,
In der Geschicklichkeit ein Wurm dein Lehrer sein,
Dein Wissen teilest du mit vorgezognen Geistern,
Die Kunst, o Mensch, hast du allein.

Und weiter geht es Vers auf Vers mit Anmut und Würde, Geist und Pflicht, mit Trieb und Sittlichkeit, Tugend und Laster, Titanen und Löwentötern, Göttern und Barbaren und dem Tempel von Olympia. Und die Erkenntnis, daß die vom Künstler geschaffene Schönheit vor der Wahrheit und der Sittlichkeit steht, ist eine zarte Kampfansage des Ästheten Schiller an den Rivalen Goethe mit seinen *reinsten Anschauungen* und Erkenntnissen.

Nur durch das Morgentor des Schönen
Drangst du in der Erkenntnis Land.

Am Ende schimmert ihm dann von fern

Das kommende Jahrhundert auf…
Wie sich in sieben milden Strahlen
Der weiße Schimmer lieblich bricht,
Wie sieben Regenbogenstrahlen
Zerrinnen in das weiße Licht:
So spielt in tausendfacher Klarheit
Bezaubernd um den trunknen Blick,
So fließt in einen Bund der Wahrheit,
In einen Strom des Lichts zurück!

*»Unser Goethe ist Favorit-Minister, Faktotum
und trägt die Sünden der Welt«*
Christoph Martin Wieland über Goethe

Goethes herrschaftliches Haus am Weimarer Frauenplan.

»Alles Göttliche auf Erden
Ist ein Lichtgedanke nur«
Aus Schillers Gedicht »Die Gunst des Augenblicks«

Die römische Begrüßung SALVE (rechte Tür) ist der Auftakt
zu Goethes Prachträumen, die im Saft der Antike stehen.

Mein Abzug aus Rudolstadt, schreibt Schiller gleich nach seiner Ankunft in Weimar an Körner, *ist mir in der That schwer geworden.* Aber der
Freund kann beruhigt sein. *Mein Herz ist ganz frey, Dir zum Troste.*
Schiller hatte ihm versprochen, keine Dummheiten zu machen, sich
nicht in neue Liebesabenteuer zu stürzen. Und so sagt er ihm denn:
ich habe meine Empfindungen durch Vertheilung geschwächt. Die eine
Hälfte für Lotte, die andere für Caroline.

Da sitzt er nun wieder in Weimar gleich neben dem Gasthaus
»Zum Schwan« in seiner engen Wohnung mit Blick auf Goethes
herrschaftliches Haus und schreibt in ungewohnter Einsamkeit in den
trüben Winter hinein, arbeitet weiter an den Carlos-Briefen, übersetzt die »Phönizierinnen« von Euripides, schreibt die Erzählung
»Spiel des Schicksals«, korrigiert am großen Künstler-Gedicht herum,
verläßt tagelang das Zimmer nicht, raucht, schläft wenig und ernährt
sich schlecht.

Am 9. Dezember 1788 kommt die Anfrage, ob Schiller Geschichts-
professor in Jena werden will. Goethe plädiert dafür. Wäre sicher auch
froh, wenn Schiller, der ja gleich um die Ecke Quartier genommen
hat, ein bißchen weiter weg wäre. Er hat es nicht so gern, wenn ihm
geniale Leute zu nah kommen.

»Hier haben mich alle Götter der Schönheit verlassen«

Professor der Geschichte in Jena

Als Schiller zusagt, sorgt Goethe dafür, daß im Ministerrat alles schnell über die Bühne geht. Goethe gehört ja seit über zehn Jahren zum Regierungskreis des Herzogs, bekommt dafür 1.800 Taler im Jahr, das ist das zweithöchste Gehalt im Fürstentum. Und der Dichter regierte vor seiner Italienreise gern. *Regieren!* hatte er ins Tagebuch geschrieben, als er den Posten bekam. Und was hatte Wieland über ihn gesagt? *Unser Goethe ist Favorit-Minister, Faktotum und trägt die Sünden der Welt.*

Nun trägt er dazu bei, daß Schiller von allen gewünscht und gewählt wird. Schreibt seinem Herzog, dem *Serenissimus noster,* daß des Kandidaten Charakter *vorteilhaft* und sein Betragen *ernsthaft und gefällig* ist. Schreibt, Schiller *würde suchen, sich in der Geschichte festzusetzen und in diesem Fache der Akademie nützlich zu seyn.* Das heißt wohl auch, er fiele auf lange Sicht als Dramatiker aus. Und Goethe hatte dem Herzog abgerungen, nach Italien nur noch Dichter sein zu dürfen. Kein *Kriechen* und *Krabbeln* mehr als *homo politicus.* Also nur noch schreiben – und möglichst ohne Konkurrenz. Der Minister will an *Dero Geheimes Consilium* schreiben, daß Schiller *auf junge Leute guten Einfluß haben wird.*

Weil die Universität in Jena bekannt ist für ihre rabiaten Verbindungsstudenten und politischen Aufrührer, gab Minister Goethe immer wieder Geld für Spitzel aus. Die Professoren wehrten sich in einem Gutachten, schrieben, daß die Aushorcherei Herz und Seele der Studierenden verderbe. Doch sie hatten kein Glück mit ihrem Protest. Informationen sind dem Hof lieber als saubere Seelen.

Man hat mich übertölpelt, schreibt Schiller an Körner. Nicht, daß ihn das akademische Amt schreckt, im Gegenteil. Er ist auch froh, daß er nun seinen Namen von *der Liste der literarischen Vagabunden* streichen kann. Doch die Professur kommt ihm einfach zu früh. Er ist nicht vorbereitet. Gerät in Panik. *Rat mir, hilf mir*, schreibt er an Körner. *Ich wollte mich prügeln lassen, wenn ich Dich auf vierundzwanzig Stunden hier haben könnte.* Als Goethe zu einer Visite bittet und Schiller ihm sagt, daß sein Wissen voller Lücken sei, sagt der Herr Minister: *docendo discitur*, lehrend lernt man.

Der nächste Schock kommt, als Schiller erfährt, daß es keine Besoldung gibt, nur Vorlesungsgebühren, daß er selbst sogar ordentlich draufzahlen muß fürs Doktordiplom. Und *der Magisterquark soll auch über 30 Thaler kosten*. Jetzt, da es zu spät ist, schreibt er an seine Freundinnen nach Rudolstadt, *möchte ich gerne zurücktreten* und träumt vom letzten Sommer mit Lotte und Caroline. Das einzig Gute an der Sache ist der kurze Weg von Jena zu ihnen.

Und was ist mit Charlotte von Kalb? Sie hat natürlich vom Geturtel in Ruldolstadt gehört, hat das Wort von der *Doppelliebe* in die Welt gesetzt, will wissen, wie weit das alles geht, und kündigt ihren Besuch an. Bei den Lengefelds. Man kennt sich ja. Und als ihr dann etwas dazwischenkommt, atmet Schiller auf und schreibt an seine Freundinnen: *Sie ahndet nichts von unserem Verhältnis… aber sie ist mißtrauisch*.

Anfang Mai 1789 schwingt der Professor sich aufs Pferd und reitet von Weimar nach Jena. Bei den Jungfern Schramm mietet er eine gemütlich eingerichtete Wohnung. *Das wichtigste Möbel* läßt er sich bei einen Schreiner anfertigen – seinen ersten eigenen Schreibtisch. An ihm beendet er nun seinen Vortrag: »Warum und zu welchem Ende studiert man Universalgeschichte?«

Die Antrittsvorlesung ist am 26. Mai 1789, abends um 6 Uhr. Die Massen strömen nur so, die Jenenser Studenten, die wirklich verrufen sind in Deutschland. Saufen und raufen, sind derb und duellieren sich gern, und ein Magister erinnert sich an ein paar *unsaubere Nymphen, die den Beutel, die Gesundheit und die Sitten der Jünglinge* so schändlich verwüsten. Und wenn eine johlende Horde angetrunkener Burschen durch die Straßen walzt, löschen Gastwirte die Lichter aus, um nicht überfallen zu werden.

»Ach, der Himmel über mir
Will die Erde nicht berühren,
Und das Dort ist niemals hier.«
Aus Schillers Gedicht »Der Pilgrim«

Landschaft zwischen Jena und Weimar.

Das sind die Auswüchse. Schiller war bei seinem ersten Besuch in Jena das Selbstbewußtsein der Studenten aufgefallen, *denn sie wandeln mit Schritten eines Unbesiegten.*

Jetzt strömen sie in die Universität. Um halb sechs platzt der Hörsaal bereits. Hundert Studenten passen rein, dreihundert stehen noch draußen dichtgedrängt im Flur und auf den Treppen. Die wollen natürlich nicht alle den Historiker hören, die meisten wollen den Dichter der »Räuber« sehen. Also raus und ins andere Gebäude am Ende der Straße, ins Auditorium Maximum.

Schiller steht am Fenster des Professorenzimmers und sieht, was da unten passiert. Er schildert es Körner: *Alles stürzte hinaus und in einem hellen Zug die Johannisstraße hinunter, die, eine der längsten in Jena, von Studenten ganz besät war.* Natürlich, sie laufen, was sie können, um den besten Platz zu ergattern. Und der Lärm ist so gewaltig, daß die Leute an den Fenstern hängen und glauben, irgendwo sei ein Feuer ausgebrochen. Sogar die Wache am Schloß wird unruhig. Was ist? Wo brennt's? Nichts brennt. Der neue Professor liest.

Schiller ist überwältigt. Hatte er doch eher ein wenig Angst vor diesem Tag gehabt. Doch das Schauspiel, das macht ihm Vergnügen, *und mein Mut nahm eher zu.* Auch das Auditorium ist zu klein. Auch hier zwängen sich die Studenten noch bis zur Haustür. *Ich zog also durch eine Allee von Zuschauern und Zuhörern ein und konnte den Katheder kaum finden.* Es ist so schwül im Saal, daß die Fenster geöffnet werden müssen. Dann klopfen alle auf Holz, und der Vortrag beginnt.

Da steht er nun, der 29jährige Professor, wie immer etwas nachlässig gekleidet und die Haare etwas wirr, was ein paar strenge Gelehrte mit Befremden registrieren, aber die Studenten sind neugierig und gespannt. Und Schiller spricht mit Schwung über die Zeit der Entdeckungen, über die Seefahrer, die gesetzlose Freiheit, über Caesar und Tacitus, den Ruhmsüchtigen und den *Brotgelehrten*, der glaubte, umsonst gelebt zu haben, *wenn sich Wahrheit für ihn nicht in Gold, in Zeitungslob, in Fürstengunst verwandelt.*

Nein, da ist nichts mehr vom Räuberhauptmann Schiller, der das *tintenklecksende Säculum* und *die Konventionen des schlappen Kastraten-*

jahrhunderts beklagt. Selbst von seiner stets so besungenen Antike löst er sich in seiner Antrittsvorlesung. Die Universalgeschichte, sagt Schiller, *heilt uns von der übertriebenen Bewunderung des Altertums und von der kindischen Sehnsucht nach vergangenen Zeiten.* Wer sich auf das Jetzt konzentriert, auf seine *eigenen Besitzungen,* muß die *goldenen Zeiten Alexanders und Augusts nicht zurückwünschen.*

Ja, er singt tatsächlich das Hohe Lied der Gegenwart, preist dieses bröckelige römisch-deutsche Kaiserreich, das mehr wert sei *als sein schreckhaftes Urbild im alten Rom.* Der Mensch, sagt er, wandelt sich, die Meinungen wandeln sich auch, nur die Geschichte bleibt *eine unsterbliche Bürgerin aller Nationen und Zeiten.* Und Schiller lobt die europäischen Staaten, die eine große Familie sein sollten. *Die Hausgenossen können einander anfeinden, aber hoffentlich nicht mehr zerfleischen.* Das sagt er am 26. Mai. Am 14. Juli stürmen die Franzosen ihr Staatsgefängnis, die Bastille.

Meine Vorlesung machte Eindruck, schreibt Schiller beglückt an Körner. Und die Studenten sitzen den ganzen Abend in Weinstuben und Gasthäusern und reden über den Akademiker als Künstler. Am späten Abend ziehen viele von ihnen noch vor die Schrammei, diese Mietskaserne, in der Schiller wohnt, und bringen ihm ein Ständchen, *und Vivat wurde dreimal gerufen.*

Die Schrammei:
In Jena mietet Schiller
bei den Jungfern
Schramm ein paar
gemütlich eingerichtete
Zimmer mit Gemein-
schaftsküche.

Der junge Professor fühlt sich wohl in der Schrammei. Die zwei Jungfern führen eine Art Butterbrotgesellschaft, bekochen die Mieter in einer Gemeinschaftsküche. Meist leben Studenten bei ihnen. Fritz von Stein gehört zur Tischrunde, der Sohn Charlotte von Steins, aber auch Juristen, Magister und Göriz, der pockennarbige Dekan der Universität. Und weil Schiller es liebt, wenn die Leute ihre Lebensgeschichten erzählen, traut sich eines Tages auch Göriz. Niemand mochte ihn, weil er so entstellt war. Die Geschwister wurden ihm vorgezogen, und spielen wollte auch keiner mit ihm. Das Schrecklichste aber war, als ihm eines Tages das Mädchen vom Nachbarn die Zunge rausstreckte. Das kann er bis heute nicht vergessen. Am nächsten Morgen strecken Schiller und sämtliche Tischgenossen Göriz die Zunge raus, und der scheue Mensch lacht und lacht mit dem Rest der Mannschaft.

Sie erwischen auch Schiller in all seiner Naivität und Gutgläubigkeit. Sie überreichen ihm einen fingierten Brief mit der Verleihung der medizinischen Doktorwürde, gefälscht und unterzeichnet von jenem Kollegen, den Schiller nicht ausstehen kann. Und der Dichter jubelt: *Denken Sie nur, was der verfluchte Kerl mir schreibt!* Und will ihm gleich einen netten Brief zurückschicken. Aber da prustet die Tischgesellschaft schon los.

Unter den Wissenschaftlern in Jena fühlt Schiller sich völlig deplaciert. Es herrscht *ein solcher Geist des Neides*, schreibt er an Körner, *daß dieses kleine Geräusch, das mein erster Auftritt machte, die Zahl meiner Freunde wohl schwerlich vermehrt hat*. Und wie spießig sie sind, diese Professoren. Blasen zum Angriff, weil auf dem Druck seiner Antritts-Vorlesung *Professor der Geschichte* steht. Er sei aber Professor für Philosophie. Und schicken den Akademiediener los, der den Titel beim Buchhändler abreißen soll.

Ein besonders trauriges Kapitel seien die Frauen in Jena, klagt er Caroline von Beulwitz nach Bad Lauchstädt, wo sie mit ihrer Schwester zur Kur ist. *Alles alltägliche Waare.* Und er ist doch so abhängig vom weiblichen Geschlecht, verdankt ihnen doch die schönsten Stunden, vor allem, wenn er die Musen dazurechnet, *die nicht umsonst*

Frauenzimmer sind. Aber wenn er hier in die grimmigen Gesichter der Professoren und ihrer Gattinnen guckt, kann er nur sagen: *Hier haben mich alle Götter und Göttinnen der Schönheit verlassen.* Caroline soll nur ja bald von ihrer Kur zurückkommen und ihn wieder zum Menschen und zum Dichter machen.

Im Herbst trifft Schiller einen fröhlichen jungen Mann in Jena, Schulz heißt er, ein Reiseschriftsteller, der frisch aus Paris kommt. Schulz erzählt von der Revolution, vom König, dem man eine Kokarde zugeworfen hat, die er in den Mund steckte, um applaudieren zu können. Eine Hökersfrau habe ganz zutraulich mit dem Herrscher geredet, und er selbst sei in einen Haufen Besoffener geraten, die ihm eine Flinte in die Hand gedrückt und ihn zu ihrem Anführer gemacht haben.

Schiller findet das alles sehr *kurios* und unterhaltend und glaubt ihm kein Wort. *Ich fürchte,* schreibt er an seine Freundinnen, *er übt sich jetzt im Vorlügen so lange, bis er die Sachen selbst glaubt, und dann läßt er sie drucken.* Aber die beiden sollten die Geschichten ruhig bei Hofe erzählen, sie würden damit sicher viel Erfolg haben.

Doch dann sind die Zeitungen bald voll vom Sturm auf die Bastille, und Schiller liest mit Begeisterung das »Journal de Paris« und den »Moniteur«: Gründung der Nationalversammlung, Verfassungsentwurf für die Einführung des Einkammernsystems, Einziehung des Kirchenguts, Entwurf für eine französische Verfassung und die Farben der Revolution sind blau, weiß, rot.

Schiller hofft – wie Klopstock, Herder, Wieland, Humboldt, Hegel und der junge Hölderlin –, daß hier *das große Schicksal der Menschheit* glücklich verhandelt wird. Und der Idealist glaubt sogar an einen Vernunftstaat, wie Kant ihn fordert. In Diskussionen aber hält er sich zurück. Abschaffung von Adel, Titeln, Wappen, Dienern ist kein Stoff für Hofgesellschaften, in denen er sich ja immer wieder bewegt, wenn er zu den Freundinnen nach Rudolstadt reitet. Und Frau von Stein, die Revolutionäre für Räuber und Banditen hält, hat ihr Patenkind Lotte schließlich mit allen Wassern der Fürstenwelt gewaschen.

Goethe schreibt kein Wort zum Ausbruch der Revolution. Er trennt gerade das Licht von der Finsternis, konstruiert dazu ein Holzgestell für sein großes Gartenprisma aus Glasscheiben, macht Experimente, schneidet Pappe, klebt Muster und malt. In seine Farbenlehre paßt die Trikolore nicht. Er ist für aufgeklärten Despotismus. Aber die meisten Despoten sind nicht aufgeklärt, haben das Volk ausgenommen, Steuern erpreßt, Bauern enteignet für Alleen und Privatstraßen, ganze Vermögen für Mätressen ausgegeben, Bastarde gezeugt – also sie haben Grund zu fürchten, daß die Revolution zu ihnen rüberschwappt.

Ça ira, l'aristocrat à la lanterne!

So zieht denn auch Carl August zusammen mit Goethe in die Schlacht. Zur Rettung des Ancien Régime. Und er regt sich ziemlich auf, wie sehr der Mittelstand in den verschiedenen Fürstentümern angesteckt ist *von der Sucht unter moralischen Vorspiegelungen, Scheingründen, poetischen Träumen, sich zu den Herren der Schöpfung machen zu wollen.* Der Marsch, der ein Spaziergang werden sollte – *wir werden Champagner trinken, ohne einen Schuß zu tun* – endet in der Kanonade von Valmy im Fiasko, im Rückzug, und das halbe Heer krepiert dabei.

»O mein Blut ist in Bewegung«

Ménage à trois mit Lotte und Caroline

Schiller hatte das ganze Jahr über an seine beiden Lieblingsfrauen geschrieben. Mal an Lotte, mal an Caroline, meist an beide. Und immer endet er schwärmend. *Ich fühle euch an meinem Herzen.* Oder: *Ich küße euch hunderttausendmal.* Oder: *ich drücke euch an meine Seele.* Oder: *wäret ihr bey mir!* Oder: *Ich umarme euch mit zärtlicher Liebe.* Aber wen meint er? Die ledige Lotte oder die unglücklich verheiratete Caroline? Die süße Unschuld oder die feurige Ehefrau? Die sanfte Zuhörerin oder die temperamentvolle Erzählerin? Die Keusche oder die Erfahrene?

Er meint beide. Denn er liebt beide. Wie hatte Charlotte von Kalb gesagt? Schillers *Doppelliebe.* Dieses Verhältnis zu zwei Frauen ist der Stoff für den allerschönsten Klatsch. Schillers ménage à trois. Carolines Mann muß mit seinem Prinzen verreisen. Na herrlich. Da kann sie ja fahren, wohin sie will. Und Schiller schreibt keß: *Auch wenn ich nicht in der Welt wäre, so würde Ihre Wahl gewiß auf Jena gefallen sein.* So was spricht sich natürlich rum.

Und einmal, als er wieder an seinem »Geisterseher« schreibt, fragt er die Schwestern, wie er wohl die *schöne Griechin* anlegen soll – die Henriette von Arnim ist, seine schöne Zigeunerin aus Dresden –, die verführerisch aussieht und unkeusch ist. Caroline von Beulwitz antwortet: *Wenn die Griechin nur aus Liebe betröge, so könnte ich mir sie liebenswürdig denken. Wenn sie an Klugheit verlöre, gewönne sie an Wärme.*

Lotte von Lengefeld schreibt klipp und klar, so was gibt es nicht. Wer leichtfertig lebt, kann nicht schön sein. Schiller bedankt sich für ihre Geständnisse, für die *Hintertüre,* die Caroline ihm gelassen, und findet, daß *Lottchen* ihn zu *trocken und kurz* abgefertigt hat.

Es sind die langen Dichterbriefe, die Sonne nach Rudolstadt bringen. Es ist ja sonst ziemlich trostlos dort. Die Besuche in Kochberg bei Frau von Stein – ewig dasselbe. Der nette Beulwitz im Haus, der nicht geliebt wird – bedrückend. *Chère mère* wohnt im Schloß und erzieht die Erbprinzen, um die klamme Haushaltskasse aufzubessern. Und die langweiligen Kränzchen mit Tee und Torte nerven. Manchmal geht sogar die Lektüre aus. Dann liest Lotte Medizinbücher und schreibt an Frau von Steins Sohn Fritz, sie könne ihm viele schöne Sachen von Därmen und Galle erzählen.

Abwechslung bringt endlich eine Kur in Bad Lauchstädt, kurz hinter Halle und Merseburg. Die Heilquelle – besonders für *Bleichsucht der Frauenzimmer* – ist damals ein Modebad mit Pavillons, Kursaal, Wandelhallen und Parks. Und weil Schiller seinen Freund Körner in Leipzig besuchen will, macht er vorher eine kleine Visite bei den Damen.

Er denkt an Heirat, aber auch wieder nicht. Schreibt an Körner: *Beide Schwestern haben etwas Schwärmerei, was deine Weiber nicht haben.* Aber mit ihm kann er über dieses Thema gar nicht richtig reden. Der traut Schiller nichts und alles zu. Und weil Körner weiß, daß sein Dichterfreund die merkwürdige Vorstellung hat – bei einer lebenslänglichen Verbindung darf keine Leidenschaft im Spiel sein –, hatte er ihm erst vor drei Monaten eine gute Partie vorgeschlagen: Fräulein Schmidt aus Weimar. Reich und bürgerlich. Fand Schiller einen guten Einfall. *Das Mädchen selbst würde mir auch ohne ihr Geld gerade nicht misfallen*, schreibt er zurück. Aber er hat sich schon erkundigt. Vater, Mutter und Tochter gucken nur auf Geld.

Und nun werden plötzlich seine Frauenprobleme in Lauchstädt gelöst, wird ihm die Entscheidung abgenommen. Am Abend war er angekommen, und am Morgen bittet Caroline von Beulwitz den Freund zu einem Gespräch unter vier Augen. Sie sagt ihm, daß Lotte ihn liebt, daß sie auf ein Wort von ihm wartet, also sie ermutigt ihn zu einem Heiratsantrag. Aber das kann Schiller nicht. Nicht mündlich. Hat er noch nie gekonnt. Alle Anträge hat er doch immer schriftlich gemacht und weitab vom Tatort. So war es bei Fräulein Schwan und Fräulein von Wolzogen. So ist es auch bei Fräulein von Lengefeld. Er flieht.

Ist es wahr theuerste Lotte? Darf ich hoffen, daß Caroline in Ihrer Seele gelesen hat und aus Ihrem Herzen mir beantwortet hat, was ich mir nicht getraute, zu gestehen? schreibt er von irgendwoher. Und nun sprudelt es nur so. Wie oft hat er sie schon fragen wollen, glaubte aber, *Eigennutz* in seinem Wunsch zu entdecken. Glücklich könnte sie wohl auch ohne ihn sein, aber mit ihm nie unglücklich. Sein ganzes *Daseyn* will er ihr nun widmen, und ihre Liebe soll ewig sein. Nun möchte sie bitte ihren Gefühlen freien Lauf lassen. *Sagen Sie mir, daß Sie mein seyn wollen.*

Und dann jagt er nach Leipzig zu Körner, erzählt ihm alles, ist selig, setzt sich am Abend gleich wieder hin und schreibt den zweiten verzückten Brief nach Lauchstädt. Nun an beide Schwestern. Er will ja beide, liebt ja beide, auch wenn er nur eine heiraten kann. Aber die andere ist dann doch immer in der Nähe. Er schickt ihnen einen Seelenrausch, läßt einen Gefühlsregen auf sie niederprasseln. *O ich weiß nicht, wie mir ist. Mein Blut ist in Bewegung.* Nie ist er glücklicher gewesen. *Welche göttliche Tage werden wir einander schenken!* Dann kann er nicht mehr.

Und es schmerzt ihn, daß er den Freundinnen *so gar nicht schildern kann*, wie ihm zu Mute ist. Adieu. Und bitte die Antwort per Expreß schicken! Er muß Gewißheit haben. *Meine addresse: Prof. Schiller im Joachimsthal wohnhaft.* Die Antwort kommt postwendend. Ja, Caroline hat *in meiner Seele gelesen.* Schillers Glück stehe *hell und glänzend* vor ihr, *adieu! Ewig. Ihre treue Lotte.*

So sind sie denn verlobt, die 22jährige Charlotte von Lengefeld und der fast 30jährige Schiller. Heimlich. Die Mutter darf noch nichts wissen. Schiller ist ein armer Poet, lebt von der Hand in den Mund, das muß geändert und geregelt werden, sonst wird *chère mère* die Hand der Tochter verweigern. Und was ist mit Caroline? Sie wird nicht aus dem Dreieck aussteigen, das ist klar. Die Braut muß sich damit abfinden.

Und die Vierte im Bunde? Charlotte von Kalb? Die bäumt sich noch ein letztes Mal auf. Hat sie nicht Anspruch auf den Dichter? Hat sie ihn nicht in Mannheim aufgefangen, geformt und verwöhnt? Und in Weimar in die Gesellschaft eingeführt? Mit ihm gelebt? Sie will es nicht glauben, daß Schiller sie aus seinem Herzen gerissen hat. Sie geht zu Herder, dem Generalsuperintendenten. Er soll ihr helfen, die Scheidung durchzusetzen. So schnell wie möglich. Wenn sie frei ist, denkt sie, wird Schiller sie heiraten. Sie ist noch jung und ahnt doch nichts von der Verlobung.

Schiller sagt ihr auch nichts. Serviert sie nur kühl ab. Es ist vorbei. *Ich habe es nie leiden können*, schreibt er an Caroline und seine Braut über Charlotte von Kalb, *daß sie soviel mit dem Kopf hat thun wollen, was man nur mit dem Herzen thun kann*. Auf einem Hoffest erfährt die verschmähte Geliebte dann alles. Und melodramatisch, wie sie nun mal ist, macht sie Charlotte von Lengefeld dort eine Szene, zieht über Schiller her, der abwesend ist, beleidigt ihn, bis der Herzog dazwischentritt.

Lotte ist so durcheinander, daß sie sich vor der verlassenen Geliebten richtig fürchtet. Sie schreibt Schiller, wenn sie in Italien lebten, wo *die Leidenschaften heftiger ausbrechen*, würde sie vielleicht einen *Dolchstich* von ihr bekommen. So ist sie denn froh, *daß unser rauhes Klima auf die überspannten Köpfe so wohltätig wirkt*. Schiller antwortet, Lotte soll sich bitte vorsehen. Er weiß, wozu die XXX – er macht nur noch drei Kreuze für ihren Namen – *fähig ist. Auch ohne italienischen Himmel*. Denn *Leidenschaft und Kränklichkeit*, schreibt er, führen *manchmal an die Grenzen des Wahnsinns*.

Am nächsten Tag fordert die Verstoßene ihre Briefe von Schiller zurück, wirft sie in den Kamin, verbrennt sie. Auch die vielen, vielen vom verlorenen Freund. Kurz darauf trifft Charlotte von Kalb die Braut bei Frau von Stein wieder. *Sie saß unter uns wie eine Erscheinung aus einem anderen Planeten*, schreibt Lotte von Lengefeld, *wie ein rasender Mensch, bei dem der Paroxysmus*, also der Anfall, *vorüber ist, so erschöpft, so zerstört*. Frau von Stein kann sie am ehesten verstehen, denn sie hat gerade dasselbe mit Goethe durchgemacht.

Schiller muß nun an die Zukunft denken. Er schreibt an den Herzog von Weimar, daß er in Jena ein festes Gehalt braucht. Auch Frau von Stein hatte ihm schon angedeutet, daß ihr Patenkind bald heiraten will und der Zukünftige ohne Besoldung ist. Carl August bittet den Dichter zu sich, genehmigt 200 Taler im Jahr, sagt, mehr könne er nicht geben, sagt das, wie Schiller schreibt, *mit gesenkter Stimme und einem verlegenen Gesicht.* Immerhin. Zweihundert Taler sind das Minimum für einen Haushalt zu zweit.

So hält er denn bei *chère mère* um die Hand ihrer Tochter an. *Ich habe nichts zu fürchten,* schreibt er ihr, *als die zärtliche Bekümmerniß der Mutter um das Glück ihrer Tochter, und glücklich wird sie durch mich seyn, wenn Liebe sie glücklich machen kann.* Louise von Lengefeld sagt postwendend ja. *Ja, ich will Ihnen mein gutes Lottchen geben.* Obwohl ihr ein adeliger und vermögender Schwiegersohn weit lieber gewesen wäre und sie an das Genie von Schiller nie so recht geglaubt hat. Sie stellt aus ihrem eigenen schmalen Vermögen einen jährlichen Zuschuß von 150 Talern in Aussicht. Und allerlei *meubles,* darunter zwei Dutzend Stühle, gehören zur Aussteuer.

Weil die Braut mit der Heirat ihren Adelstitel verliert, hofft Schiller, daß man ihn zum Hofrat küren wird. In Weimar sei das nicht möglich, sagt man ihm, aber er soll sich mal an den Hof von Meiningen wenden. Und tatsächlich, die schicken ihm nun – nach einem Wink von Herzog Carl August – ein Diplom *wegen meiner vorzüglichen Gelehrsamkeit.* Das läßt ihn *um eine Sylbe* wachsen und macht seine Charlotte nach der Hochzeit wenigstens zur Hofrätin.

Schiller, der gerade noch die französische Revolution begrüßt hat, die den Adel hinwegfegen will, bemüht sich um Mitgliedschaft im Club der Hohen Herrschaften. Nicht gierig, doch gerne. Aber er lacht sich auch wieder weg, als er hört, daß Herder sich an der Tafel der Herzogin erlaubt hat, *den Hof einen Grindkopf* zu nennen und die Hofleute *Läuse, die sich darauf herum tummeln.*

Die Braut ist in diesen Wochen nicht glücklich. Ist sie wirklich die Richtige? Sie fühlt sich Schiller nicht gewachsen. Wenn er an vorlesungsfreien Tagen oder in den Weihnachtsferien nach Rudolstadt kommt, ist es die Schwester, die überquillt von Themen, Fragen, Neuigkeiten und Geschichten. Und wie glänzend sie erzählen kann. Und wie interessiert Schiller ihr zuhört. Lotte sitzt dann stumm da. Und wie viele Zeugen gibt es, die genau wie sie sehen, daß ihr Verlobter in innigen Augenblicken Caroline feuriger küßt als die Braut.

Nimmt er sie etwa nur, um Caroline noch näher zu sein? Und was hat er neulich geschrieben? *In einem glühenden Triebe nach Leben, das nur an eurem Herzen mir beschieden ist, verzehrt sich mein Wesen.* Der Brief war an beide Schwestern adressiert. Und weiß die Braut, was er Caroline von Beulwitz mit Extrapost verriet? *Ach, wenn Du erfahren wolltest, wie sehr ich Dich liebe, so müßtest Du mir eine neue Sprache und ein unsterbliches Leben geben.* Für solche Offenbarungen ist nicht allein die Epoche der leidenschaftlichen Herzensergüsse verantwortlich. *O ihre schönsten Freuden hielt uns die Liebe noch zurück*, schreibt er weiter, *bis jetzt konnten wir sie nur in fernen Ahndungen empfinden.*

So einen Brief hat Lotte von Lengefeld damals nie bekommen. Sie liebt ihre Schwester, scheint wohl auch nicht eifersüchtig zu sein, aber es ist kein Geheimnis mehr, daß Caroline von Beulwitz sich scheiden lassen will. Vielleicht möchte sie dann Schiller haben? Vielleicht er sie? Und so überlegt Lotte denn schon, den Dichter an die Schwester abzutreten. Ja, sie ist tief verunsichert,

Still und heimlich:
Am 22. Februar 1790 heiratet
Schiller Charlotte von Lengefeld
(oben) in der Kirche von
Wenigenjena. Nur die Mutter
und die Schwester der Braut
nehmen an der Zeremonie teil.

macht sogar ein paar zarte Andeutungen in den Briefen an ihren künftigen Mann, und der begreift endlich und schreibt, worauf die Braut solange gewartet:

Unsere Liebe braucht keiner Ängstlichkeit, keiner Wachsamkeit, schreibt Schiller, der sich sein Weib wie Pygmalion selber schaffen will. *Caroline ist mir näher im Alter und darum auch gleicher in der Form unserer Gefühle und Gedanken. Sie hat mehr Empfindungen in mir zur Sprache gebracht als Du, meine Lotte*, aber um nichts in der Welt möchte er, daß es anders wäre. *Was Caroline vor Dir voraushat, mußt Du von mir empfangen; Deine Seele muß sich in meiner Liebe entfalten, und mein Geschöpf mußt Du seyn. Deine Blüthe muß in den Frühling meiner Liebe fallen. Hätten wir uns später gefunden, so hättest Du mir diese schöne Freude weggenommen, Dich für mich aufblühen zu sehen.*

Am 22. Februar 1790 heiraten Schiller und Charlotte von Lengefeld still, fast heimlich und nur zu viert am späten Nachmittag in der Dorfkirche von Wenigenjena. Leichte Abendwolken, von der rötlichen Sonne übergossen, schimmern am Himmel, als die Chaise mit *chère mère*, ihrer ältesten Tochter und dem Brautpaar eintrifft. *An Schillers Hand trat ich in die schmucklose Kirche und legte das Gelübde ab, ihm treu zu sein bis in den Tod*, schreibt Lotte Schiller ins Tagebuch. Schiller findet alles eher *kurzweilig* und läßt aus Achtung vor seiner Schwiegermutter die Formel vom harten Ehejoch über sich ergehen: *Also sprach Gott zum Weibe: Du sollst mit Schmerzen Kinder gebären. Und zu Adam sprach er: Verflucht sei der Acker … Dorn und Distel soll er dir tragen.* Anschließend fahren sie nach Jena zurück und verbringen den Abend zu viert bei ein paar Tassen Tee in Schillers Schrammei.

Warum so schlicht und nur zu viert? Weil Schiller, so sagt er, den lauten Glückwünschen seiner Studenten mit Musik und Reden und Trinksprüchen entkommen wollte. Seinem Freund Körner dagegen erklärt er, sie hätten sich in aller Stille trauen lassen, *weil ich mich bei dem Heurathen immer vor der Hochzeit gefürchtet habe.* Und im Brief an seine Eltern, mit denen er über all die Jahre liebevoll korrespondiert, heißt es: *eine förmliche Hochzeit haben wir gar nicht gemacht, so daß die Unkosten sehr gering waren.*

Das junge Paar will erstmal in der Schrammei bleiben, auch wenn sie kein Zimmer dazumieten können. Aber die drei Räume von Schiller, groß, hoch, hell und mit vielen Fenstern, sollten reichen. Er wird sich umgucken, denn seine Frau bringt ihre Zofe und eine Köchin mit, und Schiller hat ja auch seinen *Kerl*, wie er den Diener Heinrich nennt. Und eigentlich dachte er ja auch, seine Schwägerin mit in die *ménage* zu nehmen.

Also, es muß Platz geschaffen werden. Für Heinrich finden die Schramm-Fräuleins eine Kammer, und ein Zimmer wird mit einer Bretterwand durchtrennt, Zofe und Köchin können zu zweit im Alkoven schlafen, der ist groß genug für zwei Betten. Den Restraum haben sie für sich, Koffer und Schränke gehen auch rein, und Lotte und Schiller können sich dort sogar noch frisieren lassen. Also ein wilder Haushalt. Als Goethe, der die Lengefelds ja gut kennt, seinen Antrittsbesuch macht, sagt er beim Betreten der Wohnung: *Ihr habt ja eine wunderliche Wirtschaft.*

Charlotte Schiller aber fühlt sich wohl. Sie freundet sich mit Professorenfrauen an, nimmt Zeichenunterricht, singt auch, liest viel, spielt Klavier und findet, daß ihr Verhältnis zu Schiller von Tag zu Tag *inniger* wird. *Mein Leben ist reich an schönen Genüssen durch die Liebe,* schreibt sie ins Tagebuch.

Doch ein Hauch von Laclos' Gefährlichen Liebschaften schwebt durch die Räume, wenn Caroline von Beulwitz, die sich gleich nach der Hochzeit ganz in der Nähe der Schrammei einquartiert hat, hereinweht, die üppige Schöne mit dem vollen Busen im tiefen Dekolleté. Dann läßt sie keine Zweifel an ihren Wünschen und Gefühlen, und Schiller läßt es ungeniert zu. Auch in Gesellschaft. Wilhelm von Humboldt, der junge Gelehrte, der sich gerade mit Schiller angefreundet hat, ist häufig Zeuge der *ménage à trois* und ziemlich überrascht von dem, was ihm da geboten wird:

Wenn ich Caroline ansah, über ihn gelehnt, das Auge schimmernd in Tränen, den Ausdruck der höchsten Liebe in jedem Zuge – ach ich kanns Dir nicht schildern, schreibt er an seine Verlobte Caroline von Dacheröden, *Lotten gibt auch die Liebe kein Interesse. Sie war an seiner Seite wie fern von ihm. Er gegen beide? Hast Du ihn nie Carolinen küssen sehen und dann Lotten?* Und die Dacheröden, die seit Jahren mit den Schwestern befreundet ist, antwortet dem Verlobten: *Daß Lotte ihm nichts als Mittel gewesen ist, um es möglich zu machen, mit Carolinen zu leben, ist mir sehr klar.* Und der glückliche Schiller schreibt in jenen Tagen an seinen Freund Wilhelm von Wolzogen: *Caroline ist gegenwärtig auch bei mir in Jena, und mein Leben ist beneidenswerth zwischen diesen beiden.*

Und doch löst sich das Dreiecksverhältnis langsam auf. *Kein alter Ton erklingt unter uns, ... die himmliche Freiheit ist entflohen,* schreibt Caroline von Beulwitz an die Dacheröden. Sie kehrt maßlos enttäuscht nach Rudolstadt zurück, zieht dort in Lottes Zimmer und sagt ein bißchen zynisch über ihren Mann: Er *lebt ganz dem Bacchus und ist glücklich in dieser Stimmung ... Ich sehe ihn fast gar nicht.*

Ihr Schiller hat sich also entschieden. Für die Ruhe, das stille Glück, die sanfte Lotte, die ungestörte Freiheit, für seine Arbeit. Und Bitterkeit ist der Balsam auf ihrer Wunde Schiller: *Ich fühle ihn einsam, denn so innig gut Lotte ist, so ist's doch ein toder Umgang.* Und sie stürzt sich in eine neue Liaison, um ihr Unglück zu betäuben.

Fünfzig Jahre später, 1840, wird die Schriftstellerin Caroline, geborene von Lengefeld, geschiedene von Beulwitz, verwitwete von Wolzogen, ihren Roman »Cordelia« veröffentlichen: Die Freundinnen Cordelia und Cäcilie begegnen dem liebenswürdigen Wilhelm.

Ménage à trois: Schillers Freund Wilhelm von Humboldt und dessen Verlobte Caroline von Dacheröden erleben das Dreiecksverhältnis zwischen Schiller und den Schwestern von Lengefeld.

Der verteilt – wie Schiller – seine Liebe auf beide. Und beide sind beglückt, genießen und scheinen ohne tiefere Absicht. Doch Cäcilie denkt eines Tages an Heirat und *ohne alle Herrschaft über ihr Gefühl, gab sie sich einem glühenden Verlangen hin.* Sie schweigt danach, verschließt sich, die Freundschaft ist gestört. Als Cordelia sie sanft zur Rede stellt, fällt die Freundin ihr um den Hals, vergießt heiße Tränen, nein, sie sei ihrer nicht mehr würdig, sie liebe Wilhelm, aber Cordelia soll ihn haben. *Doch, liebe ihn, und sei glücklich!* Da aber sagt *Cordelia mit himmlischer Ruhe und Milde* – nein. Sie will das Opfer der Freundin nicht. Es würde sie unglücklich machen. *Er ist deiner wert, ... der Meine wird er nimmer mehr.*

Und Lotte-Cäcilie wächst nun in genau die Rolle hinein, die für Schiller so erholsam ist. Sie hört ihm zu, spielt für ihn Klavier, liest alte und neue Literatur, kann darüber reden, erledigt die Geschäftspost, fängt auch an zu übersetzen, und sie fordert ihren Mann nicht. *Mein Dasein ist in eine harmonische Gleichheit gerückt,* hatte Schiller nach seiner Hochzeit geschrieben, *nicht leidenschaftlich gespannt.* Und sie ist natürlich jungfräulich in die Ehe gegangen, ist so unerfahren, daß der ahnungslose Freund Göschen findet, *die treffliche Frau von Kalb,* die Schiller so gut kennt, könnte doch *der jungen Gattin ihres Freundes Winke geben, welche die Liebe für das Glück der Zukunft benutzen kann!*

Was für ein Einfall! Da geht Charlotte Schiller doch gleich lieber tanzen. Ohne ihren Mann. Der findet Tanzen schrecklich. So besucht sie denn von Zeit zu Zeit mit Freundinnen Feste und Vergnügungen. Als sie einmal ganz beschwingt zurückkommt, sitzt der Dichter, der mal wieder krank ist, noch immer mit zwei alten Freunden aus Schwaben zusammen und spielt Karten. Einer hat die dann folgende Szene festgehalten: *Es war morgens um drei Uhr. Ich vergesse die Kälte und den mißbilligenden Ton, womit er sie empfing, in meinem Leben nicht.* Dabei hätte sie ihn beschimpfen können, daß er nicht im Bett liegt, sondern seine Gesundheit ruiniert. Aber kein Wort. *Sie nahm den Verweis über ihr spätes Kommen sehr sanft auf und schwieg, als ihre freundlichen Entschuldigungen nichts halfen, ganz.*

»Mich ekeln diese elenden Schinderknechte an«

Totenfeier, Kant und die Französische Revolution

Schiller lebt ungesund. Sitzt Tage nur über seinen Manuskripten, oft vierzehn Stunden hintereinander, keine Bewegung, keine frische Luft, und dann plötzlich im Spätherbst: Arbeitspause! Ausspannen in Rudolstadt. *Wird viel Schach gespielt und sind die Tarock-hombre-Tische parat? Ich habe im Sinn, recht lüderlich zu werden.* 12 Tage hält der Liederjan durch. Mit essen, trinken und *Blindekuhspielen.* Er erholt sich, aber es ödet ihn an. Also zurück nach Jena. Sogar die ungeliebten Vorlesungen sind ihm jetzt vergnüglicher als der *Müßiggang.*

Das Silvesterfest 1791 verbringen Lotte und Friedrich Schiller bei Frau von Stein in Weimar. Danach sind sie in Erfurt eingeladen, wo er in die Akademie der Wissenschaften aufgenommen werden soll. Doch am Abend dieses 3. Januar, mitten in der Feier, überfällt ihn ein so heftiges Fieber, daß er mit einer Sänfte aus dem Redoutensaal getragen werden muß. Ein paar Tage bleibt er im Gasthof, dann klingt der Anfall ab, und sie können fahren, sind in Weimar bei Hofe eingeladen. Sowas liebt Lotte doch, rauschende Kleider, herrschaftliches Zeremoniell, Tanz, also sie soll ruhig noch ein paar Tage länger bleiben. Schiller fährt weiter nach Jena, hat ja wieder Vorlesungen, fühlt sich auch nicht schlecht.

Am 13. Januar, nach dem ersten Universitätstag, kommt der Rückfall. Er hustet, spuckt Blut und Eiter, friert und zittert bei dramatisch hohem Fieber, kriegt keine Luft mehr, glaubt zu ersticken, läßt einen Boten nach Weimar jagen. *Es wäre mir gar lieb, mein Herz, wenn du gleich nach Empfang dieses Briefes einen Wagen nähmest…* und Lotte ist schon auf dem Weg.

Schiller macht in den nächsten Tagen eine Reise – beinahe in den Tod. Eine Woche lang kann er keinen Bissen bei sich behalten. Alles bricht er aus – auf dem *ersten und dem zweyten Wege*. Wenn sie ihn aus dem Bett heben und zum *Nachtstuhl* tragen, fällt er von einer Ohnmacht in die nächste. Er wird *purgiert und vomiert*, bekommt Blutegel, Brechmittel, *Klystiere* und blasenziehende Pflaster auf die Brust. Langsam kriegt er wieder Luft. Doch die Ohnmachten sind so stark, daß man ihm am 11. Tag nach Mitternacht Wein einflößt.

Herzog Carl August läßt sechs Flaschen Madeira liefern – zum Aufpäppeln und Stärken. Frau von Stein schickt das gute Selterwasser. Und die Schwägerin reist aus Rudolstadt an. *Ich las ihm aus Kants Kritik der Urteilskraft die Stellen, die auf Unsterblickeit deuten, vor*, schreibt sie später in ihren Erinnerungen. Schreibt auch, daß ihr Schwager sie darum bittet, die Freunde kommen zu lassen, damit sie sehen können, wie man ruhig stirbt. Und im Fieber flüstert er, daß er ein Drama über Wallenstein schreiben will. Und bei jedem Medikament muß er wissen, wofür und weshalb und wie es wirkt, *mechanisch oder chemisch*, und hadert mit dem netten, sanften Arzt und ist danach noch schwächer.

Ein Freund, der den Schwerkranken auf der Durchreise besucht, beschreibt, wie Schiller nach heftigen Schmerzen etwas Opium bekommen hat, leicht entschlummert ist und *nun daliegt wie ein Marmorbild*. Leise und nur auf Strümpfen schaut Lotte Schiller nach ihrem Mann, kniet an seinem Bett nieder und faltet die Hände. *Ihr dunkles Haar floß über die Schulter, still weinte ihr Auge. Sie hatte es wohl kaum bemerkt, daß noch jemand im Zimmer war.* Da wird Schiller für einen Augenblick wach, und *mit Leidenschaft umschlangen plötzlich seine Arme ihr Haupt, und so blieb er auf ihrem Nacken ruhen, indem ihn die Kraft von neuem verließ.*

Nachts, wenn die Freunde gehen und Charlotte Schiller und ihre Schwester erschöpft ins Bett fallen, bewachen Studenten ihren Professor. Sie lösen einander bei den Nachtwachen ab, unterhalten ihn, wenn er zu sich kommt, kühlen den Fieberkopf, heben ihn hoch, schütteln das Kissen auf. Einer von ihnen ist der junge Baron von Hardenberg. Unter dem Namen Novalis wird bald sein Held Heinrich von Ofterdingen die blaue Blume der Romantik finden.

Nun sitzt er im dunklen Zimmer am Bett des verehrten Professors, der im Schatten des Todes liegt, und er bangt und zittert um ihn. Schiller ist ihm alles. Schiller hat ihn geprägt. Bei Schiller studiert er. *Sein Blick warf mich nieder in den Staub und richtete mich wieder auf.* Er ist der Meister, der Genius, *der über Jahrhunderte waltet.* Ihm zu gefallen, hätte er alles getan, schreibt Novalis. *Sein Wort hätte Funken zu Heldentaten in mir geschlagen.* Und bald wird er sie schreiben, seine »Hymnen der Nacht«:

> *… Des ganzen, langen Lebens*
> *Kurze Freuden*
> *Und vergebliche Hoffnungen*
> *Kommen in grauen Kleidern*
> *Wie Abendnebel*
> *Nach der Sonne*
> *Untergang*

Wenn die Anfälle kommen, phantasiert Schiller wild, und die Ohnmachten hören nicht auf, und wenn er Luft holt, glaubt er, die Lunge zerplatzt ihm. Er bekommt Kampfer mit Moschus, Klistiere und Opium in hohen Dosen. Erst acht Tage nachdem das Fieber gesunken ist kann der Patient zum erstenmal aufstehen und *am Stock herum kriechen.*

Caroline von Beulwitz liest ihm nun Reiseberichte vor. So was liebt Schiller ja. Sich durch alle Länder lesen oder hören. Durch Spanien, Italien, die Schweiz, den Nordpol. Nein, er muß nirgendwo hin. Es reicht, wenn einer ihm davon erzählt. Dann sagt er: *Man bringt doch immer etwas von einer Reise um die Erde mit.* Er hat auch das Meer nie gesehen, aber er wird es – wenn er mit Goethe um die Wette Balladen dichtet – im »Taucher« so beschreiben, als stünde er im Sturm am Strand.

> *Und es wallet und siedet und brauset und zischt,*
> *Wie wenn Wasser mit Feuer sich mengt,*
> *Bis zum Himmel spritzet der dampfende Gischt,*
> *Und Flut auf Flut sich ohn Ende drängt,*
> *Und will sich nimmer erschöpfen und leeren*
> *Als wollte das Meer noch ein Meer gebären.*

Die schwere Krankheit spricht sich herum. Und je weiter weg die Berichte gelangen, je dramatischer werden die Gerüchte um den Zustand des Dichters. Am 19. Juni meldet eine norddeutsche Literaturzeitung Schillers Tod. Diese Nachricht gelangt nach Kopenhagen und schockt den jungen Dichter Jens Baggesen. Der hatte Schiller ein Jahr zuvor kennengelernt und war so hingerissen von ihm, daß er viele seiner Landsleute ansteckte. Durch ihn wurde Schiller zu einem Idol in Dänemark.

Und nun ist er tot. Gestorben mit 31 Jahren.

Baggesen und seine erlauchten Freunde, darunter Finanzminister Graf Schimmelmann, inszenieren eine Totenfeier für ihren Abgott, fahren mit großem Troß raus zum Sund von Hellebaek, nicht weit entfernt von Hamlets Schloß. Die Regenwolken haben sich verzogen, und hinter Bäumen und Büschen hopsen in ländliches Rokoko verkleidete Kinder herum und warten auf ihren Einsatz zu Tanz und Gesang. Und Baggesen rezitiert das »Lied an die Freude«, Tochter aus Elysium, das er mit einer eigenen Strophe beendet:

Unser toter Freund soll leben,
Alle Freunde, stimmet ein!
Und sein Geist soll uns umschweben
Hier in Hellas' Himmelhain

Während dieses Trauer-Spiels ist Schiller mit seiner Frau, seiner Schwägerin und einem jungen Doktor im »Weißen Schwan« von Karlsbad eingetroffen. Er muß eine Kur machen. Eine Kur mit Egerbrunnen. Sein Hausarzt hat dringend dazu geraten. Ohne Trinkkur keine stabile Besserung.

Der Aufenthalt in Karlsbad, dem Prominenten-Kurort, wo sich Sommer für Sommer Könige, Herzöge und Goethe pflegen lassen, tut ihm gut. Er macht jeden Tag etwas längere Spaziergänge, steigt auch ein bißchen in die Berge, lernt ein paar österreichische Offiziere kennen, Vorbilder für seine Generäle im »Wallenstein«, sagt Caroline von Beulwitz. Daß auch sein Verleger Göschen da ist, freut Schiller besonders. Sie verbringen die Tage miteinander, und Göschen gibt acht, daß der Freund sein Trinkquantum einhält – 18 Becher täglich.

Sie reisen über Eger zurück, wo Schiller das Haus besucht, in dem Wallenstein ermordet wurde. Dann nehmen sie Kurs auf Jena. Aber was soll nun werden? Schiller kann noch längst nicht arbeiten wie früher. *Ich kann jetzt 2, 3 Stunden des Tages etwas lesen, ohne mich anzugreifen*, schreibt er an Körner, und da ist er schon fast vier Wochen aus Karlsbad zurück. Noch bitterer sieht es mit den Finanzen aus. 1400 Taler hat ihn die Krankheit gekostet. Das ist mehr, als er sonst in einem Jahr verbraucht. Göschen hilft. Die »Geschichte des Dreißigjährigen Krieges« wurde weit besser verkauft als gedacht. Also wird er Geld freimachen. Körner verspricht auch einen Zuschuß. Die Freunde raten, eine Bittschrift an Carl August zu schicken. Der ist wie immer klamm, gibt aber eine einmalige Summe von 250 Talern.

Die Rettung kommt aus Kopenhagen. Da hat man inzwischen erfahren, daß Schiller lebt, aber schwerkrank und in Geldnot ist. Dem

Rettung aus der Geldnot: Schriftsteller Jens Immanuel Baggesen (links) macht Schiller in Dänemark populär. Als er von des Dichters finanziellen Nöten hört, gewinnt er den dänischen Erbprinzen Friedrich Christian Herzog von Schleswig-Holstein (Mitte). Der gibt seinem Finanzminister Ernst Heinrich Graf von Schimmelmann (rechts) Anweisung, Schiller drei Jahre lang aus der Staatsschatulle zu unterstützen.

Dichter muß geholfen werden. Baggesen hatte doch dem dänischen Erbprinzen Friedrich Christian Herzog von Schleswig-Holstein den ganzen »Don Carlos« vorgelesen, und von da an war der Prinz ein Schiller-Fan. Baggesen spricht am Dänischen Hof vor. Kann man da nichts tun?

Der Prinz, der gerade zu einer Deutschlandreise aufbricht, zieht Erkundigungen ein und schreibt bald entsetzt nach Kopenhagen: *Das Übermaß von Arbeit hat ihn geschwächt, und diese übermäßige Arbeit ist notwendig, damit er das Leben seiner Familie bestreiten kann. Ohne sie würde er Hungers sterben...und so etwas kommt vor im Zeitalter der Aufklärung.* Der Prinz bespricht sich nach seiner Rückkehr mit Finanzminister Schimmelmann, und Schiller erhält aus der dänischen Staatsschatulle von 1792 bis 1794 jährlich tausend Taler.

Diese Nachricht erreicht Schiller kurz vor Weihnachten 1791. *Zu einer Zeit, wo die Überreste einer angreifenden Krankheit meine Seele umwölkten,* schreibt er seinen Gönnern beglückt, *reichen Sie mir, wie zwei schützende Genien, die Hand aus den Wolken.* Eigentlich müßte er erröten, fährt er fort, doch ihre Absicht sei so *rein und edel,* daß er das Geschenk annehmen dürfe. Und nun will er versuchen, seine Schuld an die Menschheit abzutragen.

Er ist frei. Er kann arbeiten, kann weiter Kant studieren, über »Anmut und Würde« schreiben und »Über das Erhabene«. Und er wird wieder an ein Drama denken können, an »Wallenstein«. *Ich erhalte endlich die so lange und so heiß gewünschte Freiheit des Geistes, die vollkommene freye Wahl meiner Wirksamkeit,* schreibt er selig. Schiller weiß, die Krankheit wird er sein Leben lang nicht mehr los. Also, sagt er, muß er sich an sie gewöhnen, wie an einen *lästigen Hausgenossen,* der sich aufdrängt und den man auch nicht mehr los wird. Man muß ihn da hinstellen, wo er am wenigsten stört.

Für die nächsten eineinhalb Jahre wird nun die Schrammei genüßlicher und philosophischer Mittelpunkt für ihn. Er läßt sich vom offiziellen Lehrbetrieb befreien und bereitet fürs Wintersemester Privatvorlesungen über Ästhetik vor. Seine Studenten, etwa 20 bis 25, kommen zu ihm nach Hause. Er öffnet also, wie er es nennt, seine *philosophische Bude* und beginnt mit der Lektüre eines der kompliziertesten Bücher der Weltliteratur, mit der »Kritik der reinen Vernunft« von Immanuel Kant.

Bei ihm sucht Schiller Antworten auf die Fragen: Sind Gott, die menschliche Seele oder die Welt wirklich das, was wir von ihr halten? Und warum kann Kunst zum Mittelpunkt des Lebens werden? Was ist Schönheit? Warum empfinde ich etwas als anmutig? Und schließt Anmut Schönheit ein? Und was ist das überhaupt – dichten? Gefühle und Empfindungen produzieren? *Es ist gewiß von keinem sterblichen Menschen kein größeres Wort noch gesprochen worden als dieses Kantsche, was zugleich der Inhalt seiner ganzen Philosophie ist: Bestimme dich aus dir selbst! so wie das in der theoretischen Philosophie: die Natur steht unter dem Verstandesgesetze. Diese große Idee der Selbstbestimmung strahlt uns aus gewissen Erscheinungen der Natur zurück, und diese nennen wir Schönheit.* Das schreibt Schiller an seinen Freund Körner.

Aus dem hochkomplizierten Kant filtert er für seine Philosophie die feinsten Bilder, verpackt sie in griechische Fabeln, erklärt sie mit dem Gürtel der Venus, der das Attribut der Schönheit ist. Das kann sie an andere Götter verleihen, auch an nichtschöne, *das heißt, auch das Minderschöne … kann sich schön bewegen.* Mit der Anmut ist das anders, sie ist das Zufällige, *daher können nur zufällige Bewegungen diese Eigenschaft haben.*

Doch Schiller sitzt nicht nur in der Stube am Schreibtisch. Er braucht zum Gedanken auch das Gespräch. Trifft sich abends in der Küche der Schramm-Fräuleins mit ein paar Bewohnern aus dem Haus. Dekan Göriz ist dabei, Carl Philipp Conz, der alte Freund, mit dem er auf der Carlsschule war, Wilhelm von Humboldt kommt oft vorbei, Lotte kocht, und Schiller sitzt meist im Schlafrock am Tisch. *Ich habe Schiller nie gesund, sogar äußerst selten angezogen … gesehen*, sagt Göriz.

Erstmal wird nun geplaudert. Über alte Zeiten, über Krankheiten, Medikamente, wie man was in welcher Dosierung nimmt. Da ist Schiller natürlich König. Danach ist Kant dran. Jeder Intellektuelle am Tisch kann mitreden, denn Jena ist das Mekka der Kantschen

Philosophie. Kant muß man gelesen haben, um ernstgenommen zu werden. Er ist doch der Revolutionär, der den alten Denkapparat zerschlagen hat und zu neuen Ufern der Vernunft aufgebrochen ist. Der Vernunft und der Schönheit.

Was ist Schönheit in der Kunst? Wenn Stoff, Form und Sinnlichkeit eine Einheit bilden. Dann ist Schönheit erlebbare Idee, erfahrbares Ideal. Schiller, sagt Wilhelm von Humboldt, war für das Gespräch *ganz eigentlich geboren*. Und nie sucht er krampfhaft nach einem Stoff, *er überließ es mehr dem Zufall, den Gegenstand herbeizuführen*. Aber er ist es dann, der das Thema dahin lenkt, wo es seine interessanteste Wendung bekommt. *Er behandelte den Gedanken immer als ein gemein-*

Die reine Vernunft:
Immanuel Kant.
Schiller liest ihn und
eröffnet seine
philosophische Bude.

schaftlich zu gewinnendes Resultat, schien immer des Mitredenden zu bedürfen, wenn dieser sich auch bewußt blieb, die Idee allein von ihm zu empfangen. Und wenn Schiller danach noch immer nicht schlafen will, weil wieder eine Kolik ihn überwältigt, spielt er verkrampft und gequält mit den Freunden Billard, oder sie kegeln noch eine Weile. Und Göriz erzählt, daß er laut mitlachte, wenn ihm einer sagte, *er jammere ja wie ein armer Poet.*

Am nächsten Tag erdenkt er wieder wunderbare, fast witzige Bilder für Kants komplizierten Begriff vom *Ding an sich*, das ohne Sinnlichkeit und Verstand nicht erkannt werden kann. Und dieses Zusammenspiel von Mensch, Ding und Schönheit erklärt Schiller an einem Beispiel, das jeder begreift. An der Kleidung.

Wann ist ein Mensch schön gekleidet? fragt er. *Wenn weder das Kleid durch den Körper, noch der Körper durch das Kleid an seiner Freiheit etwas leidet.* Also soll ein Kleid nicht zu eng und nicht zu weit sein. Der Rock, schreibt er, den er am Leibe trägt, *fordert Respekt von mir für seine Freiheit*, und niemand soll merken, *daß er mit dient*. Dafür bedankt sich dann der Rock und benutzt seine erworbene Freiheit so wenig, daß die des Trägers auch nicht leidet. *Und wenn beide Wort halten*, schreibt Schiller, *so wird die ganz Welt sagen, daß ich schön angezogen sei*.

In einem Brief an Körner heißt das Fazit: *Schönheit ist also nichts anderes als Freiheit in der Erscheinung*. Mit der Idee der Freiheit hatte ja alles begonnen, mit der durch Flucht erkämpften physischen Freiheit über die *Gedankenfreiheit* im »Carlos« bis hin zur ästhetischen Erziehung des Menschen zu einer Freiheit, die schließlich im Vernunftstaat ihre schönste Form finden könnte, ihr Ideal.

Aus dem Land, von dem Idealisten sich mit der Revolution ein Stück Vernunft erträumen, kommt für Schiller eine merkwürdige Ehrung. Die Nationalversammlung in Paris hat beschlossen, prominenten Nicht-Franzosen, die für Freiheit und gegen Despotismus gekämpft haben, das Bürgerrecht zu verleihen. George Washington ist dabei, der erste Präsident der Vereinigten Staaten, dann der Erzieher und Sozialreformer Johann Heinrich Pestalozzi, der Dichter Klopstock, Thomas Paine, der Autor der »Rights of Man«, und eben Monsieur *Gille*, was Schiller heißen soll, Autor der »Räuber«, die in Frankreich unter dem Titel »Robert, chef des brigands« erschienen sind.

Die Prominenten werden laut Gesetz geehrt, *weil sie ihre Kräfte einsetzten, um die Sache der Völker gegen den Despotismus der Könige zu verteidigen ... par leurs écrits et par leur courage, ont servit la cause de la liberté ...* – mit Siegel und Unterschrift von Georges Danton, dem stürmischen Redner und Einpeitscher, der gerade mit den sogenannten »Septembermorden« – wo mehr als zweitausend Menschen abgeschlachtet wurden – die Schreckensherrschaft einläutet. Einen Monat später, im Oktober 1792, wird das Gesetz fürs Bürgerrecht erlassen, und Schiller erfährt es, wie tout Weimar, aus der Zeitung. Frau von Stein ist pikiert. Fragt gleich bei ihrem Patenkind Lotte an: *Sagen Sie mir doch, was hat denn Schiller zur Vertheidigung oder zum Lob der Revolution geschrieben?* Also man geht in Weimar davon aus, daß er diese Ehre ablehnen wird.

Was soll Charlotte darauf antworten, wenn selbst ihr Mann kein Wort zu der Auszeichnung sagt? Nicht mal zu seinem Freund Körner. Und die Urkunde, die irgendwo in der Revolutionspost hängengeblieben ist, erreicht ihn ja auch erst Jahre später. Doch Frau von Stein kann sich nicht beruhigen. Erzählt ihrer Charlotte, daß Frau von Kalb auch schon nachgefragt hat, ob Schiller denn nun *citoyen* Frankreichs sei. Sie habe ihr gesagt, Schiller wisse gar nichts davon, oder eben nur aus der Zeitung, und klar sei ja wohl jedem, daß französisches Bürgerrecht *Banditengesetz* sei.

Das ist es für Schiller natürlich nicht. Oder noch nicht. Noch hat er nur Probleme mit der großen Parole *Freiheit, Gleichheit, Brüderlichkeit*. Gleichheit? Kann er sich nicht recht vorstellen. Freiheit ja. Die galt für ihn immer. Und *alle Menschen werden Brüder*…? Ja. Aber nicht gleich. Sieben Jahre später wird Schiller im »Lied von der Glocke« nicht nur die Gleichheit, sondern die Freiheit im Namen der Revolution anfechten:

> *»Freiheit und Gleichheit!« hört man schallen,*
> *Der ruh'ge Bürger greift zur Wehr,*
> *Die Straßen füllen sich, die Hallen,*
> *Und Würgerbanden ziehn umher;*
> *Da werden Weiber zu Hyänen*
> *Und treiben mit Entsetzen Scherz,*
> *Noch zuckend, mit des Panthers Zähnen*
> *Zerreißen sie des Feindes Herz…*
> *Gefährlich ist's, den Leu zu wecken,*
> *Verderblich ist des Tigers Zahn,*
> *Jedoch der schrecklichste der Schrecken,*
> *Das ist der Mensch in seinem Wahn.*

Schillers Sympathie für die Französische Revolution, die er nie laut in die Welt posaunt hat, endet, als der Kopf des Königs gefordert wird, als Ludwig XVI. unter der Guillotine enden soll. Er ist entsetzt über diesen arroganten 25jährigen Saint-Just, den Erzengel des Todes, der im Namen einer Idee seine eiskalte Rede im Nationalkonvent hält: Die Monarchie sei ein Vergehen gegen das Gesetz der Natur! Deshalb habe jeder Bürger das Recht, den König zu ermorden. Der hatte einen Vertrag mit dem Volk, es zu beschützen, er hat den Vertrag gebrochen, kann sich also nicht mehr auf den Schutz eines Gesetzes berufen, das er mit Füßen trat. Und er fegt gnadenlos alle Einwände, alle Gegenargumente weg: *Dieser Mann muß Herrschen oder Sterben!* Und daß der König nicht mehr herrschen soll, ist ja wohl klar.

Da will Schiller sich einmischen. Will den König verteidigen. *Der Schriftsteller*, schreibt er an Körner, *der für die Sache des Königs öffentlich streitet, darf bei dieser Gelegenheit schon einige wichtige Wahrheiten mehr sagen als ein anderer, und hat auch schon etwas mehr Credit.* Er fragt den Freund auch gleich, ob er nicht jemanden wüßte, der gut ins Französische übersetzen kann, *wenn ich etwa in den Fall käme, ihn zu brauchen.* Es gibt Zeiten, schreibt Schiller, *wo man öffentlich sprechen muß.* So eine Zeit sei jetzt angebrochen. Und er ist ziemlich sicher, *auf diese richtungslosen Köpfe einigen Eindruck* machen zu können.

Er spricht auch bei der abendlichen Tischgesellschaft mit Wilhelm von Humboldt über seine Absicht. Humboldt war doch nach dem Sturm auf die Bastille, im Sommer 1789, begeistert nach Paris gereist. Kann er ihn nicht jetzt, wo in Frankreich statt der Vernunft die Guillotine regiert, begleiten? Ja, nach Paris. Er möchte seine Verteidigungsrede für den König am liebsten im Konvent halten.

Im Nationalkonvent? Schiller? Vielleicht noch mit der blau-weiß-roten Kokarde am Hut? Im Juli hatte es doch in der »Vossischen Zeitung« gestanden, daß jeder, der sich in Frankreich aufhält oder durchs Land reist, die Kokarde tragen muß. Und sieht er sich tatsächlich im dampfenden Kessel Paris, im Saal des Nationalkonvents neben Danton, Robespierre und Saint-Just, den Schlächtern der Revolution, Ludwig XVI. verteidigen? Er, der in Jena kaum sein Zimmer verläßt, weil er nicht weiß, wann die nächste Kolik kommt?

Die Rede, das *Memoire*, wie er es nennt, hat er begonnen, aber nicht zu Ende geschrieben. Der König wird am 21. Januar 1793 auf dem Schafott enthauptet. Da schreibt Schiller an Körner: *Ich kann seit 14 Tagen keine französischen Zeitungen mehr lesen, so ekeln diese elenden Schinderknechte mich an.* Die mit Mord und Totschlag erkaufte Freiheit ist ihm verhaßt. Er denkt darüber nach, ein Stück über Charlotte Corday zu schreiben, die Jean-Paul Marat in der Badewanne erstochen hat, den Intellektuellen, der die Massenmorde schürte. Und als im Oktober auch noch Marie Antoinette, die Königin, unter der Guillotine endet, bekommt Lotte Schiller einen Brief mit giftiger Bemerkung von Charlotte von Stein: *Ist denn Schiller wohl jetzt ganz über die französische Revolution bekehrt, und darf ich wohl jetzt den National-convent Räuber nennen, ohne daß er sich wie schon einmal darüber entsetzt?*

Gegen die Revolution, gegen den Terror, die letzten Fahrten auf den Schinderkarren und Massenexekutionen schreibt Schiller sich nun in eine ästhetische, bessere Welt hinein, in einen Vernunftstaat, in dem die Kunst zur Freiheit führt. Schreibt »Über Anmut und Würde«, »Vom Erhabenen« und 27 Briefe »Über die ästhetische Erziehung des Menschen«, in denen er noch einmal von rohen Trieben spricht, *die sich nach aufgelöstem Band der bürgerlichen Ordnung entfesseln, und mit unlenksamer Wuth zu ihrer thierischen Befriedigung eilen.*

Für ihn hat sich mit der Revolution nicht nur Frankreich zu einem unglücklichen Volk gemacht, *sondern mit ihm auch einen beträchtlichen Teil Europens, und ein ganzes Jahrhundert, in Barbarei und Knechtschaft zurückgeschleudert.* Als Schiller die Urkunde seiner Ehrenbürgerschaft mit mehr als fünfjähriger Verspätung erhält, hat der Unterzeichner Danton seinen Kopf längst unter der Guillotine verloren.

»Mein Sohn soll ein Federheld werden«

Schiller wird Vater und reist in die alte Heimat

Im Frühjahr 1793 ziehen Schillers um, ziehen in eine Wohnung am Marktplatz in Jena, sind zum ersten Mal abends ohne Tischgesellschaft. Und nun, nach drei Ehejahren, ist Lotte Schiller schwanger. Sie, die *Dezenz*, wie Schiller seine schamhafte Frau nennt, sie, die schon beim Anblick einer Schwangeren wegschaut, weil es ihr peinlich und unangenehm ist, sie weiß lange nicht, in welchen Umständen sie ist. Fühlt sich nur schwach, und dauernd ist ihr übel. Der Hausarzt weiß auch nicht recht. Erst im späten siebten Monat, als ihr Zustand unübersehbar ist, erfährt Lotte Schiller, daß ihr nichts fehlt, daß sie ein Kind erwartet.

Umzug: Das junge Ehepaar verläßt im Mai 1794 die turbulente Schrammei und zieht ins Zentrum von Jena an den Markplatz.

Und was tut Schiller? Er plant eine Reise nach Schwaben. Will mit seiner hochschwangeren Frau in die alte Heimat. Will seinem Kind *ein beßres Vaterland... verschaffen, als Thüringen.* Die Mutter hatte ihn ja schon vor einem Jahr mit seiner jüngsten Schwester in Jena und Rudolstadt besucht, nun möchte er endlich auch seinen Vater wiedersehen. Nach elf Jahren! *Ich werde zugleich die Freuden des Sohns und des Vaters genießen,* schreibt er, *und es wird mir zwischen diesen beiden Empfindungen der Natur innig wohl sein.*

Lotte Schiller fügt sich, auch wenn sie mit der Schwiegermutter, die sich voller Glück auf den verlorenen Sohn gestürzt hatte, nicht recht warm geworden ist. Und Lotte hat ja nun auch mal dieses klare Standesbewußtsein, diesen leichten Dünkel, diesen etwas herablassenden Ton, den die Hofgesellschaft so an sich hat.

Sie reisen erstmal bis Heilbronn und steigen im Gasthaus »Zur Sonne« ab. Heilbronn ist Reichsstadt, die nicht zum Territorium von Carl Eugen gehört. Schiller hat seinem ehemaligen Peiniger zwei Briefe geschrieben, will wissen, ob er unbehelligt einreisen darf. Der

Schwäbische Heimat: Schiller reist mit seiner schwangeren Frau nach Heilbronn, wo er im Gasthaus »Zur Sonne« absteigt. Stich um 1790.

Schillers *Maus* Charlotte:
Eine Schulfreundin
des Dichters, Ludovike
Simanowiz, malt das Porträt
der jungen Mutter.

Herzog muß seine Karriere doch mit-verfolgt haben, muß doch wissen, daß er ihm auch *im Auslande keine Schande* macht. Carl Eugen antwortet nicht, läßt aber verlauten, daß er ihn in Württemberg *ignorieren* wird. Und er gestattet dem Vater die Reise nach Heilbronn. Der kann den Sohn endlich in die Arme schließen.

Vier Wochen später brechen sie nach Ludwigsburg auf, Caroline von Beulwitz reist auch an, um ihrer Schwester bei der Geburt zu helfen. Sie hat gerade eine Kur in Bad Cannstatt gemacht, hat versucht, sich vom Seelenschmerz zu befreien. Und Friedrich Wilhelm von Hoven, der alte Freund aus Schülertagen, inzwischen Arzt und Geburtshelfer, besorgt eine Wohnung, die Schiller *vortrefflich* findet. Die beiden machen gleich einen Spaziergang, haben sich ja viel zu erzählen. Mitten im Wald be-kommt Schiller einen so gewaltigen *Anfall von Brust-krampf*, daß Hoven angst und bange wird. Und kein Mensch weit und breit. So bringt er den Freund schließlich *mehr tragend als führend* nach Hause.

Ein paar Tage später, sie sind noch dabei, die Woh-nung einzurichten, setzen bei Lotte die Wehen ein. Alles rennt herum, holt Wasser, Tücher, hilft und war-tet ab. Es dauert. Und Schiller schläft ein. Er verschläft die Geburt. Frau von Hoven bringt dem Dichter das lebende Bündel tief in der Nacht ans Bett. Er schreckt hoch. Und *sein erster Anblick, wie er die Augen aufschlug, war der ihm geborene Sohn.*

Jubelbriefe gehen nach Dresden und Jena. *Wünsche mir Glück lieber Körner. Ein kleiner Sohn ist da.* Und

Der Goldsohn:
Carl Friedrich Ludwig.
Er wird einmal
Oberförster in Lorch.

Professor Schütz, dem Herausgeber der Jenaer »Literaturzeitung«, annonciert er sein *neuestes Produkt*, aber *nicht, damit Sie es im Intelligenzblatt bekanntmachen*. Der muntere Knabe, schreibt er, soll ein *Federheld* werden, *damit er den zweiten Theil zu den Werken schreiben kann, die sein Vater anfieng, und, wenn Gott will, noch anfangen wird*. Der Knabe wird aber einmal Oberförster in Lorch sein.

Vierzig Tage nach der Geburt seines Sohnes Carl stirbt der alte Herzog Carl Eugen. Schiller steht nachts am Fenster seiner Wohnung, als der Sarg, von Fackelträgern begleitet, zur Gruft ins Ludwigsburger Schloß überführt wird.

Da liegen sie, die stolzen Fürstentrümmer
Ehmals die Götzen dieser Welt …

hatte Schubart gedichtet. Was für eine bittere Zeit war das, als er, Eleve 447, mit Angst im Genick nachts an den Räubern schrieb, wie er bestraft und gedemütigt wurde. So viele Kinderseelen hat der Mann gebrochen, der nun langsam in der Dunkelheit verschwindet. *Der Tod des alten Herodes*, schreibt er an Körner, *hat weder auf mich noch auf meine Familie Einfluß, außer daß es allen Menschen, die unmittelbar mit dem Herrn zu tun hatten, wie mein Vater, sehr wohl ist, jetzt einen Menschen vor sich zu haben.* Und das ist der neue Herzog.

Ludwigsburg ist für den 34jährigen Schiller eine einzige Enttäuschung. Alles provinziell und spießig. Keine Anregung. Auch nicht bei Freund Hoven. Wie haben sie sich gemocht früher, haben zusammen gedichtet, philosophiert, *alle Epochen des Geistes gemeinschaftlich durchwandert*. Und nun? *Wenn ich nicht noch medicinische Reminiscenzen hätte*, wäre da nichts mehr. Aber Schiller trifft sich natürlich mit den alten Kameraden in Stuttgart, auch wenn er findet, daß die meisten *materiell* und *verbauert* sind. Hoven begleitet ihn dann in die »Geistliche Herberge«, wo Freund Petersen schon wartet, dieser komische Kauz, dieser geistreiche Junggeselle, der da mit herunterhängenden Strümpfen sitzt und von Weibern und der Französischen Revolution redet.

Schiller will Petersen unter den Tisch trinken. Wie früher. Aber Schiller ist nicht mehr der von früher. Er verträgt nicht mehr viel. Ist der erste, der betrunken ist, der sich *auf den Tisch legte und darauf her-*

umwälzte, wie Hoven erzählt. Aber er beschreibt auch, wie sehr Schiller sich äußerlich verändert hat. Da ist nichts mehr von seiner Nachlässigkeit, richtig elegant ist er geworden. Und *sein blaßes, kränkliches Aussehen vollendete das Interesse seines Anblicks bei mir und allen… Er war ein vollendeter Mann geworden.*

Die junge Mutter ist glücklich mit diesem Mann, selig mit dem kräftigen kleinen Carl und ziemlich beschäftigt mit ihrer Schwester. Die redet nur noch von Scheidung. Und dann taucht auch noch der Student aus Jena auf, Gustav von Adlerskron, der sich in Caroline verliebt hat. Er mußte zu ihr, mußte sie sehen, und als er wieder abreisen muß, ist Caroline voll Trauer. *Nicht ohne innere Rührung sah ich den Morgen dieses Tages anbrechen*, schreibt sie ihm zum Abschied. *Deine Grazie steht vor meiner Seele – und ewig ist mein Sehnen danach.* Da weiß sie noch nicht, daß sie von ihm schwanger ist.

Im März 1794, als Schiller mit Frau und Sohn noch für sieben Wochen nach Stuttgart umzieht, hat Caroline von Beulwitz sich für ihren Vetter Wilhelm von Wolzogen entschieden. Sie will mit ihm

Provinziell und spießig: Schillers Aufenthalt in Ludwigsburg ist für den Dichter eine einzige Enttäuschung. Zeitgenössischer Holzstich.

leben, auch wenn die Leidenschaft von einst sich nach Flirts und Abenteuern und der unglücklichen Liebe zu Schiller gelegt hat. Sie reisen gemeinsam in die Schweiz, wo Wolzogen sich bereits nach einem ruhigen Ort und einem Accoucheur erkundigt hat, einem Geburtshelfer, der wohl die Abtreibung vornehmen soll. *Adieu lieber Schiller!* schreibt Wolzogen vor der Abreise an seinen Freund. *An Mut und Entschlossenheit fehlt es mir nicht; gebe der Himmel, daß es der Frau nicht an Gesundheit fehlt!*

Das Weihnachtsfest hatte Schiller noch in Ludwigsburg gefeiert. Er war losgezogen, um für den *Goldsohn*, der gerade drei Monate alt war, einen mächtigen Tannenbaum zu kaufen. Den hatte er geschmückt. Mit vergoldeten Nüssen, Pfefferkuchen, Zuckerzeug und Glitzerkram. Als von Hoven am Abend noch einmal vorbeischaut, sieht er Schiller allein vor dem Baum sitzen. Alle Kerzen sind angezündet. Und er sitzt lächelnd da und nascht dies und das von den Zweigen runter. *Was machst du da?* fragt Hoven ihn. *Ich erinnere mich meiner Kindheit*, sagt Schiller.

Aus seiner Kindheit kennt er auch noch die nette, kleine, etwas pummelige Ludovike Reichenbach mit dem langen dunklen Haar. Sie ist so alt wie Schiller, und als Siebenjährige haben die beiden miteinander gespielt – bis Fritz dann in die Carlsschule mußte. Inzwischen ist sie mit Leutnant Simanowiz verheiratet und eine begehrte Porträtistin, die ihre Ausbildung in Paris gemacht hat. Als Schiller und seine Frau nun die letzten Wochen in Stuttgart verbringen, entstehen die schönsten und genauesten Porträts des Ehepaars.

Große Ähnlichkeit: Schiller, gemalt von Ludovike Simanowiz.

Ach, wäre er doch nicht ein halbes Jahr in Ludwigsburg geblieben, auch wenn dort in schlaflosen Nächten sein »Wallenstein« Gestalt annahm. Hier in Stuttgart herrscht doch inzwischen ein anderes Klima. Dabei wollte Schiller nicht hin. *Ich hasse Stuttgart*, hatte er gesagt. Und

*»Ganze Stunden könnte ich davor stehen und
würde immer wieder neue Schönheiten entdecken.«*
Schiller an den Bildhauer Johann Heinrich Dannecker

Danneckers Marmorbüste des Dichters steht
im Marbacher Schiller-Nationalmuseum.

nun erlebt er eine Gesellschaft, die ihn entzückt. Liberal, intelligent, informiert, heiter. Mittelpunkt ist das großbürgerliche, gastliche Haus von Heinrich Rapp, Kaufmann, Kunstfreund und Mäzen. Und Rapps Schwester ist mit Johann Heinrich Dannecker verheiratet, der damals im Bopserwald dabei war, als Schiller aus den Räubern vorlas, Dannecker, der gute alte Freund.

Er ist Bildhauer geworden, hat in Paris und Rom gelernt – mit Stipendien des Herzogs. Nun will er einen Kopf von Schiller machen. Es wird der Kopf werden, der einmal allen großen Denkmälern als Vorbild dient. Nein, Schiller soll ihm nicht im Atelier Modell sitzen. Dannecker weiß, daß der Dichter arbeiten will. Er kommt zu ihm in seine Wohnung am Hofküchengarten. Da richtet er seine Werkstatt ein. In vielen Sitzungen entsteht langsam die Büste.

Einmal findet Dannecker den Freund fest eingeschlafen am Schreibtisch. Sein Kopf liegt auf einer Manuskriptseite vom »Wallenstein«. Auf Zehenspitzen holt er Zirkel, Stift und ein Blatt Papier. Dann mißt er Schillers Haupt ab, Stück für Stück, Stirn, Nase, Wangenknochen, Kinn – und vergleicht alles mit dem Modell und korrigiert. Als Schiller die herrliche Marmorbüste sieben Monate später gut verpackt und fest verschnürt in Jena erhält, dankt er Dannecker mit einem begeisterten Brief: *Ganze Stunden könnte ich davor stehen, und würde immer wieder neue Schönheiten aus dieser Arbeit entdecken.*

Schiller reist also wieder nach Thüringen. Er hatte gehofft, daß die Luftveränderung seiner Lunge guttun würde, aber das war nicht so. Und nun rücken auch noch Feldlazarette mit Schwerverletzten immer näher an Schwaben heran. Preußische Truppen kämpfen unter General Möllendorf und dem Husarenoberst

Schwäbischer Klassizist:
Der Bildhauer
Johann Heinrich Dannecker
ging mit Schiller
auf die Hohe Carlsschule.

Blücher bei Kaiserlautern gegen die Franzosen. Die Operationen sind verlustreich und die Lazarette in verheerendem Zustand. Reine Seuchenherde für Ruhr und Tod.

Eins dieser Lager soll zur Solitude verlegt werden. Also höchste Alarmstufe für Schillers angegriffene Gesundheit. Er schreibt an den

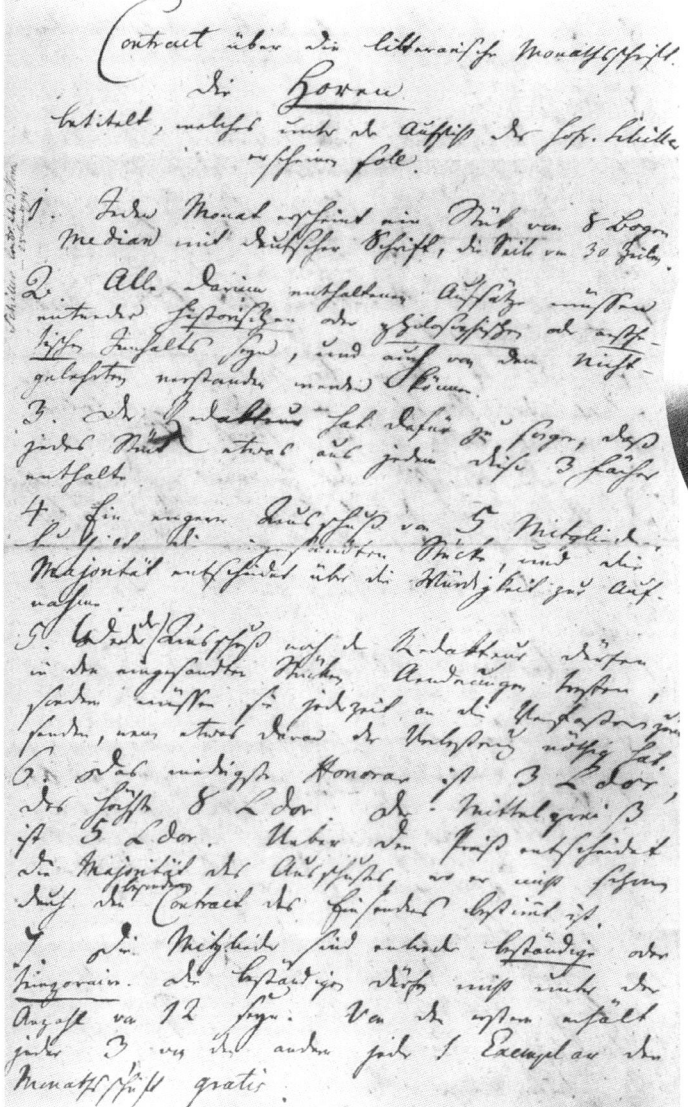

Die Horen:
Der Tübinger Verleger Johann Friedrich Cotta (oben) schließt mit Schiller als Autor und Herausgeber einen Vertrag über das berühmte Monatsheft (links in Schillers Handschrift). Goethe, Kant, Herder und Humboldt werden darin publizieren.

Heilbronner Arzt Dr. Gmelin, diesen *fidelen Patron*, der viel mit dem neumodischen Magnetismus heilt: *Eine seuchenschwangere Lazarethwolke wältzt sich gegen Schwaben her, und ich muß mich hüten, daß der Blitz nicht in meine baufällige Hütte schlägt*. So wird denn gepackt. Schillers Schreiber hilft, auch die Kammerjungfer, und sie werden das schwäbische Kindermädchen Maria mit nach Jena nehmen, das so gut mit dem strammen Carl umgeht, dem *Goldmännchen*.

Am 4. Mai 1784, zwei Tage vor der Abreise, trifft Schiller sich – nach Briefen und einer kurzen Begegnung – mit dem 29jährigen Tübinger Verleger Johann Friedrich Cotta in Stuttgart. Sie machen eine Spazierfahrt nach Untertürkheim und halten auf dem Rückweg am Kahlenberg bei Bad Cannstatt. Hier auf der sanften Anhöhe über dem romantisch dahinfließenden Neckar schmieden der Dichter und der Verleger bei Frühlingswetter kühne Pläne für die Zukunft.

Für »Die Horen«. Eine literarische Monatszeitschrift. Benannt nach den Zeustöchtern Eunomia, Dice und Irene, die da oben auf dem Olymp für Ordnung, Gerechtigkeit und Frieden sorgen und als Himmelswächter, als Horen, immer erst schön alle Wolken vor dem Tor wegrollen, wenn die Götter ausfahren möchten. Also die Wolken müßte Cotta wegräumen. Und dann dürfte über alles geschrieben werden, über Philosophie, Historie, Lyrik, Drama und Wissenschaft. Und alles muß verständlich geschrieben sein. Auch für Nichtgelehrte. Nur Politik und Religion sollten tabu sein. Damit könnte man doch vielleicht Goethe locken, den Halbgott aus Weimar? Und welche Autoren sollten noch dabei sein? Herder? Humboldt? Vielleicht sogar Kant? Cotta und Schiller reden sich in einen seligen Rausch und schließen auf dem Kahlenberg einen Pakt fürs Leben.

Schiller erweckt das Denkmal Goethe

Neun Tage dauert die Rückfahrt. Der kleine Carl hält bestens durch, schreit nicht, ist freundlich, lacht. Und Schiller steckt voller Ideen. Was für ein Empfang in Jena! Humboldt ist ganz in Schillers Nähe gezogen. Sie sehen sich mehrmals täglich. Am liebsten abends. Oft bis in die Nacht hinein. *Humboldt*, schreibt er an Körner, *ist mir eine unendlich angenehme und zugleich nützliche Bekanntschaft; denn im Gespräch mit ihm entwickeln sich alle meine Ideen glücklicher und schneller.*

Es gibt auch einen neuen Professor für Philosophie an der Universität: Johann Gottlieb Fichte, 32, ein Schüler von Kant. Goethe hat die Wahl *verwegen* genannt. Der Mann ist ihm viel zu radikal. Aber Herzog Carl August liebt das Wagnis. Und für Schiller wird Fichte ein *Leuchtturm* für seine Kant-Studien. Kant selbst hat sich zur theoretischen Schrift »Über Anmut und Würde« geäußert. Hat sie das Werk *einer Meisterhand* genannt. Das ist für Schiller allerhöchste Ehre. Also es geht ihm gut, der Gesundheit leidlich, er wirft sich in die Arbeit, schreibt Briefe an Autoren, die »Horen« rufen, und Cotta ist nicht kleinlich. Drei bis acht Louisdors für einen Artikel, das ist verlockend. Und für Schillers Redaktionsarbeit als Herausgeber gibt's *hundert Dukaten extra* im Jahr.

Und sie sagen zu, die Autoren. Wollen mitmachen: Herder, August Wilhelm Schlegel, Fichte, Hölderlin, die Humboldt-Brüder, auch Kant, Schiller natürlich, und Goethe sagt zu, tatsächlich. *Ich werde mit Freuden und von ganzem Herzen von der Gesellschaft sein.* Nie wieder wird es so viel geballten Geist in einem Literaturblatt geben.

Eines Abends im Hochsommer hören Goethe und Schiller – beide als Ehrenmitglieder der Naturforschenden Gesellschaft – einen Vortrag in Jena. Es ergibt sich, daß sie zusammen rausgehen, man grüßt sich, natürlich, geht ein Stück gemeinsam über den Marktplatz, redet, und Goethe ist gleich bei seinem Lieblingsthema, der Metamorphose der Pflanzen. Auf Sizilien hat er doch die Urpflanze gesucht. Also sein Credo ist: *Alles ist Blatt*. Und im Vortrag eben stimmte doch wieder so vieles nicht. Und da stehen sie auch schon vor Schillers Gartenpforte. Und weil Goethe Lust auf das Gespräch hat, geht er auf einen Sprung mit hinein.

Klassische Runde: Schiller (rechts) unterhält Goethe, Wieland, Wilhelm und Alexander von Humboldt (letzte Reihe), chère mère, Caroline von Wolzogen, Lotte Schiller und Herder (von links).

Erzählt weiter, läßt, wie er später Eckermann diktiert, *mit manchen charakteristischen Federstrichen eine symbolische Pflanze vor seinen Augen entstehen*. Aber da meldet Schiller freundlich ein paar Zweifel an, sagt, das sei keine Erfahrung, die der Geheimrat gemacht habe, das sei eine Idee. Also sowas kann Goethe nun ganz schlecht vertragen. Er antwortet spitz: *Kann mir sehr lieb sein, daß ich Ideen habe, ohne es zu wissen.* Und hat eigentlich die Nase schon wieder voll. Aber dann ist er doch gefangen, denn Schiller kritisiert ihn so charmant, so liebenswürdig und so klug, daß er ihm lange zuhört. Und so ist denn dieser 20. Juli 1794 der Beginn einer ungewöhnlichen Freundschaft, die elf Jahre dauern wird. Bis zu Schillers Tod. Und Goethe, der sonst nur Handlanger und Sekretäre als Mitarbeiter wünscht, möchte plötzlich einen Meister um sich haben.

Der schreibt bald darauf einen wunderbaren Brief an den anderen Meister, schreibt mit Leidenschaft und philosophischem Schwung, daß Goethe mit *griechischem Geist* in die nordische Schöpfung geworfen wurde. Und nun mit Imagination und Nachhilfe der Denkkraft dabei sei, *ein Griechenland zu gebären*. Analysiert, wie das Genie verwilderte Natur bändigt, wie der Geist sie korrigiert, reflektiert und erhöht. Und wie Goethes *beobachtender Blick, der so still und rein auf den Dingen ruht*, ihn nie in die Gefahr bringt, auf Abwege zu geraten. Beschreibt, wie unendlich schwer diese Wege zu gehen sind, *denn so wie Sie von der Anschauung zur Abstraktion übergiengen, so mußten Sie nun rückwärts Begriffe wieder in Intuitionen umsetzen, und Gedanken in Gefühle verwandeln, weil nur durch diese das Genie hervorbringen kann.*

Goethe ist ganz beglückt. So etwas hat ihm noch niemand gesagt. Und so schreibt er denn am Vorabend seines 45. Geburtstags an Schiller, daß der die ganze *Summe* seiner *Existenz* gezogen habe. Und weil Schiller weiß, was er Goethe mit seinem germanisch-griechischen Entwurf zumutet und ahnt, daß Goethe auch schwankt und zögert, bietet er sich voll Takt als Helfer an. Als Führer durchs Labyrinth.

Welch ein Angebot! Goethe wird es nutzen. So einen Begleiter hat er noch nie gehabt. Herder war am Ende doch immer nur zynisch, Frau von Stein am Ende immer nur die Zuhörerin. Schiller ist der geniale Kopf, dem alles gelingt. Seine alten Stücke werden noch überall aufgeführt, die Räuber, Kabale und Liebe, Don Carlos. Er ist der Liebling der Buchhändler, sogar der Herzog liest ihn.

Jahrelang sind sie sich eifersüchtig und haßerfüllt aus dem Weg gegangen, und nun schreibt Goethe schon von seinen Schwächen: *Wie groß der Vorteil Ihrer Teilnehmung für mich sein wird, werden Sie bald selber sehen, wenn Sie, bei näherer Bekanntschaft, eine Art Dunkelheit und Zaudern bei mir entdecken werden.* Goethe ist seit 15 Jahren ein Denkmal. Jeder kennt ihn, aber es kommt nichts mehr von ihm. Die »Metamorphosen« liegen auf Lager. Die Farbenlehre wächst und wächst zu Hause. Und da schreibt nun dieser Feuerkopf an ihn: *Es ist hohe Zeit, daß ich für eine Weile die philosophische Bude schließe.*

Es kann also losgehen. Lotte Schiller ist mit dem Kleinen auf dem Weg nach Rudolstdt zur Mutter. Carlchen sollte sich nicht bei den Humboldt-Kindern anstecken, die gegen Blattern geimpft worden sind. So ist Schiller denn nach langer Zeit mal wieder Strohwitwer, schreibt liebevolle und vergnügte Briefe an Lotte, *die kleine Maus,* schickt ihr Goethes »Iphigenie« auf englisch, hat auch noch ein Geschenk für sie, *sehr hübsch und sehr brauchbar,* gibt's aber erst in Jena. Ja, und von allen Seiten höre er, *wie sehr sich Göthe über die Bekanntschaft mit mir freut.* Fast eine Woche hat er ganz gut geschlafen, aber jetzt merkt er das unruhige Wetter. Also sie soll fleißig schreiben und den *Goldsohn* küssen.

Da meldet sich Goethe aus Weimar. Der ganze Hof, schreibt er, geht in der nächsten Woche nach Eisenach, und er wird 14 Tage allein sein. *Wollen Sie mich nicht in dieser Zeit besuchen?* Er könnte arbeiten, wie er wollte. Man würde sich zu gewissen Stunden sehen, auch Freunde einladen, *die uns am ähnlichsten gesinnt,* also er sollte sich bei ihm *wie zu Hause* fühlen.

Mit Freuden nehme ich Ihre gütige Einladung nach W. an, schreibt Schiller zurück. Aber er hat eine ernste Bitte. Er muß unabhängig sein. Niemand darf mit ihm zu bestimmten Zeiten rechnen. Wegen seiner Krämpfe, die ihm nachts keine Ruhe lassen, braucht er den ganzen Morgen zum Schlafen. Er möchte wie ein Fremder behandelt werden, auf den keiner achtet, denn alles hängt von seinem Befinden ab. *Die Ordnung,* schreibt er, *die jedem anderen Menschen wohl macht, ist mein gefährlichster Feind.* Und dann kommt der Satz: *Ich bitte bloß um die leidige Freyheit, bey Ihnen krank seyn zu dürfen.*

Goethe stimmt allem zu. *Eine völlige Freiheit nach Ihrer Weise zu leben werden Sie finden.* Das muß man sich mal vorstellen: Goethe, der alle Unordnung haßt, der um jeden Leidenden einen Bogen macht, der ewig Angst hat, sich anzustecken, der viele Jahre später nicht einmal zu seiner sterbenden Frau ans Bett geht, dieser Goethe stimmt zu, daß ein Kranker seinen Tagesablauf durcheinanderbringt. So mächtig fühlt er sich also zu Schillers Gedanken hingezogen, zu dessen Geist, zu dessen Frische, zu dessen Feuer. Und bald wird er an ihn schreiben: *Sie haben mich wieder zum Dichter gemacht, welches zu sein ich so gut als aufgehört hatte.*

Beginn einer Freundschaft: Im Sommer 1794 lädt Goethe den bis dahin ungeliebten Schiller für zwei Wochen in sein Weimarer Haus ein.

Zwei Wochen lebt Schiller im prachtvollen Haus am Frauenplan, das im Saft der Antike steht. Salve für »Juno Ludovisi«, die Kolossalbüste aus Rom. Salve für Nike, Zeus und Schiller. *Ich habe alle Bequemlichkeiten*, schreibt der an seine Frau. Die Nächte sind einigermaßen, doch die Krämpfe am Tage schrecklich. Mal geht es wieder ganz ordentlich *biß auf ein Reissen in den Lenden*. Es war so schlimm, daß er sich *nicht im Bette rühren konnte*.

Aber einmal ist er von halb zwölf, *wo ich angezogen war*, bis nachts um elf mit Goethe zusammen. Sie schauen sich Stiche an, Landschaften aus Italien, Goethe erzählt von seiner Farbenlehre, zeigt seine Optik-Apparate, Schiller erzählt vom angefangenen »Wallenstein« und von seinem Plan, ein Stück über die Malteser zu schreiben. Bespricht auch das Horen-Projekt mit ihm. Was könnte da von Goethe gedruckt werden? Der holt gleich Manuskripte aus seinem Arbeitszimmer, »Römische Elegien«, und liest Schiller daraus vor.

Goethe hat eine warme, volle Stimme und ist ein wunderbarer Vorleser. Als er zwei Jahre später »Hermann und Dorothea«, dieses Liebesidyll vor den Gewitterwolken der Französischen Revolution, Schillers Stuttgarter Freunden vorträgt, der Mäzenatenfamilie Rapp, sitzt das fünfjährige Töchterchen mit offenem Mund zu Goethes Füßen und hört zu. Als die Geschichte nach Stunden glücklich und mit Hochzeit endet, sagt das Schwabenkind: »*Der Mo soll no meh läse!*«

Also Goethe liest Schiller vor:
Laß dich, Geliebte, nicht reun, daß du mir so schnell dich ergeben!
Glaub' es, ich denke nicht frech, denke nicht niedrig von dir.
Vielfach wirken die Pfeile des Amor: einige ritzen,
Und vom schleichenden Gift kranket auf Jahre das Herz…
Schiller schreibt an Lotte: *Er las mir seine Elegien, die zwar schlüpfrig und nicht sehr decent sind, aber zu den beßten Sachen gehören, die er gemacht hat.* Goethe gibt die Elegien für die Horen frei. Er gibt Schiller auch seinen »Egmont«, den er bitte fürs Weimarer Theater einrichten und korrigieren möchte. *In seinem Hause sah ich noch niemand als ihn*, schreibt Schiller weiter an seine Frau.

Damit spielt er auf Goethes Geliebte Christiane Vulpius an, die herbe Schöne mit den hohen Backenknochen. Die beiden leben seit Goethes Rückkehr aus Italien zusammen, haben ein gemeinsames Kind, August, und natürlich ist sie der *Bettschatz* in den Elegien:

Uns ergötzen die Freuden des echten nacketen Amors
Und des geschaukelten Betts lieblicher knarrender Ton.

Schiller, der großzügige, tolerante, freie Geist, der immerhin in zwei Ehen gewildert hat, findet das Verhältnis degoutant. Schon vor ein paar Jahren hatte er Körner geschrieben: *Sein Mädchen ist eine ziemlich berüchtigte Mademoiselle Vulpius, die ein Kind von ihm hat, und sich nun in seinem Hause fast so gut als etablirt hat.* Sollte Goethe sie heiraten, so glaubt er, tue er das nur dem Kind zuliebe.

Da steckt Schiller also mitten im Hofklatsch, betet offenbar die eifersüchtigen Töne einer Frau von Stein nach. Die war ja schon entsetzt über das Bürgerkind Klärchen im »Egmont«. So was liebt ein Edelmann wie Egmont nicht! Und Goethe hatte ihr vorgeworfen, daß sie die Nuance zwischen Dirne und Göttin nicht kennt. Aber Christiane Vulpius, diese kleine Blumenbinderin aus der Fabrik von Bertuch, die ist natürlich unter aller Würde. Charlotte Schiller wird Goethes Haus nicht betreten, weil sie fürchtet, der Jungfer begegnen zu können. Also die Gesellschaft hatte ihren Skandal. Die ist *eine allgemeine H. vorher gewesen*, sagte Herders Frau. Das Wort Hure nimmt sie natürlich nicht in den Mund.

Und jetzt auch noch Schiller? Im »Lied von der Glocke« wird er bald schreiben, wie er sich das *Glück vorstellt:*

Und drinnen waltet
Die züchtige Hausfrau,
Die Mutter der Kinder,
Und herrschet weise
Im häuslichen Kreise,
Und lehret die Mädchen
Und wehret den Knaben,
Und reget ohn Ende
Die fleißigen Hände...

Das gilt alles auch für die *berüchtigte Vulpius*. Sie sorgt doch die zwei Wochen unsichtbar für Schillers Wohlergehen, läßt kochen, was ihm gut tut, hält die Dienstboten an, vor den drei Zimmern, die der Gast bewohnt, keinen Krach zu machen. Doch für Schiller existiert die Dame nicht, er fragt auch nicht nach ihr. Obwohl sein Verhältnis zu Goethe geradezu innige, fast intime Formen annimmt: *ich bin Ihnen nahe mit allem, was in mir lebt und denkt.* Und Goethe antwortet: *Leben Sie wohl und lieben Sie mich, es ist nicht einseitig.*

Schiller hat sein kleinbürgerliches, spießiges Vorurteil nie aufgegeben. Schreibt noch Jahre später vom armen Goethe, der da in ein Verhältnis geraten ist, das ihn *drückt und unglücklich macht.* Ist es schon so lange her, daß er in »Kabale und Liebe« über die gesellschaftlichen Schranken und Standesunterschiede schrieb? Ferdinand liebt die bürgerliche Louise. Er will, daß die Regeln und Gesetze der Väter fallen. Aber Louise begreift, daß ihre Liebe keine Zukunft hat: *Ich entsag ihm für dieses Leben. Wenn aber Gott kommt, werden die Herzen im Preise steigen und die verhaßten Hüllen des Standes abspringen.*

Goethe zieht für Monate nach Jena. Er will Schiller nah sein, zieht in ein einfaches Zimmer des baufälligen Schlosses, und Christiane Vulpius sorgt dafür, daß er in seiner Junggesellenwirtschaft gut verköstigt wird mit Trüffeln, Gänseleber, Wurst, Schokolade und frischen Salaten und Gurken aus dem Garten und guten Flaschen aus dem Keller, Wein und Champagner. Das alles gibt sie der täglich pendelnden Botenfrau auf ihrem Esel mit.

Am Nachmittag gegen vier geht Goethe dann zu Schiller. Das ist ein Ritus. Tritt schweigend ein, und wenn Schiller noch nicht da ist, setzt er sich und liest ein Buch. Oder er hat Papier mitgebracht, zieht Stift, Pinsel und Tusche aus der Tasche und beginnt zu zeichnen. Einmal passiert es, daß der wilde Carl ins Zimmer rennt und Goethe mit der Peitsche ins Gesicht schlägt.

Rittmeister von Funk, ein Freund Körners, beschreibt eine ähnliche Szene. Goethe kommt, fühlt sich wie zu Hause und macht es sich bequem. Der *Goldjunge* krabbelt ein wenig auf dem Olympier herum, aber Lotte Schiller nimmt ihn mit raus, wenn Tee und Punsch auf dem Tisch stehen und das Gespräch beginnt. *Schiller selbst wandelt, ja, man möchte sagen, rennt unaufhörlich im Zimmer herum*, denn wenn er sich setzt, sind die Krämpfe nicht zu ertragen, und wenn er keine Luft mehr bekommt, geht er raus und nimmt ein Medikament. Wenn aber ein Gedanke zu Ende gedacht werden muß, zwingt er sich zum Durchhalten. So *tyrannisiert der Geist bei ihm den Körper*, schreibt Funk.

Am Abend kommt der Rest der »Familie«, kommen die jungen Talente, die es nicht in Weimar gibt, nur hier in Jena: Hegel, die Schlegel-Brüder, Schelling, Fichte, die beiden Humboldts, Brentano, Tieck. Sie trinken, lachen, lesen vor, was sie am Tag geschrieben, diskutieren über Kant und das radikal Böse im Menschen. Und manchmal gibt es Generationsprobleme.

Bei Schlegels zu Hause amüsieren sie sich über Schillers Frauenbild im Gedicht »Würde der Frauen«. Das ist ja wohl völlig antiquiert:

Ehret die Frauen! Sie flechten und weben

Himmlische Rosen ins irdische Leben,

Flechten der Liebe beglückendes Band…

Darauf läßt sich doch eine hübsche Parodie machen:

Ehret die Frauen, sie stricken die Strümpfe,

Wollig und warm, zu durchwaten die Sümpfe,

Flicken zerrissene Pantalons aus…

Halten mit mäßigem Wochengeld haus.

Findet Schiller nicht witzig. Er sieht das Vertrauen gestört. Goethe vermittelt, und August Wilhelm Schlegel schreibt darüber sehr ironisch: *Seine sorgsame Schonung für Schiller* war die *eines zärtlichen Ehemannes für seine nervenschwache Frau.*

Ja, Schiller und Goethe sind ein Paar. Und sie beginnen 1796 eine Schlacht mit Xenien zu schlagen. Xenie heißt Gastgeschenk, doch die, die der Club der großen Geister produziert, sind verbale Bomben gegen Freund und Feind. *Das Kind, welches Göthe und ich mit einander erzeugen, wird etwas ungezogen und ein sehr wilder Bastard seyn*, schreibt Schiller vergnügt an Körner. Und die Dioskuren knallen mit den Xenien:

Höflich mit dem Pack?

Mit Seide näht man keinen groben Sack.

Wie oft steigen die Xenienritter in diesem Sommer hoch in Schillers Arbeitszimmer, schenken sich einen guten Tropfen ein, den Goethe mitgebracht, und schreiben im Galopp ihre Doppelverse gegen Schwätzer und Schmierer:

Geschwindschreiber: Was sie gestern gelernt, das wollen sie heute schon lehren,

Ach! Was haben die Herrn doch für ein kurzes Gedärm!

Schreiben gegen politische Schwärmer, Puristen, Anhänger der Französischen Revolution, Sprachgelehrte, bigotte Geistliche, Journalkritiker und gegen den Zeitgeist.

Wie sie knallen, die Peitschen! Hilf Himmel! Journale! Kalender!

Wagen an Wagen! Wie viel Staub und wie wenig Gepäck!

Bis ins Parterre ist ihr *schallendes Gelächter* zu hören, das *zuweilen von*

sehr vernehmlichem Fußstampfen begleitet wird, schreibt Minna Körner, als sie bei Schiller zu Besuch ist. Und *wenn die Herren um 12 Uhr zum Mittagessen herunterkamen, waren sie äußerst aufgeräumt und sagten mehr als einmal: Heute sind die Philister wieder gründlich geräuchert worden.*

Der Xenien-Almanach ist ein Renner bei Deutschlands Intellektuellen. Cotta muß zweimal nachdrucken. Es gibt auch Anti-Xenien, von denen, die sich beleidigt fühlen. Schiller wußte es. Hatte an Humboldt geschrieben: *Man wird schreck-*

Die Xenienritter:
Schiller verprügelt einen Anti-Xenien-Schreiber, Herder liegt bereits am Boden, Goethe wartet ab.

lich darauf schimpfen, aber man wird sehr gierig danach greifen. Und gierig greifen die Gegner nun sie an. Nennen Schiller und Goethe die *Sudelköche* von Jena und Weimar, den einen *Kants Affen*, den anderen einen *stößigen Bock.*

Und dann druckt der *Affe* Schiller *Bock* Goethes »Römische Elegien«. Da geht wieder ein Aufschrei durchs Land, und Weimar steht Kopf. Was für ein Niedergang der Sitten. *Bordellmäßige Nacktheit!* Und Herder meint, die »Horen« müßten nun mit »u« geschrieben werden. Denn da wird ja geküßt und geliebt, und Frauen geben sich einfach so hin. Und …

> *… überfällt sie der Schlaf, lieg' ich und denke mir viel.*
> *Oftmals hab' ich auch schon in ihren Armen gedichtet*
> *Und des Hexameters Maß leise mit fingernder Hand*
> *Ihr auf den Rücken gezählt …*

Schiller findet das Getöse nur noch *drollig,* und Goethe ist in Jena, also weit ab vom Schuß, fühlt sich wohl, ißt gut, wird ordentlich dick, hat alles Steife verloren und kümmert sich liebevoll um die bunte Truppe, vor allem, wenn einer Liebeskummer hat, wie Schlegel, der seine Caroline an Schelling verliert.

Wohlgenährt: der 50jährige Goethe, gezeichnet von Friedrich Bury.

Der Kampf mit Wallenstein

D och dann werden die Abende auch wieder ruhiger. Humboldt ist oft zu Gast, spricht Stunden mit Schiller, den er für den modernsten deutschen Dichter hält. Und für den größten Dramatiker. Das Drama ist doch überhaupt sein Feld. Wer kann *das Verhältnis des Menschen zum Schicksal* besser beschreiben als er. Und Schiller, für den Humboldt der dritte Mann ist, der wichtigste Anreger und Ratgeber neben Goethe und Körner, Schiller läßt sich von ihm auf dem beschwerlichen Weg zu »Wallenstein« leiten.

Doch vorher kauft er noch ein Haus. Er will an den Stadtrand, braucht Luft und Weite, muß durchatmen können mit seiner angegriffenen Lunge. Und dann sind auch immer zu viele Besucher in der alten Wohnung am Markt. *Es wimmelt in meinem Hause*, schreibt er. Mal ist *chère mère* da, dann Lottes Schwester mit ihrem Mann, und wenn die Kinder – inzwischen ist der zweite Sohn Ernst geboren – Masern, Windpocken und Röteln bekommen, ist das Geschrei so groß, daß an Arbeit gar nicht mehr zu denken ist.

Schiller überlegt sogar, ob er nach Weimar ziehen soll. Fragt Goethe, ob er dessen Gartenhaus im Park an der Ilm mieten könnte. Aber Goethe rät ab. Viel zu klein und ungünstig gelegen. So kauft Schiller denn im Frühjahr 1797 das schöne Garten-

Noch ein Goldmännchen:
Ernst Friedrich Wilhelm.
Er wird Gerichtsrat in Köln.

»Raum ist in der kleinsten Hütte
Für ein glücklich liebend Paar«
Aus Schillers Gedicht »Der Jüngling am Bache«

Schillers Haus in Jena mit der Laube, in der er oft mit Goethe saß.

haus in Jena zwischen Wiesen und Obstbäumen mit allem, wie es im Vertrag heißt, was *erd-, wand-, band-, nied-, mauer- und nagelfest ist* für 1150 Reichstaler. Soviel hat Schiller nicht. Er bittet Cotta um einen Vorschuß von 600 Talern, hofft, daß er ihm den »Wallenstein« Ende des Jahres überreichen kann.

Dann wird renoviert und umgebaut. Lotte Schiller läßt Spargelbeete anlegen und Blumen pflanzen, Rosen und Lilien, die Küche bekommt ein kleines Extrahaus hinten rechts im Garten, damit die Gerüche nicht in des Dichters Mansarde hochsteigen. Er hat sein Schlaf- und Arbeitszimmer unterm Dach, in der Mitte lebt Lotte, unten die Kinder, die Kammerjungfer und das schwäbische Mädchen. *Ich begrüße Sie aus meinem Garten, in den ich heute eingezogen bin,* schreibt Schiller an Goethe. *Eine schöne Landschaft umgibt mich, die Sonne geht freundlich unter und die Nachtigallen schlagen.*

Wallenstein im Harnisch: In schlaflosen Nächten schreibt Schiller sein gewaltiges Epos »Wallensteins Lager« (oben ein Kupferstich nach der Erstaufführung in Weimar am 12. Oktober 1798), »Die Piccolomini« und »Wallensteins Tod«. Alle drei Stücke hat Theaterdirektor Goethe in Weimar uraufgeführt.

Einen kleinen Pavillon läßt Schiller hinten links im Garten bauen. Unten ist die Badekammer, oben eine winzige Schreibstube, nicht größer als fünf Quadratmeter. Hier arbeitet er meist nachts am »Wallenstein«. *Du glaubst nicht, was es einem armen Schelm von Poeten in meiner abgeschiedenen, von allem Weltlauf getrennten Lage kostet,* schreibt er an Körner, *eine solche fremdartige und wilde Masse zu bewegen.*

Da liegt sie nun vor Pilsen in Böhmen, die Meute des Friedländers, seine Soldaten, seine Pappenheimer, Kürassiere, Dragoner. Sechzehn Jahre haben sie den blutigen Kampf um den rechten Glauben mit ihrem Abgott Wallenstein geführt, und sie stehen treu an seiner Seite. Werden sich nicht auseinanderreißen lassen, wie der Kaiser in Wien es will. Aber muß Wallenstein nicht dem Kaiser gehorchen? Und gibt es nicht Gerüchte, daß er sich mit den Schweden verbünden will, um das Schlachten zu beenden, um Wien unter Druck zu setzen für einen Friedensvertrag?

Ein Kapuziner wettert gegen das Lotterleben der Soldateska. Die *kümmert sich mehr um den Krug als den Krieg,* säuft und hurt rum. *Ist das eine Armee von Christen? Sind wir Türken? sind wir Antibaptisten?* Und der fromme Mann schimpft auch auf Wallenstein, den *Teufelsbeschwörer,* den Sternenanbeter, *verleugnet wie Petrus seinen Meister und Herrn!* Und kaum haben sie den Kapuziner verjagt, erzählen sie ehrfürchtig, daß ihr Feldherr eben unverwundbar ist und mit Übermächten im Bunde steht. Und immer muß es *mausstill* um ihn sein, *denn er denkt gar zu tiefe Sachen.* Also für den Friedländer! »Wallensteins Lager«, das Vorspiel zum großen Drama, endet mit dem Kampfruf: *Und setzet ihr nicht das Leben ein, nie wird euch das Leben gewonnen sein.*

Schiller setzt es jeden Tag ein und jede Nacht. Und wie oft verzweifelt er an dem undankbaren und unpoetischen Stoff, der lange formlos und endlos vor ihm liegt. Er ist glücklich, wenn Goethe vorbeikommt und ihm Mut zuspricht. Goethe wird ihn auch zur Dreiteilung des Dramas animieren.

Und dann steckt Schiller sich mal wieder bei den erkälteten Kindern an, mit denen er als Hund oder wilder Löwe auf dem Boden rumgekrochen ist. Sein Hals ist völlig verschleimt, aber er kann sich

»Arbeit ist des Bürgers Zierde,
Segen ist der Mühe Preis«
Aus Schillers »Lied von der Glocke«

Das kleine Gartenhaus hat Schiller sich in Jena bauen lassen,
um ungestört schreiben zu können.

*»Ich will dem Himmel danken,
wenn dieser Wallenstein von meinem Schreibtisch
verschwunden ist.«*
Schiller an Christian Gottfried Körner

Wenn Schiller Krämpfe plagen, arbeitet er – zwei Treppen hoch unterm Dach – am Schreibpult. Im fünf Quadratmeter großen Zimmer des Gartenhauses sitzt er nächtelang am »Wallenstein« und wird so manches Mal vom Nachtwächter ermahnt, schlafen zu gehen.

nicht auskurieren, er ist jetzt mitten im Kampf zwischen Piccolomini und Wallenstein, zwischen Generalleutnant und Generalissimus. Und es gibt doch kaum einen Tag ohne Qualen. *Wie ists Ihnen bei dem greulichen Wetter?* fragt er Goethe. *Ich fühle es in allen Nerven.* Kaum ein Brief ohne Schmerzbericht. *Catarrh und Schnupfen*, Krämpfe und Verstopfung. *Einen Tag der glücklichen Stimmung* muß er *mit fünf oder sechs Tagen des Drucks und des Leidens büßen.*

Doch Abend für Abend steigt er nach dem Essen unters Dach oder in die Gartenzinne, wo das spärliche Material ausgebreitet ist: Zwei Wallenstein-Biographien, historische Abhandlungen zur Geschichte des Dreißigjährigen Krieges mit Berichten aus Nürnberger Archiven. Sein Bursche hat im hohen, schlanken Eisenofen, der auf vier dünnen Beinen steht, noch einmal Feuer gemacht, hat zwei, drei Äpfel in die Bratröhre gelegt, einen Likör oder Wein bereitgestellt, Kerzen angezündet, und nun stürzt Schiller sich in eine neue Nacht der Unruhe, in seinen *widerspenstigsten Stoff*, in die hochexplosive Stimmung von Pilsen.

Hier ist kein Kaiser mehr. Der Fürst ist Kaiser! ruft entsetzt Kriegsrat von Questenberg, Abgesandter des Kaisers in Wien. Und der Fürst ist der Friedländer. Alle Offiziere sind ihm ergeben. Alle? Octavio Piccolomini ist es nicht. Er hat Wallenstein in der Schlacht bei Lützen das Leben gerettet. *Seit jenem Tag verfolgt mich sein Vertrauen in gleichem Maß, als ihn das meine flieht.* Denn Piccolomini ist ein Kaisertreuer. Und der Kaiser hat ihn zu Wallensteins Nachfolger bestimmt.

Questenbergs Auftrag ist klar: Der Friedländer, der zu eigenmächtig geworden, soll entmachtet werden. Da inszenieren Wallensteins Vertraute fürs abendliche Festbankett eine Intrige, einen Unterschriftenbetrug. Ihr Chef soll endlich handeln, soll die günstige Stunde nutzen, soll vom Kaiser abfallen, damit nicht er selbst fällt und die Armee nicht zerstückelt wird. Doch Wallenstein zaudert, geht zum Schein auf des Kaisers Befehl ein.

Nie hat Schiller mit einem Text so gewütet wie mit diesem. Steht ewig auf, läuft über die knarrenden Dielen, denkt nach, liest nach, streicht durch, schreibt neu, und weg mit dem Wort *Chef*, ersetzt es durch *Wallenstein*, schreibt es später wieder rein. Und langsam wird es kalt im Zimmer, der Ofen ist aus, die Wände sind dünn, und das Haus steht auf freiem Feld. Am Morgen ist er kaputt, wird versuchen, bis zum Mittag zu schlafen, und in der nächsten Nacht, den nächsten Wochen und Monaten kämpft er weiter.

Octavios Sohn kämpft auch. Der junge Max Piccolomini, im Feldlager aufgewachsen, ist die Sonne für Wallenstein, die Hoffnung im Drama, ist ein Stück von Schiller selbst; *für den jungen Piccolomini,* schreibt er an Goethe, *bin ich durch meine eigene Zuneigung interessiert.* Max liebt seinen Feldherrn und möchte dessen Tochter heiraten. Doch die hat Wallenstein für einen König aufgehoben. Thekla fürs politische Kalkül, zur Mehrung seines Ruhms, so denkt Wallenstein. Und Thekla begreift schneller als Max, dieser Idealist, daß dies kein Schauplatz ist, *wo die Hoffnung wohnt, nur dumpfes Kriegsgetöse rasselt hier.*

So gerät er in den größten Konflikt. In aller Naivität bringt er auch noch die Intrige der betrunkenen Generäle zum Platzen, indem er sich weigert zu unterschreiben. *Laßts ruhn bis morgen.* Er entzweit sich mit seinem Vater und fürchtet sich vor der Wahrheit Wallensteins. *O! diese Staatskunst, wie verwünsch ich sie!* ruft der Verzweifelte, der das dichte Netz aus Diplomatie, Betrug und Karrieredenken zerreißen möchte. *Und eh der Tag sich neigt, muß sichs erklären, ob ich den Freund, ob ich den Vater soll entbehren.* So endet die stürmische Nacht der Piccolomini. Es beginnt die große, letzte dunkle Stunde – Wallensteins Tod.

Die Kerzen im Turmzimmer sind fast runtergebrannt, als der Nachtwächter Schiller zuruft, doch endlich Schluß zu machen und ins Bett zu gehen. *Wie will ich dem Himmel danken, wenn dieser Wallenstein aus meiner Hand und von meinem Schreibtisch verschwunden ist,* schreibt er an Körner. *Es ist ein Meer auszutrinken, und ich sehe manchmal das Ende nicht.* Hätte er zehn Wochen ununterbrochener Gesundheit, wäre er fertig, *so aber habe ich kaum das Drittheil der Zeit zu meiner Disposition.*

Der große dritte Teil ist Schillers Geniestreich, ist Vers gewordene Geschichte. Ist das schöpferische Porträt einer historischen Figur, die mit traumwandlerischer Sicherheit aus dürftigem Material auferstanden ist. *Er hat nichts Edles,* schreibt Schiller an Humboldt, *er hat wenig Würde und dergleichen. Ich hoffe aber nichtsdestoweniger, auf rein realisti-*

schem Wege einen dramatisch großen Charakter in ihm aufzustellen. Mit Wahrheit will er die mangelnde Idealität entschädigen.

Wieder ist es Nacht. Wallenstein und sein Astrologe Seni sehen Stunden in die Sterne. Und endlich scheinen Jupiter, Venus und Mars ihnen gewogen. *Jetzt muß gehandelt werden.* Da stürzen die Vertrauten Terzky und Illo zu ihm. Ihr Unterhändler ist abgefangen worden, die Dokumente ihres Abfalls sind in kaiserlichen Händen. *Vorwärts mußt du, denn rückwärts kannst du nicht mehr.* Da ist er wieder, der Druck von außen, der ihn lähmt. Wieder zaudert Wallenstein. *Wärs möglich? Könnt ich nicht mehr, wie ich wollte? Nicht mehr zurück, wie mirs beliebt?*

Er verhandelt mit den Schweden, die seine Feinde sind. Oder waren? Sie bieten ihm die böhmische Königskrone für den Abfall vom Kaiser und für Eger und Prag. Neue Zweifel. Neuer Druck. Doch: *Österreich will keinen Frieden, drum eben, weil ich ihn suche, muß ich fallen.* Also wird das Bündnis besiegelt. Nun braucht er Anhänger. Nun wird gebuhlt, geworben. Wer geht mit ihm? Max Piccolomini beschwört seinen Abgott: *Zum Verräter werde nicht!* Das Wort ist ausgesprochen. *Zum Verräter nicht!* Er will vermitteln, will zum Kaiser gehen. Aber Wallenstein fühlt sich groß wie Cäsar. *Er führte wider Rom die Legionen, die Rom ihm zur Beschützung anvertraut.*

Nun folgt ein Schlag nach dem anderen. Die Truppen verlassen Wallenstein. Sie fühlen sich von ihrem Helden hintergangen. Und der alte Piccolomini? Hat ihn an den Kaiser verraten. Das trifft tief. *Das war kein Heldenstück, Octavio!* Und doch, als alles verloren ist, fühlt Wallenstein sich wie befreit. *Nacht muß es sein, wo Friedlands Sterne strahlen.* Doch sein Untergang ist längst beschlossen. Die Mörder sind schon bestellt.

Max Piccolomini wird von der Doppelschuld seiner beiden Väter erdrückt. Was soll er tun? Wallenstein folgen, der sagt: *Dich hab ich geliebt?* Und mit dem eigenen Vater brechen? Dem Eid des Kaisers abschwören? Thekla soll entscheiden. Aber jede Entscheidung heißt Leiden. *Geh und erfülle deine Pflicht,* sagt sie. Im Todesrausch wirft Max sich seinen Soldaten entgegen: *Wer mit mir geht, der sei bereit zu sterben!*

Er sucht den Tod in der Schlacht, die Geliebte folgt ihm. *Was ist das Leben ohne Liebesglanz?* So verdüstert sich der Himmel für Wallenstein. Auf Senis Sterne hört er nicht mehr. Fliehen soll er? Zu spät. *Gute Nacht, Gordon!* sagt er zu seinem alten Kameraden, der in das Mordkomplott eingeweiht ist. *Ich denke einen langen Schlaf zu tun, denn dieser letzten Tage Qual war groß, sorgt, daß sie nicht zu zeitig mich erwecken.* In jener Nacht wird Fürst Wallenstein erstochen. Übrig bleibt Generalleutnant Octavio mit Brief und Kaiserlichem Siegel: *Dem Fürsten Piccolomini.*

Mehr als 150 Jahre später wird der große Wallenstein-Biograph Golo Mann Schiller höchstes Lob für sein gewaltiges Werk aussprechen: Ihm sei die Symbiose von Menschheitsglaube und Menschheitsverachtung, von Dichtung und Wahrheit gelungen, auch wenn Schillers Friedländer in Eger noch im Saft des Lebens steht, wo er in Wirklichkeit bereits ein siecher Mann war. *Das Wunder,* schreibt Golo Mann, *ist, daß die beiden Positionen: »So brauche ich es für meine Tragödie« und: »So muß es gewesen sein« – sich decken. Es war, in der historischen Wirklichkeit, so, wie Schiller es für seine Tragödie brauchte.*

Alle drei Stücke – das Lager, die Piccolomini und Wallensteins Tod – werden in Weimar uraufgeführt. Zwischen Oktober 1798 und April 1799. Goethe inszeniert, und Schiller liefert ihm die angemahnten Korrekturen. Er wird mit Familie großzügig im Schloß einquartiert. Es sind also kurze Wege zum Frauenplan und zum Theater. Alle Vorstellungen sind restlos ausverkauft, und die Mätresse des Herzogs spielt die Rolle der Thekla.

Endlich wieder ein Schiller! Nach so vielen Jahren. Jeder will ihn sehen. Der ganz Hof ist anwesend und die Kalbs, Steins, Wielands, Herders, Bertuchs. Goethe kommt während der Vorstellung ein paarmal hochbeglückt in Schillers Loge. Ja, es wird ein Erfolg, die Leute gehen mit, Weimar erwacht zu neuer, großer Kultur. Ausgelassene Premierenfeier im »Elephanten«, und Schiller deklamiert voll des süßen Weines noch einmal die Predigt seines Kapuziners:

So ein hochmütiger Nebukadnezer,
So ein Sündenvater und muffiger Ketzer,
Läßt sich nennen den Wallenstein,
Ja freilich ist er uns allen ein Stein
Des Anstoßes…

»Sie haben die betrübte deutsche Sprache in die schönste Melodie gezwungen«

Mit Goethe ins neue Jahrhundert. Adelsbrief und Hauskauf. Die klassischen Dramen

Nach hymnischen Kritiken, den Glückwünschen des Herzogs, den nachfolgenden Aufführungen in ganz Deutschland, nach den Einladungen bei Hofe, den Weimarer Geselligkeiten, den Tees und täglichen Besuchen bei Goethe fühlt Schiller sich in Jena nicht mehr wohl, fühlt sich *wie in eine Wüste versetzt.* Das schreibt er an Herzog Carl August. Er möchte wieder in Weimar leben. Möchte wieder Poesie betreiben und Stücke schreiben. Und der Herzog sagt postwendend zu. *Was auf die Gesellschaft wirken soll,* schreibt er an Schiller, *bildet sich gewiß auch besser, wenn man mit mehreren Menschen umgeht, als wenn man sich isoliert.* Also er ist in der Stadt willkommen, auch bei Hofe, sein Herzog möchte ihn öfter sehen, und sein Gehalt wird um 200 Taler erhöht. *Per anno.*

Goethe ist ganz beglückt. Ja, er wird bei der Wohnungssuche helfen. Und dann schmeißen sie zusammen das Hoftheater. Er als Direktor, Schiller als Dramaturg. Wie gerne gibt er sich wieder ganz in des Freundes Arme. Schiller ist doch für ihn wie ein stürmischer Liebhaber, hat ihn gerade erst angetrieben, seinen Faust I und II aus der Versenkung zu holen. Alles Depressive, alle Antriebsschwäche schwindet, wenn Schiller in seiner Nähe ist.

Aber der Umzug verzögert sich, denn Lotte Schiller ist wieder in anderen Umständen. In

Stürmisches Liebespaar: So werden Goethe und Schiller von ihren Gegnern genannt. Karikatur nach einer Zeichnung von Christian Reinhart (1804).

der Nacht zum 12. Oktober 1799 wird das dritte Kind geboren, Caroline. Schiller schreibt seiner Schwiegermutter von der schweren Geburt, *auch ist die gute Lolo durch vielen Blutverlust sehr geschwächt,* aber sie fängt langsam an, sich zu erholen, *das Kind ist stark und gesund.*

Zehn Tage später aber beginnt ein Drama. Der *leidliche* Zustand verschlimmert sich dramatisch. Schiller schreibt an Goethe von einem *förmlichen Nervenfieber* seiner Frau, das ihn in Angst und Schrecken versetzt. Seit drei Tagen schon phantasiert sie, schläft nicht, auch nicht nachts, kann keinen Augenblick allein sein, will aber nur ihn oder die Mutter um sich haben. *Ihre Phantasien gehen mir durchs Herz.* Goethe antwortet: *Unsere Zustände sind so innig verwebt, daß ich das, was Ihnen begegnet, an mir selbst fühle.*

Stark und gesund:
Caroline Louise Friederike.
Sie wird Erzieherin
am Hofe Herzog Eugens
von Württemberg.

Es ist ein Kampf auf Leben und Tod, und er dauert vier Wochen. Auf Fieber und Phantasien folgt eine Art Delirium, das übergeht in Stumpfheit und Apathie. Schiller ist verzweifelt, wacht abwechselnd mit *chère mère* Tag und Nacht an ihrem Bett, fürchtet, daß seine Lotte, wenn sie es überlebt, den Verstand verliert, wahnsinnig wird.

Auch das Schöne muß sterben! Das Menschen und Götter bezwingt, dichtet Schiller in diesen trostlosen Tagen.

Siehe! Da weinen die Götter, es weinen die Göttinnen alle
Daß das Schöne vergeht, daß das Vollkommene stirbt,
Auch ein Klaglied zu seyn im Mund der Geliebten ist herrlich,
Denn das Gemeine geht klaglos zum Orkus hinab.

Gott weiß, wohin dies alles noch führen soll, schreibt er an Goethe und zählt auf, was Hausarzt Stark verschrieben und gegeben hat: Opium, Moschus, Bilsenkraut, Chinarinde, Zinkblumen, Senfpflaster, Salmiakumschläge für den Kopf, *starke Oele zum Einreiben sind nach und nach an der Reihe gewesen, und heute soll mit der Belladonna noch ein Versuch gemacht werden.* Erst Anfang Dezember ist Lotte Schiller von ihren

Wahnvorstellungen befreit und kann zur Erholung nach Weimar fahren, zu ihrer Patentante Charlotte von Stein.

Es ist nicht leicht, in der kleinen Residenz Weimar mit kaum 800 Häusern eine Wohnung zu finden. Doch als sich herumspricht, daß Schillers umziehen wollen, läßt sich mit Goethes Verbindungen schon etwas arrangieren. Am Rathaus wird die schöne Wohnung von Kalbs frei, die eine kleinere gefunden haben. Und Charlotte von Kalb, die noch immer mit ihrem Mann zusammenlebt, hat inzwischen ein entspanntes Verhältnis zu ihrer Rivalin, hatte sich herzlich bei ihr bedankt, daß Schiller einen so wunderbaren Hauslehrer für ihren Sohn besorgt. Es war der junge Friedrich Hölderlin. Also der Vertrag wird unterschrieben, die Jahresmiete beträgt 122 Taler, und am 3. Dezember zieht Schiller mit seinem Sohn Ernst und den Dienstboten ein, Lotte bleibt noch mit Carl und dem Baby bei Frau von Stein.

Goethe ist selig, daß Schiller endlich um die Ecke wohnt. Schickt gleich ein Billet in die Windischengasse: *Ich dächte, Sie entschlössen sich, auf alle Fälle um halb neun Uhr zu mir zu kommen.* Es ist geheizt, ein paar *zurückgebliebene* Freunde werden wohl noch da sein, auch etwas zu essen und zu trinken. *Alles Dinge, die in diesen langen Winternächten nicht zu verachten sind.*

FLEK
als
Graf von Leicester
in
Schillers Maria Stuart

Und die Dioskuren, die in den letzten Jahren ihr Jahrhundert in die Schranken gefordert haben, beenden es nun gemeinsam. Goethe bittet Schiller, Silvester 1799 auf 1800 mit ihm zu verbringen. Nur sie beide. Allein. *Sie finden geheizte und erleuchtete Zimmer. Ein Gläschen Punsch soll der warmen Stube zur Hülfe kommen, ein frugales Abendessen*

Gegenspieler: Graf Leicester (links) verrät Mortimer in »Maria Stuart«.

steht nachher zu Befehl. Schiller schreibt gleich ein Billet zurück: *Nach 6 Uhr stelle ich mich ein, zwischen jetzt und dem Abend will ich suchen, einen meiner Helden noch unter die Erde zu bringen, denn die Keren des Todes nahen sich ihm schon.* Es ist wohl der arme Mortimer, der Maria Stuart liebt, verraten wird und sich bei seiner Verhaftung ersticht. Und Goethe schlägt vor, Schiller soll sich bis zu seinem Haus in einer Sänfte tragen lassen, damit er nicht unter der Kälte leiden muß.

Und da sitzen sie nun in Goethes gemütlichem Salon, die zwei größten Dichter der Deutschen, Freunde, die sich immer gesiezt haben. Goethe leger im Hausrock und Schiller auch recht zwanglos, sitzen zu zweit und ins Gespräch vertieft. Nach Mitternacht trennen die beiden sich herzlich an der Haustür, und Goethe schreibt dem Freund am 1. Januar, wie froh er gewesen sei, mit Schiller *das Jahrhundert zu schließen.*

Das neue beginnt dynamisch. Schiller arbeitet Goethes »Iphigenie« durch, macht Vorschläge für Streichungen und Änderungen. Es soll ja auf die Bühne. Und sie wollen Shakespeares »Macbeth« inszenieren. Schiller gefallen die Übersetzungen nicht. Er leiht sich das Original von Frau von Stein. Sein Englisch ist dürftig, und doch geht ihm Shakespeare nun wie eine Sonne auf, *weil der Geist des Gedankens viel unmittelbarer wirkt.* So fängt er denn an, diesen »Macbeth« zu übersetzen, er, der den absoluten Rhythmus besitzt, den Rhythmus, der seine Balladen unsterblich gemacht: Der Ring des Polykrates, Die Kraniche des Ibykus, Der Taucher, Die Bürgschaft –

Zu Dionys, dem Tyrannen, schlich
Damon, den Dolch im Gewande …

Er hat sie alle vor zwei Jahren in diesem herrlichen Sommer geschrieben. Auch »Der Handschuh« gehört dazu:

… Und wirft ihr den Handschuh ins Gesicht:
Den Dank, Dame, begehr ich nicht,
Und verläßt sie zu selben Stunde

Schiller beherrscht das Wort, die Sprache, den Gesang des Gedankens im Takt der Liebe wie in »Hero und Leander«. Das macht ihm niemand nach.

Seht ihr dort die altergrauen
Schlösser sich entgegen schauen,
Leuchtend in der Sonne Gold,
Wo der Hellespont die Wellen
Brausend durch der Dardanellen
Hohe Felsenpforte rollt?
Hört ihr jene Brandung stürmen,
Die sich an den Felsen bricht?
Asien riß sie von Europen,
Doch die Liebe schreckt sie nicht.

Nun denn Shakespeares Macbeth, der den König von Schottland mordet, um selber König zu werden, wie die drei Hexen auf der Heide es ihm prophezeit. Schiller sieht in diesem düsteren Helden Züge seines Wallenstein, *wo das Schicksal ebenfalls weit weniger Schuld hat als der Mensch, daß er zugrunde geht.* So schreibt Schiller an Goethe, und der kommt am Abend noch bei ihm vorbei und borgt ihm sein englisches Lexikon.

Was für Tage und Wochen sind das. Schiller übersetzt Shakespeare, probt Lessings »Nathan«, bereitet Gozzis »Turandot« vor, ärgert sich über oberschlaue Akteure, die ihm die Stücke erklären wollen, und Goethe bittet Schiller, der oft zu freundlich zu den Schauspielern ist, auf den Hauptdarsteller zu achten, der so schrecklich theatralisch mit den Händen rumfuchtelt und seinen Text in höchsten Tönen spricht. Als der Akteur mit gewaltigem Wortschwall auf seiner Interpretation beharrt, platzt auch Schiller der Kragen, und er brüllt den Mann auf der Bühne an: *Jetzt höret Se mol! Mache Ses, wies i Ihne sag und wies dr Goethe han will. Und er hot Recht – 's isch a Graus, des ewige Rumgefuchtle mit de Händ und des Hinaufpfeife bei dr Rezitatio!*

Wie haben Schiller und Goethe versucht, das bittere Niveau auf ihrer Bühne zu heben. Doch nach Wallenstein und Iphigenie wollen die Leute wieder August von Kotzebue sehen, der Deutschland mit einer Massenproduktion von Rühr- und Ritterstücken überschwemmt. Sentimentale Theaterverschmutzung ist das für Schiller und Goethe. Sie sind entsetzt, daß dieser *Windball,* der in Rußland reich geworden, nun ordenbehängt in Weimar auftaucht und von der Herzoginmutter Anna Amalia auch noch mit offenen Armen im Wittumspalais empfangen wird. Als die Freunde bei Hofe an einer seiner Lesungen teilnehmen müssen, sagt Goethe anschließend, der Mann sei eine Karikatur, die *mit heruntergelassenen Hosen einen Säulengang bekleckert*. Und Schiller muß die verlorene Zeit wieder aufholen, vergräbt sich im Arbeitszimmer und schreibt bis in die frühen Morgenstunden gegen seine Lebensuhr an, schreibt weiter an seinem Stück »Maria Stuart«.

Vier von fünf Akten sind so gut wie fertig, als er im Mai des neuen Jahrhunderts zur Lesung einlädt. Die Schauspieler sollen das Stück schon mal kennenlernen, sollen vertraut werden mit ihren künftigen Rollen. Caroline Jagemann, die Mätresse des Herzogs, ist natürlich auch dabei. Sie wird bei Hofe gut Wetter machen und ist als Königin von England vorgesehen. Goethe ist natürlich anwesend, und die Schwiegertochter von Regierungsrat Voigt erzählt, wie der Abend verläuft:

Geladen hat Schiller für den späten Nachmittag. Aber der Dramatiker stimmt seine Gäste erst einmal ein, erzählt von seiner Arbeit, der englischen Geschichte um 1587 – zu der Zeit spielt das Drama –, dann wird zu Abend gegessen, getrunken, geredet, und nun erst beginnt Schiller zu lesen. Es ist die Stunde, die er liebt, und er liest bis in die Nacht hinein, liest stehend oder auf seinem Stuhl kniend von Maria Stuart, der Königin von Schottland, die ihren Mann umbringen läßt, seinen Mörder heiratet, von ihren Untertanen verjagt wird, nach England flieht und bei Königin Elisabeth, der Protestantin, um Schutz bittet. Doch die sieht in der katholischen Maria eine Rivalin, die sie vom Thron verjagen will, und läßt sie einsperren.

Immer wieder versuchen Verehrer, die Gefangene aus Schloß Fotheringhay zu befreien. Ihre abgeschlagenen Köpfe verwesen auf Londons Brückenpfeilern. Doch da entflammt erneut ein Jüngling. Es ist Mortimer, der die Schottin zum Schein verdammt, ihr Bewacher wird, ihr anvertraut, daß er nach einer Reise durch Italien konvertiert sei und sie nun retten und besitzen will. Besitzen will sie auch der Opportunist Graf Leicester. Er hat Maria einst geliebt, ist dann aus

Machtgier Elisabeths Günstling geworden, wartete jedoch vergeblich, ihr Mann und König zu werden, nun hofft er mit einer befreiten Königin von Schottland die prüde Königin von England zu vertreiben.

Und sie? Elisabeth, die Harte, Kühle? Sie fühlt sich – trotz ihrer Macht über Leben und Tod – bedrängt und einsam. Was soll sie tun? Maria meuchlings morden lassen? Öffentlich köpfen lassen? Leben lassen? *Ihr Leben ist dein Tod! Ihr Tod dein Leben!* So rät der eine. Der andere: *Sie lebe, aber unterm Beil des Henkers*. Also lebenslänglich. Da kommt es zur großen Szene des Trauerspiels, zur Begegnung der Königinnen. Maria wirft sich Elisabeth zu Füßen, fleht um Gnade und Mitgefühl, erinnert an das gemeinsame Tudor-Blut in ihren Adern und verzichtet auf alle Macht, wenn sie begnadigt wird.

Regiert in Frieden!
Jedwedem Anspruch auf dies Reich entsag ich.
Ach, meines Geistes Schwingen sind gelähmt.
Nicht Größe lockt mich mehr – Ihr habts erreicht,
Ich bin nur noch ein Schatten der Maria

Elisabeth von England genießt den Kniefall, die Unterwerfung, das Ende der schönen Schottin, und sie tritt noch einmal nach:

Ja, es ist aus, Lady Maria. Ihr verführt
Mir keinen mehr. Die Welt hat andre Sorgen.
Es lüstet keiner, Euer – vierter Mann
Zu werden, denn Ihr tötet Eure Freier
Wie Eure Männer!

Das ist der Höhepunkt des Dramas, das Ende der Hoffnung. Empört und rachwütig wirft Maria der Herrscherin nun vor, ein Bastard zu sein, der Englands Thron entweiht. Damit steht das Todesurteil fest.

Zum Tode verurteilt: Maria Stuart, Königin von Schottland, auf dem Weg zum Henker.

»Ein böser Geist stieg aus dem Abgrund auf,
Den Haß in unsern Herzen zu entzünden«
Aus Schillers »Maria Stuart«

Auf Schloß Ettersburg bei Weimar, mit Blick auf fast schottisch anmutendes Hochland, schreibt Schiller den letzten Akt seiner »Maria Stuart«, Königin von Schottland.

Idylle bei Weimar: Herzog Carl August bietet Schiller ein Zimmer auf der Ettersburg an, damit der Dichter in Ruhe arbeiten kann.

Alle Zuhörer sind benommen und bewegt und applaudieren. Demoiselle Jagemann ist hochzufrieden mit ihrer Rolle, mit Elisabeth. Da ist Schiller überglücklich und betont noch einmal, wieviel schwerer es ist, die Königin von England darzustellen. Maria, sagt er, spiele sich doch *gewissermaßen von selbst*.

Für den letzten, den fünften Akt, braucht Schiller nun Ruhe. Der Herzog gestattet ihm, sich auf die Ettersburg zurückzuziehen. Sein Diener begleitet ihn in diese herrlich wilde Gegend oberhalb von Weimar, die aussieht wie saftiges schottisches Hochland. Er ißt täglich beim Oberförster, schreibt seiner *Maus* Lotte, daß er Sehnsucht nach ihr und den Kindern hat, und wenn es nicht regnet und stürmt, geht er Stunden spazieren und erdenkt die schwierige Szene, in der die zum Tode verurteilte Maria vor ihrer Hinrichtung einem Priester beichtet, die Sakramente erhält und die Absolution.

Das hat vor Schiller noch niemand gewagt: die heiligste Handlung auf die Bühne zu bringen. Er weiß, wie tollkühn der Einfall ist, deshalb hat er sich von einem katholischen Schauspieler alles genau erklären lassen – den Ritus der Beichte, des Abendmahls, der Absolution und wie man das Kreuz schlägt. Viele Stunden verbringt der Akteur mit dem Dichter, und sie reden über das Alte und das Neue Testament, und *mit warmer Vorliebe legte mir Schiller die Szene ans Herz,* die er auch spielen sollte.

Die Sache sickert durch, der Herzog erfährt davon und schreibt einen freundlichen Brief an Schiller. Er fürchte, das Publikum könne Anstoß an so einer Szene nehmen. Ob er nicht noch einmal darüber nachdenken wolle? Bei seinem Minister Goethe wird Carl August deutlicher. Er traue *der prudentia mimica externa Schilleri* nicht so recht. Schiller sei ja sonst *ein braver Mann,* aber göttliche Unverschämtheiten gehörten inzwischen wohl schon fast zum guten Ton. Also Goethe soll bitte dafür sorgen, daß es hier keine poetischen Auswüchse gibt.

Goethe schreibt gleich einen Brief an den Freund: *Der kühne Gedancke, eine Communion aufs Theater zu bringen, ist ruchbar geworden.* Ihm selbst sei auch *nicht wohl zu Muthe.* Ob Schiller ihn bitte gleich morgen besuchen wolle? Der kommt und kann Goethe schnell überzeugen, daß es sich nicht um Effekthascherei handelt, sondern um eine tief empfundene Szene im Angesicht des Todes. Also gut. Soll er es probieren. Aber zurückhaltend und mit Feingefühl. Schiller inszeniert seine »Maria Stuart« selbst, *und mit einem Succeß, wie ich ihn nur wünschen konnte.* Die heikle Szene aber wird nur bei der Uraufführung gespielt. Generalsuperintendent Herder regt sich fürchterlich auf, auch Wieland nimmt Anstoß, und so wird sie denn bei den restlichen Aufführungen gestrichen.

Unschlagbar ist Schiller wie in all seinen Stücken mit dem letzten Satz der letzten Szene. Mortimer hat sich umgebracht, Maria ist enthauptet worden, und Elisabeth erfriert in Einsamkeit. Jetzt braucht sie einen Menschen. Sie ruft nach dem Grafen Leicester, dem Mann, der sagt, daß er sie liebt. Da meldet man ihr: *Der Lord läßt sich entschuldigen, er ist zu Schiff nach Frankreich.*

»Und drinnen waltet
Die züchtige Hausfrau,
Die Mutter der Kinder«   *Aus Schillers »Lied von der Glocke«*

Ende 1802 ziehen Lotte und Schiller mit ihren drei Kindern endlich in ein
geräumiges Haus. Es liegt an der Esplanade in Weimar und kostet 4200 Taler.

»*Ich fand zu meinem Erstaunen, daß die Schublade voll fauler Äpfel war.*«
Goethe zu Eckermann über Schillers Scheibtisch.

Auf Schillers Schreibtisch in Weimar liegen Feder, Tintenfaß, Schnupftabakdose und eine Manuskriptseite aus dem unvollendeten »Demetrius«.

Das nächste Stück liegt längst auf dem Schreibtisch – »Die Jungfrau von Orleans«. Aber Schiller kann nicht richtig arbeiten. Die schöne Wohnung in der Windischengasse ist einfach zu laut. Die acht Fenster im 2. Stock gehen alle zur Straße raus, die Pferdewagen auf dem Katzenkopfpflaster machen einen Höllenlärm, die Söhne knallen gerne mit ihren Peitschen auf dem Flur rum, und Schiller ist nun mal ein duldsamer Vater, der seine Kinder nie schlägt, der möchte, daß sie angstfrei aufwachsen. Und laut ist es auch von unten her: In der Bel Etage bläst ein Kammerherr Tag für Tag ins Horn.

Monatelang denkt Schiller schon daran, ein Haus zu kaufen. Bis er eines findet, das er finanzieren kann, mietet er die Dachstube über seiner Wohnung hinzu, um die Johanna schreiben zu können, seine *Seherin und Gott gesendete Prophetin,* die Orleans retten will, *eh der Mond noch wechselt,* und dem depressiven französischen König Karl einen Sieg nach dem anderen gegen die Engländer beschert.

Schiller hat sich schwer getan mit seinem Hirtenmädchen, das nach dem Kriegshelm greift: *Mein ist der Helm und mir gehört er zu,* das sich vor der Schlacht in romantischem Vers von ihrer Heimat verabschiedet:

> *Lebt wohl ihr Berge, ihr geliebten Triften,*
> *Ihr traulich stillen Täler, lebet wohl!*
> *Johanna wird nun nicht mehr auf euch wandeln,*
> *Johanna sagt euch ewig Lebewohl.*

Denn Johanna wird von nun an aus dem Himmel gelenkt. Und Schiller reist für ein paar Wochen nach Jena in seine *Gartenzinne,* um in völliger Ruhe arbeiten zu können. Dankt seiner *Maus* Lotte für den neuesten Klatsch aus Weimar und schreibt ihr ein Punschrezept auf: *wird aus Portwein, Zitronen, Zucker und Muskatnuß warm zubereitet und ist für den Magen komfortabel.* Dann gibt es nur noch die Heldin Johanna.

Sie ist ein selbstbewußtes, kühnes Mädchen, eine erbarmungslose Kämpferin, eine Furie: *Mich treibt eine Göttin, ich muß kämpfen und töten.* Kriegsgebrüll, Trompeten, Fahnen, Blut und Leichen – wie ein Orkan fegt sie übers Schlachtfeld. *Mir zeigt der Geist nur große Weltgeschicke.* Bis Lionel vor ihr steht, der letzte englische Feldherr, bis sie seinem Blick begegnet, bis aus beider Augen Sehnsuchtsfunken schlagen. Da läßt sie ihr Schwert sinken, läßt ihn leben, leidet unter ihrer Schwäche, will bei der Krönung Karls nicht mehr zusehen, flieht, gerät in englische Gefangenschaft, sprengt die Ketten und stirbt schließlich im Kampfgetümmel – mit himmlischer Vision vor Augen:

> *Wie wird mir – Leichte Wolken heben mich –*
> *Der schwere Panzer wird zum Flügelkleide.*
> *Hinauf – hinauf – Die Erde flieht zurück –*
> *kurz ist der Schmerz, und ewig ist die Freude!*

Dieser Stoff ist keiner von den leichten, schreibt Schiller an Goethe, *und liegt mir nicht nahe.* Die Quellen, die er benutzen kann, sind dürftig. Alle Akten der Inquisition kommen erst viele Jahre später an die Öffentlichkeit. So taucht er sein Stück in Donnerhall und Orgelklang und übersinnlichen Zauber. Ein schwarzer Ritter schreckt das Mädchen, ein poetisches Gespenst, Schiller liebt doch Märchen und Rittergeschichten. Und daß der strenge Vater sein Kind Johanna nach der Krönungsmesse vor König und Volk eine Hexe nennt, eine, die den Satan im Leib hat – *hier verkaufte sie dem Feind der Menschen ihr unsterblich Teil, daß er mit kurzem Weltruhm sie verherrliche* – das ist Schillers Jugendtrauma, ist die Erinnerung an seinen Kampf mit Herzog Carl Eugen, an sein Ringen um Poesie und Gedankenfreiheit.

Herzog Carl August ist entzückt von diesem neuen Stück. *Die betrübte deutsche Sprache ist in die schönste Melodie gezwungen*, schreibt er. Und doch wird »Die Jungfrau von Orleans« nicht in Weimar uraufgeführt, son-

Besiegt:
Schillers Jungfrau von Orleans
liebt ihren Feind Lionel und
kann ihn nicht töten.

dern unter Jubel in Leipzig. Warum? Weil nur Caroline Jagemann, die Geliebte des Herzogs, die Rolle hätte spielen können. Aber sie – eine Jungfrau? Das Publikum hätte sich totgelacht und aus dem romantischen Trauerspiel eine Komödie gemacht.

Für die nächsten Wochen und Monate stockt die Produktion, denn Schiller hat ein Haus an der Esplanade gefunden. Er ist jetzt 42 und gibt sich noch acht Lebensjahre. Bis 50 will er durchhalten für all die Theaterpläne, die in seiner Schublade liegen. Doch nun muß er erstmal an die Finanzierung des Hauses denken, das 4200 Taler kostet, am Rande von Weimar steht, ein Landhaus in der Stadt also mit Garten und einem Pferdestall.

Die große Rechnerei beginnt. 4200 Taler entsprechen etwa 60 000 Euro. 400 Taler bekommt Schiller als Hofrat vom Herzog. Im Jahr. Verleger Cotta gibt einen Vorschuß von 1430 Talern. In gleicher Höhe nimmt Schiller einen Kredit an der Fürstlichen Kammer auf. Goethe gibt ein kleines Darlehen aus seiner Privatschatulle, *chère mère* eins in Höhe von 600 Talern. Für 1150 Taler wird das Haus in Jena verkauft, und Schiller nimmt noch eine Hypothek von 2200 Talern zu vier Prozent Zinsen auf, denn das Haus muß umgebaut werden, das kostet auch noch mal. *Ich sehne mich sehr nach einem ruhigen Auffenthalt*, schreibt er im Sommer 1802 an Goethe, *denn bei mir geht es jetzt sehr lermend zu, da oben und unten gehämmert wird, und der Boden zittert, ganz buchstäblich genommen, unter meinen Füßen.*

Wenn Lotte mit den Kindern bei der Mutter oder Frau von Stein ist, kümmert Schiller sich um alles. Läßt vor seinem Fenster im Arbeitszimmer einen karmesinfarbenen Vorhang anbringen, weil der rötliche Schimmer anregend und belebend auf ihn wirkt. Läßt neue Dielen legen, das harte Sofa mit Pferdehaar polstern, die alten Tische frisch furnieren, besorgt ein *Nachttischchen aus Mahagoni* für seine Frau, läßt die Vorhänge und die Stuhlkappen aus dem Wohnzimmer waschen.

In diesem neuen, seinem letzten Haus sitzt Schiller nun im Arbeitszimmer und schreibt an einem sehr ungewöhnlichen Stück, an der »Braut von Messina«. Eines Tages klingelt ein Bote des Herzogs an der Tür und überreicht dem Dichter sehr feierlich eine Schatulle.

»Sind auch die alten Bücher nicht zur Hand,
Sie sind in unsre Herzen eingeschrieben.«
Aus Schillers »Wilhelm Tell«

Im Marbacher Schiller–Nationalmuseum stehen Erstausgaben
von Schiller und seinen Zeitgenossen.

Schiller ahnt, was drin liegt, denn er wird an jenem 16. November 1802 in seinen Kalender schreiben: *Der Adelsbrief aus Wien.*

Es war also erwartet, das Diplom, zu dem der Herzog von Weimar ein paar persönliche Worte gelegt: Er hofft, daß *dieses Ereigniß Ihnen einen angenehmen Augenblick verschaffet.* Das tut es, denn nun endlich ist Schillers Lotte selig. Wie lange war sie durch die bürgerliche Heirat eine Person zweiter Klasse, konnte nicht mehr, wie früher, an den großen Gesellschaften bei Hofe teilnehmen. Ja, diese Deklassierung über zwölf Jahre war ihr schwergefallen. Und immer wieder hatte sie ihre Schwester Caroline von Wolzogen, ihre Patentante Charlotte von Stein und wohl auch den Geheimrat von Goethe auf diesen höchst mißlichen Zustand aufmerksam gemacht, bis die Freunde ihre Fäden zum Herzog zogen. Schließlich hatte Schiller ja inzwischen gewaltige Verdienste um den Musenhof erworben, um den Rest von Deutschland, und im Ausland war er auch berühmt.

Nun endlich, endlich ist sie da, die *kaiserliche Gnade*, die auch für alle *Leibeserben beiderlei Geschlechts* gilt, unterzeichnet von Franz dem Zweiten, *Kaiser von Gottes Gnaden, erwählter Römischer Kaiser, zu allen Zeiten Mehrer des Reiches…* Es folgt ein Leporello von über 50 Ländern, Fürstentümern und Städten. Zum Adelsbrief gehört auch ein Wappen. Es liegt ebenfalls in der Schatulle: In arkadischer Landschaft steht auf barockem Sockel ein Helm – lorbeerbekränzt. Und über ihm springt aus einer Krone das geheimnisvolle Fabelwesen – das Einhorn, Sinnbild übermenschlicher Kraft. Das wird dem Liebhaber von Rittern und Sagen gefallen haben.

Gleich am nächsten Tag schreibt Schiller denn auch an den Mann, der vor allem wohl die Auszeichnung angeschoben hatte: an Regierungsrat

Helm und Einhorn: Am 16. November 1802 bringt ein Bote des Herzogs den Adelsbrief. In Schillers Wappen sind Kraft und Sinnlichkeit symbolisch dargestellt.

Voigt: *Weder ich selbst noch meine Kinder sollen den Helm und den Lorbeer in meinem Wappen betrachten, ohne sich dankbar und ehrerbietig der lieben Hand zu erinnern, die ihn darein geflochten hat.* In einem Brief an seinen Freund Wilhelm von Humboldt klingt der Herr von Schiller eher vergnügt und bodenständig: *Sie werden gelacht haben, da Sie von unserer Standeserhöhung hörten... Lolo ist jetzt recht in ihrem Element, da sie mit ihrer Schleppe am Hofe herumschwänzelt.*

Schiller arbeitet nun Tag für Tag weiter an seiner »Braut von Messina«, die wie ein Fremdkörper wirkt zwischen seinen politischen Dramen. Die Geschichte ist frei erdichtet, ist eine moderne antike Tragödie, die im Mittelalter auf Sizilien spielt. Und der Chor zieht dabei *die großen Resultate des Lebens.*

Die Fürstin von Messina hat nach dem Tod ihres Gemahls die verfeindeten Söhne Don Manuel und Don Cesar wieder zusammengeführt. Nun will sie ihnen das Geheimnis ihres Lebens offenbaren: sie hat noch eine Tochter, die Söhne also noch eine Schwester – Beatrice, die verborgen im Kloster lebt. Dafür war der Fürst verantwortlich, der einst im Traum gesehen, wie aus seinem Hochzeitsbett zwei Lorbeerbäume wuchsen und zwischen ihnen eine Lilie. Diese Lilie wurde zur Flamme und verschlang das ganze Haus. Ein arabischer Sternendeuter weissagte ihm: Seine Tochter würde seine Söhne töten und seinen Stamm auslöschen. So hatte der Fürst, als er nach zwei Söhnen tatsächlich eine Tochter bekam, befohlen, sie zu töten. Doch die Fürstin läßt sie heimlich ins Kloster bringen.

Durch die Straßen der Städte,
Vom Jammer gefolget,
Schreitet das Unglück –
Lauernd umschleicht es
Die Häuser der Menschen,
Heute an dieser
Pforte pocht es,
Morgen an jener,
Aber noch keinen
Hat es verschont.

So spricht der Chor. Und wie bei König Ödipus erfüllt sich auch hier die Prophezeiung, und das Verhängnis nimmt seinen Lauf: Nach einer Jagd sind sich Don Manuel und Beatrice im Kloster begegnet, und seither lieben sie sich. Don Cesars Leidenschaft entbrennt, als er die Schöne auf der Beerdigung des Vaters sieht. So kommt es zur schicksalhaften Begegnung der drei, die noch nicht wissen, daß sie Geschwister sind. Der alte Bruderhaß bricht wieder auf. Don Cesar ersticht in seiner Eifersucht Don Manuel. Und als die Wahrheit an den Tag kommt, bringt auch der Mörder sich aus Scham und Verzweiflung um. Und der Chor zieht bittere Bilanz:

Das Leben ist der Güter höchstes nicht,
Der Übel größtes aber ist die Schuld.

Goethe gratuliert. Er ist überwältigt. Welch strenges, poetisches Spiel, welche Sprachwucht.

Verzweiflung: Don Cesar hat seinen Bruder Don Manuel erstochen, weil er Beatrice liebte. Erst an der Bahre erfährt er von seiner Mutter Isabella, daß »Die Braut von Messina«, also Beatrice, die Schwester ist.

»Sie haben die betrübte deutsche Sprache in die schönste Melodie gezwungen«

»Pfauen Junos! Erwartet mich
Auf Zithärons wolkichtem Gipfel!«
Aus Schillers lyrischer Operette »Semele«

Pfauen vor Schloß Belvedere in Weimar.

Die Uraufführung in Weimar wird bejubelt und beklatscht und später auf nächtlichen Straßen von Studenten noch derartig gefeiert, daß die Polizei einschreiten muß. Drei Monate später, im heißen Juli, reist Schiller mit der Postchaise nach Bad Lauchstädt, dorthin, wo zwölf Jahre zuvor die Entscheidung für Lotte gefallen war, für seine Frau. Er muß sich nach den anstrengenden letzten Monaten erholen. Offiziell vertritt er Goethe, den Schauspieldirektor, dessen Weimarer Truppe hier im Kurbad ein paar Vorstellungen gibt.

Am ersten Abend spielen sie »Wallensteins Lager«, am zweiten »Die Braut von Messina«. Da geht Schiller hin. Das Theater ist bis zum letzten Platz besetzt, es ist drückend und schwül, ein Gewitter liegt in der Luft, bald prasselt der Regen so laut aufs Theaterdach, daß die Schauspieler kaum mehr zu verstehen sind. Und als im letzten Akt die Fürstin den Himmel verdammt und die Welt verwünscht, als der Chor ruft:

Wenn die Wolken gethürmt den Himmel schwärzen

Wenn dumpftosend der Donner hallt,

Da, da fühlen sich alle Herzen

In des furchtbaren Schicksals Gewalt…

in dem Augenblick, schreibt Schiller später an sein *liebes Herz* Lotte, *fiel der wirkliche Donner mit fürchterlichem Knallen ein.* Und als die Blitze immer heftiger werden, *flohen viele Frauenzimmer aus dem Haus heraus, es war eine ganz erstaunliche Störung.* Erst als der Vorhang fällt, hat sich das Gewitter verzogen, und Totenstille herrscht im Publikum. Schiller und seine Schauspieler stehen da und sehen in kreidebleiche Gesichter.

Dieses Drama zwischen Himmel und Bühne hat Folgen. Schiller will für sein nächstes Stück an Effekte denken, will die Theatermaschinerie ankurbeln und Massenszenen einarbeiten. Das nächste Stück ist »Wilhelm Tell«. Goethe hatte den Stoff 1797 von seiner dritten Reise in die Schweiz mitgebracht, wollte selbst ein episches Gedicht über diesen Freiheitshelden schreiben, schenkte die Geschichte dann aber Schiller. Und der sitzt nun in der Kutsche, die ihn von Lauchstädt zurück nach Weimar bringt, und die Tell-Szenen ordnen sich auf der Fahrt so glücklich in seinem Kopf, daß er das Schauspiel so gut wie fertig vor sich sieht.

Er trifft sich gleich mit Goethe, macht einen langen Spaziergang mit ihm in den weiten Parkanlagen nach Belvedere hoch und erzählt, wie er das Großprojekt anlegen will. Und Goethe schildert bald, wie es bei Schiller zugeht: *Er fing damit an, alle Wände seines Zimmers mit soviel Specialkarten der Schweiz zu bekleben, als er auftreiben konnte.* Liest Reisebeschreibungen, Geschichtsbücher, Berichte über den Schweizer Aufstand. *Überfiel ihn die Müdigkeit, so legte er den Kopf auf den Arm und schlief,* erzählt Goethe weiter. *Sobald er wieder erwachte, ließ er sich – nicht, wie ihm fälschlich nachgesagt worden, Champagner – sondern starken, schwarzen Kaffee bringen.*

Es ist die Zeit, als Alexander von Humboldt seine legendäre Amerikareise macht, als Napoleon – seit Monaten schon Konsul auf Lebenszeit – England den Krieg erklärt, als Hölderlin geisteskrank wird und Klopstock und Herder sterben. Da läßt Schiller einen Fischerknaben im Kahn auf dem Vierwaldstätter See ein Paradies besingen:

Es lächelt der See, Er ladet zum Bade,
Der Knabe schlief ein am grünen Gestade,
Da hört er ein Klingen,
Wie Flöten so süß,
Wie Stimmen der Engel
Im Paradies.

Doch dann ziehen Gewitterwolken auf, ein gewaltiges Unwetter droht, und mit ihm naht der Landvogt, dessen Reiter Herden und Hütten überfallen.

Gerechtigkeit des Himmels,
Wann wird der Retter kommen diesem Lande?

Die Tyrannei ist in Arkadien eingebrochen. Die alten Rechte der Schweizer sind bedroht, denn der Habsburger Kaiser hat seine Vögte ins Land gejagt. Sie unterdrücken die Bevölkerung, lassen Zwingburgen bauen und Festungen. Drei Länder – Schwyz, Uri und Unterwalden – sollen Teil von Österreich werden. Und Landvogt Geßler demütigt die freien Bürger. Er läßt in Altdorf einen Hut auf eine Stange stecken, einen Hut, der den Kaiser symbolisiert. Der muß gegrüßt werden – mit entblößtem Haupt. Und weil der Vogt einen Aufrührer nicht erwischt, läßt er dessen altem Vater von Folterknechten die Augen ausstechen.

Nachts auf dem Rütli treffen sich drei Verschworene der drei Länder: Kein Anschluß an Österreich, keine Vögte, keine fremden Herren.

Laßt uns den Eid des neuen Bundes schwören.

Wir wollen sein ein einzig Volk von Brüdern,

In keiner Not uns trennen und Gefahr.

Tell gehört nicht zu den Rütli-Schwörern. Sein Spruch heißt*: Der Starke ist am mächtigsten allein.* Er geht, zusammen mit seinem Sohn, am Hut auf der Stange vorbei, ohne zu grüßen. Und wird als Feind des Kaisers festgenommen.

Da hat Geßler eine prächtige Idee: Tell soll, als Strafe für seinen Ungehorsam, einen Apfel vom Kopf seines Sohnes schießen. *Du schießt oder stirbst mit deinem Knaben.* Tell schießt und trifft den Apfel. Als der Landvogt wissen will, für wen der zweite Pfeil gewesen, sagt Tell, für ihn, für Geßler, falls er den Sohn getroffen hätte.

Für diese Antwort wird er wieder festgenommen, soll lebenslang im Kerker schmachten, kann sich befreien und erwartet seinen Feind nun zwischen Felsen und Gestrüpp.

Durch diese hohle Gasse muß er kommen,

es führt kein andrer Weg nach Küßnacht

Geßler hat bei Tell, dem Mord und Totschlag immer fremd waren, die *Milch der frommen Denkart* in *gärend Drachengift* verwandelt. Und er schießt dem Tyrannen seinen letzten Pfeil ins Herz.

Schiller ist sicher, daß sein Stück *ein mächtiges Ding* wird. An Wilhelm Iffland, der inzwischen Intendant am Berliner Nationaltheater ist und auf den »Tell« wartet, schreibt er: *Auch muß ich bitten, daß ich*

Gerettet:
Wilhelm Tell ist der Apfelschuß vom Kopf
seines Sohnes gelungen.

»Nun, Tell! weil du den Apfel triffst vom Baume / Auf hundert Schritte, …
mach dich fertig, / Einen Apfel von des Knaben Kopf zu schießen«
Aus Schillers »Wilhelm Tell«

Lotte Schiller berichtet, daß ihr Mann den Geruch fauler Äpfel brauchte,
um arbeiten zu können.

Geßlern einmal zu Pferd auf die Bühne bringen kann, beim Apfelschuß, so wie er es auf allen Kupferstichen gesehen.

Goethe darf als erster die fertigen Akte lesen. Er lobt und rät und richtet schon für die Bühne ein. Einmal kommt er zu Schiller, als der nicht im Haus ist. Seine Frau läßt ihn ein, sagt, er soll doch auf ihn warten. Da setzt Goethe sich an Schillers Schreibtisch, *um mir dieses und jenes zu notieren.* Nach kurzer Zeit wird ihm übel, so übel, *daß ich endlich einer Ohnmacht nahe war.* Der Geruch kommt aus der Schublade. Als Goethe sie öffnet, *fand ich zu meinem Erstaunen, daß sie voll fauler Äpfel war.* Er kann sich gerade noch ans Fenster schleppen, es öffnen und nach frischer Luft schnappen. Da kommt Charlotte Schiller ins Zimmer und sagt zu Goethe, ihr Mann brauche den Geruch von faulen Äpfeln, ohne ihn könne er nicht arbeiten.

Am 18. Februar 1804 schreibt Schiller in seinen Kalender: *Den Tell geendigt.* Im März ist bereits Premiere. Fünf Stunden dauert die Aufführung. Sie wird ein *Succeß, wie noch keins meiner Stücke.* Und aus keinem seiner Stücke werden so viele Sätze zu geflügelten Worten: *Der kluge Mann baut vor – Früh übt sich, was ein Meister werden will – Die Axt im Haus erspart den Zimmermann – Der brave Mann denkt an sich selbst zuletzt – Es kann der Frömmste nicht in Frieden leben, wenn es dem bösen Nachbarn nicht gefällt.* Goethe hat es so gesagt: *Es ist bei Schillern jedes Wort praktisch, und man kann ihn im Leben überall anwenden.*

»*Sie erinnert mich sehr an das Faß der Danaiden*«

Begegnung mit Madame de Staël. Frühstück in Sanssouci

Zehn Tage vor Weihnachten, noch mitten im letzten Akt vom »Tell«, fegt ein französischer Sturm durch Weimar: Madame de Staël, 38 Jahre alt, Baronin, Schriftstellerin. Sie war von Napoleon, den sie heftig kritisiert, aus Paris gejagt worden, und ihre Bücher wurden konfisziert. Nun reist sie durch Deutschland, um für ein neues Werk zu recherchieren, »De l'Allemagne«. Auch hier wird sich der Korse wiederfinden – als Attila, als vom Himmel herabgestiegener Barbar, der wie ein Soldat lebt *und von der Erde nur die Lust* fordert, *sie zu erobern.*

Madame möchte in Weimar die großen Geister erobern. Aber Goethe hat sich rechtzeitig und heimlich davongemacht. Ist nach Jena geflohen. Hat Schiller einen Brief geschrieben, ob er sich bitte um die Dame kümmern kann. Sollte die *merkwürdige, so sehr verehrte Frau* allerdings nach Jena kommen, würde er sie natürlich gebührend empfangen. Aber bei diesem Winterwetter extra wieder nach Weimar zu fahren, sich umzuziehen, bei Hofe zu erscheinen, nein, das sei ihm zu viel.

Also ist Schiller erst mal dran. Und der wird auch gleich am Abend ins Schloß geladen, wo ein Empfang für die berühmt-berüchtigte Französin gegeben wird. Schiller wartet, wie andere Gäste, im großen Saal am Kamin. Er trägt die vorgeschriebene Hofuniform mit Schulterstücken, und Madame die Staël ist ziemlich beeindruckt von diesem großen, schlanken, blassen Mann mit dem ungewöhn-

Orkan aus Paris:
Die französische Schriftstellerin
Madame de Staël hält Schiller
wochenlang in Atem.

lich feinen Kopf: *Ich halte ihn für den Kommandanten der Streitkräfte und fühle mich durchdrungen von Achtung für den General.* Dann stellt die Herzogin ihn vor: Voilà, Monsieur Schiller.

Schiller hofft, daß sie Deutsch spricht. Sie spricht aber nur ein rasendes Französisch. *Man muß sich ganz in ein Gehörorgan verwandeln, um ihr folgen zu können,* schreibt Schiller, der die Sprache, außer auf der Carlsschule, nie gesprochen, nur in Zeitungen gelesen hat. So radebrecht er also französisch mit schwäbischem Akzent, und Madame die Staël ist verblüfft, als er damit sogar ein Streitgespräch durchhält und vehement das deutsche Theater verteidigt, als sie Racine und Corneille über alles stellt. *Schiller nimmt die Deutschen in Schutz, wo er nur kann,* schreibt Lotte sehr patriotisch an Goethe.

Dolmetscher für den Hof und manchmal auch für Schiller ist der Direktor des Weimarer Gymnasiums Karl August Böttiger, der Tagebuch geführt hat über den Besuch der Staël. Er erzählt, wie sie abends im Zimmer der Herzogin mit dramatischer Attitüde aus Racines »Phaedra« deklamiert, wie sie über Napoleon schimpft, der ein Feind aller Philosophie und Aufklärung sei, der die Griechen haßt und die harten Römer nachäfft und sich mit Speichelleckern umgibt. Und sie sagt Schiller, wie wunderbar sie seine »Kassandra« findet. Ja, sie wird das Gedicht ins Französische übersetzen, ist doch selbst eine Wissende, eine Wahrsagerin, die verspottet und verjagt wurde.

> *Und sie schelten mein Klagen*
> *Und sie höhnen meinen Schmerz,*
> *Einsam in die Wüste tragen*
> *Muß ich mein gequältes Herz,*
> *Von den Glücklichen gemieden*
> *Und den Fröhlichen ein Spott!*
> *Schweres hast du mir beschieden,*
> *Pythischer, du arger Gott!*

Böttiger erzählt auch, wie sie Schiller bei Tisch über seine Schreibgewohnheiten ausfragt und der ihr sagt, daß er *noch vor Beendigung eines Stückes an einem zweiten* arbeite, und *daß dieß auch schon jetzt bei seinem Wilhelm Tell der Fall sei.* Die Staël will natürlich sofort wissen, wie das nächste Drama heißt, aber Schiller sagt, *daß er beim Verrath des Gegenstandes* keine Lust mehr hätte, daran weiterzuarbeiten.

Sie bohrt und buhlt, aber Schiller bleibt stark, lenkt ab, fragt sie nach Erfahrungen, die sie auf ihrem Weg nach Weimar in Deutschland gemacht, und sie erzählt von ungenießbarem Essen, von verräucherten Stuben und Bier trinkenden Männern, die tumb und schwerfällig sind. Und als die Tafel aufgehoben wird, spielt sie den *Herrschaften mit der vollkommensten Mimik* eine Emigrantin vor, die deutsche Ordnung und Ungeschlachtheit karikiert.

So. Und nun will die Dame Goethe sehen. Goethe ist noch immer in Jena. Na gut, dann wird sie zu ihm fahren. Das schreckt den Olympier in der Einsamkeit, da kommt er doch lieber nach Weimar zurück. Und Madame de Staël ist ziemlich überrascht, daß der Dichter des »Werther« so gar nichts mehr von seinem schwärmerischen Helden hat, sondern richtig dick geworden ist. Er sei ja nun auch schon über fünfzig, sagt Goethe, lädt sie aber ein paar Mal zur Teerunde und zum Souper, besteht allerdings darauf, daß Schiller ebenfalls kommt. Und die Französin bombardiert die Dioskuren mit Billets für neue Rendezvous. Da schreibt Schiller seinem Freund Goethe, *die Stahl* erinnert ihn doch *sehr an das Faß der Danaiden*. Das sind die 49 Königskinder, die ihren Männern in der Hochzeitsnacht den Kopf abschlagen.

Schiller kommt gar nicht mehr zum Arbeiten. Auch quälen ihn Todesgedanken, weil Herder gestorben ist. Er fühlt doch längst, daß auch er nicht mehr viel Zeit hat. Und *der Winter ist so ein düstrer Gast und enget einem das Herz*. Und ewig die fremde Sprache, die er *nicht mit Leichtigkeit* beherrscht. *So habe ich wirklich harte Stunden*, schreibt Schiller an Körner. Und als Madame ihre Abreise noch einmal um drei Wochen verschiebt, meint er voller Zorn, man müsse auch wissen, wann man zu gehen hat. Trotzdem lädt er sie noch einmal zu sich nach Hause ein, liest zwei Szenen aus dem Tell vor, und Germaine de Staël findet, Schiller sei *fatalistisch in der »Braut von Messina«, katholisch in der »Maria Stuart«* und im »Wilhelm Tell« der *glühendste Republikaner*. Dann endlich rauscht sie ab aus Weimar, und Schiller schreibt an Goethe, ihm sei, als habe *er eine große Krankheit ausgestanden*.

Zwei Monate später, am 26. April 1804, bricht Schiller plötzlich zu einer Reise auf. Er fährt mit der schwangeren Lotte, dem 10jährigen Carl und dem 7jährigen Ernst nach Berlin. Ein Aufbruch in Panik. Gedacht, getan – 48 Stunden später sitzen sie in der Kutsche. Rumpeln mal wieder über schlechte Straßen Richtung Leipzig. Schaffen nicht mehr als fünf Kilometer in der Stunde. Warum dieses beschwerliche Unternehmen?

Schiller glaubt, in Weimar zu verkümmern. Goethe wird ihm auch zu bequem. Wie der mit Zeit umgeht! Lädt dauernd Leute ein, speist wie Gott in Frankreich, immer vom Feinsten, Krebse und Kapaune zu Champagner und Tafelmusik aus dem Hinterhalt. Er lahmt, arbeitet nicht, das macht Schiller fast zornig. *Ich verliere hier zuweilen die Geduld*, schreibt er vier Wochen vor der Abfahrt an seinen Schwager Wilhelm von Wolzogen. *Es gefällt mir hier mit jedem Tage schlechter, und ich bin nicht willens, in Weimar zu sterben.*

Er will doch noch so viel schaffen. Hat sich eine lange Liste gemacht mit lauter ungeschriebenen Stücken. Sie reicht von der Antike bis zur Gegenwart, von Themistokles und Agrippina bis zu Charlotte Corday, der Französin, die Marat erstach. Er plant auch Dramen über Heinrich den Löwen und Rudolf von Habsburg. Kabale, Mord und Liebe in Frankreich, England, Rußland, Zypern, Venedig. Schiller hat die ganze Welt in der Schublade.

Und nun also nach Berlin. Beim alten Freund Iffland stehen im Nationaltheater am Gendarmenmarkt all seine Dramen auf dem Spielplan. Und Wallenstein ist die Paraderolle des Intendanten. Iffland hat Schiller immer wieder eingeladen. Berlin sei doch etwas anderes als die Provinz. Er soll doch ganz hierher ziehen. So hat er sich denn Hals über Kopf aufgemacht und kommt am

Meisterzeichnung: Gottfried Schadow porträtiert Schiller 1804 in Berlin.

1. Mai erschöpft mit seiner Familie in Potsdam an. Das Stadttor ist schon verschlossen. Wer da? Wer sind Sie? Die Pässe bitte. Schiller? Der wachhabende Leutnant blüht auf. Wer kennt Schiller nicht, wer nicht seine Stücke? Er schickt gleich einen Kollegen zum Stadtkommandanten. Der soll mal ganz schnell den Schlüssel holen, damit die Familie noch ins Gasthaus kommt.

Die Tage in Berlin sind ein einziger Triumph für Schiller. Wenn er die Loge des Theaters betritt, erhebt sich das Publikum, und der Jubel bricht los, noch bevor der Vorhang sich öffnet. Ovationen für den Dichter. Der sieht seine »Braut«, die »Jungfrau« und den »Wallenstein«. Königin Luise bittet zum Empfang, Iffland zum Souper, Prinz Louis Ferdinand zur Mittagstafel. Der läßt vorher freundlichst anfragen, welche Speisen und Getränke der Dichter bevorzugt; und Schiller bestellt im Überschwang einen schweren Burgunder, der ihn dann gleich für ein paar Tage umwirft mit Krämpfen, Fieber und Katarrh.

Nie ist Schiller so geehrt worden wie in Berlin. Auf der Rückreise, die wieder über Potsdam geht, frühstücken Lotte und Schiller noch einmal beim Königspaar in Sanssouci, und es gibt ein lukratives Angebot: Er soll in die preußische Hauptstadt kommen für eine Jahrespension von 3000 Talern. Von einer Hofequipage ist auch die Rede. Schiller zögert. Will er nach Berlin? Schon wieder umziehen? Er denkt aber auch an die Zukunft der Kinder und an die Freiheiten, die er hätte. 3000 Taler! In Weimar bekommt er 400. *Auf der anderen Seite*, schreibt er an Körner, *zerreiße ich höchst ungern alte Verhältnisse, und in neue mich zu begeben schreckt meine Bequemlichkeit.* Und die große Welt hat er auch nie gebraucht. Gebraucht hat er immer nur die ruhige Schreibstube. Von der aus hat er in die Welt gedacht, ins Grenzenlose. *Ich habe einen unendlichen Respekt vor diesem großen drängenden Menschenozean*, hatte er schon vor vielen Jahren geschrieben, *aber es ist mir auch wohl in meiner Haselnußschale.*

Letztes Drama und Tod

So schickt er denn, als er wieder zu Hause ist, einen Brief an seinen Herzog Carl August, erzählt offen und herzlich von seiner Reise, vom Angebot, von seiner Neigung, in Weimar bleiben zu wollen. *Aber, gnädigster Herr, ich habe Familie...* Der Herzog versteht, erhöht die Bezüge erstmal auf 800 Taler, Schiller bedankt sich, und Carl August freut sich, ihn nun *für immer den Unsrigen nennen zu können.* Lotte Schiller ist selig. Die flache Natur um Berlin herum *hätte mich zur Verzweiflung gebracht.* Sie weinte vor Glück, als sie von der Kutsche aus die ersten Hügel Thüringens sah.

Am 25. Juli bringt sie ihr viertes Kind zur Welt, Emilie, die zweite Tochter. Es ist eine schwere Geburt, aber alles geht am Ende glatt. Nur Schiller liegt zur selben Stunde im Nebenzimmer und kämpft mit dem Tod. Mitten im Sommer, bei *unerträglicher Hitze,* wirft ihn eine Erkältung nieder. Den Symptomen nach – so diagnostiziert man später – soll seine Bauchfellentzündung in eine Darmverschlingung übergegangen sein. Die Krämpfe und Koliken sind so schrecklich, daß er vor Schmerzen schreit: *Wenn es nur schon aus wäre!* Der Hausarzt Dr. Stark glaubt nicht, daß der Dichter die Nacht überlebt. Aber Schiller hält vier Nächte durch, schrammt eng am Jenseits vorbei, schafft es noch einmal, ein letztes Mal, schreibt, es

Nesthäkchen: Wenige Monate vor Schillers
  Tod wird Emilie Henriette Luise geboren.
    Sie wird den Nachlaß ihres Vaters betreuen.

wäre freilich sehr traurig für mich gewesen, so über Hals und Kopf davon zu müssen.

Der letzte Akt beginnt. Schiller versucht zu arbeiten. Schreibt *mit zitternder Hand* am neuen Stück, am »Demetrius«. Angeregt zu diesem Thema wurde er durch den Mord am russischen Zaren Paul I., der sich weigerte abzudanken und am 23. März 1801 von Verschwörern im Bett erschlagen wurde. Schillers Demetrius soll als Kind sterben, wird jedoch gerettet, wächst in Krakau auf und erhebt eines Tages Anspruch auf den Thron. Denn er sei Prinz Dimitri, Sohn des Zaren Iwan. Das gibt er bei der polnischen Reichsversammlung zu Protokoll.

Hier ist nicht Moskau. Nicht Despotenfurcht
Schnürt hier die freie Seele zu. Hier darf
Die Wahrheit wandeln mit erhobnem Haupt.

Aber ist Demetrius-Dimitri tatsächlich der russische Thronerbe? Er hat eine beglaubigte Urkunde über seine Abstammung. Aber gilt die ihm? Sie gilt ihm nicht. Nicht er ist der Zarensohn, er glaubt es nur. *Demetrius hält sich für den Czar, und dadurch wird ers,* schreibt Schiller. Und so zieht der wundersam gerettete falsche Zarewitsch in Rußland ein, um gegen den Zaren Boris Godunow zu kämpfen, der einst den Auftrag gab, den echten Zarewitsch zu ermorden.

Solche Szenen entstehen zwischen Tisch und Bett, zwischen er-kämpften Schreibschüben und Ohnmachten. Sind Siege eines dyna-mischen Geistes über einen zerstörten Körper. Und es ist eine trüge-rische Idylle, wenn Carl, der älteste Sohn, vom letzten Weihnachtsfest erzählt, wie sein Vater die fünf Monate alte, vor Vergnügen kreischende Emilie um den Baum herumträgt, der voll brennender Lichter ist. Im Dezember schon ist Schiller sterbenskrank, und eine Attacke löst die nächste ab.

Goethe ist auch krank. Er hat schwerste Nierenkoliken. Auch bei ihm fürchtet Doktor Stark das Schlimmste. Am 1. Januar 1805 schreibt Goethe ein Billet an den Freund: *Am Morgen des letzten Neujahrs-tages…* beim Durchlesen erschrickt er über den Lapsus. Schillers letz-ter Jahreswechsel? Er zerreißt das Kärtchen, schreibt ein neues, läßt es von Heinrich Voß, dem 25jährigen Sohn des Homer-Übersetzers, zu

Schiller tragen. Voß, Erzieher und Shakespeareforscher, macht Nacht-dienste bei Goethe oder Schiller. So wissen beide immer, wie es dem anderen geht.

In langen Fiebernächten sitzt der junge Voß an Schillers Bett und macht mit ihm Reisen übers Meer und Fahrten in südliche Sehn-suchtsländer. *Die Adria wird mir zu teuer,* sagt Schiller zu Voß, und der erzählt ihm von Cuxhaven, wo es auch schön ist.

Süden, Sonne, Wärme. Er soll wieder nach Italien gehen, läßt er dem leidenden Goethe ausrichten. Der hat doch nie glücklicher erzählt als von diesem Land. Und Goethe schickt im Februar *ein tüch-tiges Bündel Literaturzeitungen.* Schiller dankt und schreibt: *Vielleicht, wenn der Wind sich legt, wage ich mich morgen hinaus und besuche Sie.* Goethe beglückt: *Ich wünsche sehr, Sie wiederzusehen.* Aber er warnt auch. *Nicht zu früh an die Luft, nicht bey dieser wilden Witterung.*

Da ist es wieder, das seltsame Paar. Die Dioskuren, die Söhne des Zeus, die himmlischen Zwillinge vom Olymp. Nicht mehr wie einst als stürmische Helden, jetzt sanft und besorgt. Am 1. März begleitet Heinrich Voß Schiller von der Esplanade zum Frauenplan, zu Goethe. Wie lange haben sie sich nicht gesehen. Und wie nah sind beide dem Tod gewesen. Nun stehen sie da in Goethes schönem Salon. Und beide, so berichtet Voß, beide *fielen sich um den Hals und küßten sich mit einem langen herzlichen Kusse,* bevor sie ein Wort sagen konnten.

Neun Wochen hat Schiller noch zu leben. Er glaubt, davongekom-men zu sein. Hat er nicht schon gefährlichere Stunden überstanden? Und nun ist bald Frühling, die Jahreszeit, die ihm so wohl tut, sie bringt dem leidenschaftlichen Optimisten *wieder Muth und Stimmung.* Er schreibt weiter am Demetrius. Schreibt an der großen dramati-schen Szene zwischen dem vermeintlichen Zarewitsch und Marfa, der Zarin, seiner angeblichen Mutter. Ihr echter Sohn ist tot. Er-mordet. *Wenn du nicht als Mutter für mich fühlst, so denk als Fürstin, fasse dich als Königin,* sagt er. Er sei ihr vom Schicksal als Sohn gegeben. Er hat sie *aus der Gruft, in der du lebendig begraben warst,* geholt, hat sie auf den Thron zurückgeführt. *Du stehst mit mir, und mit mir gehst du unter.*

Welch ein Stoff! Welch ein poetisches Thema! Auf dem Höhepunkt seines Lebens erfährt Demetrius, nun Zar von Rußland, daß er ein Betrüger ist, ein Usurpator. Und der Mann, der alles eingefädelt, fordert jetzt seinen Lohn. Immer wieder hat Schiller mit Goethe über Macht und Herrschaft, Staat und Gewalt diskutiert, hat ihm Szenen vorgelesen, die Exposition mit ihm besprochen, Minister Goethe war doch selbst jahrelang ein Stück vom Staat. Und Goethe denkt später sogar daran, das Fragment Demetrius zu Ende zu schreiben, so vertraut ist ihm alles, so nah. Und schließlich schuldet er Schiller Zeit, die der sich für ihn immer genommen hat. Wie oft hatte Goethe ihn bemüht, ihm Texte geschickt zum Lesen, zum Beurteilen, zum Korrigieren.

Vom Tod gezeichnet: Schiller in seiner letzten Lebensphase. Miniatur von Emma Körner.

Die nächsten Tage verbringt Schiller am Schreibtisch. Er wird auch bei Hofe gesehen, und Briefe gehen an Körner und nach Rom zu Wilhelm von Humboldt. Darin steht, daß er im Winter Racines »Phaedra« übersetzte, daß es lohnte, in einer Zeit zu leben, in der *die tiefen Grundideen der Idealphilosophie* gedacht wurden, daß die Dichtung in Deutschland *höchst kläglich* aussieht, daß es eine *eselhafte Nachahmungssucht* gibt und daß Frau von Staël ihn aufs Neue in seiner *Deutschheit bestärkt* hat. So groß die Vorzüge ihrer Nation auch sind, schreibt er, *im Philosophieren und im Poetischen haben wir … einen entscheidenden Schritt voraus.* Körner gesteht er, daß die *harten Stöße* der letzten Monate Spuren hinterlassen haben, aber er will zufrieden sein, *wenn mir nur Leben und leibliche Gesundheit bis zum 50. Jahr aushält.* Da bleiben ihm noch vierzehn Tage.

Am 1. Mai geht er mit seiner Schwägerin ins Theater. Sie wollen sich »Die unglückliche Ehe aus Delikatesse« ansehen. Vor der Haustür treffen sie Goethe. Der will die beiden nicht aufhalten, verabschiedet

sich nach ein paar freundlichen Worten. Sie werden sich nicht wiedersehen. Auf dem Weg zum Theater sagt Schiller zu Caroline von Wolzogen, er spüre plötzlich auf der linken Seite gar nichts mehr, und gerade
da hat er doch seit Jahren immer diese schrecklichen Schmerzen gehabt.

Der besorgte Voß holt Schiller am Ende der Vorstellung ab, will ihn
nach Hause begleiten. Als er die Loge betritt, sitzt Schiller da mit
schwerem Fieber, mit Schüttelfrost und klappernden Zähnen. Voß
erschrickt. Aber Schiller beruhigt ihn. Er kennt das doch, und wie oft
hat es ihn schon schlimmer erwischt. Es wird vorübergehen.

Man trägt sein Bett ins Arbeitszimmer. Bis zum 6. Mai, schreibt
Caroline von Wolzogen, ist Schillers Kopf ganz frei. Sie betten ihn
hoch, damit er besser atmen kann. Lotte kocht Kiefernnadeln auf zum
Inhalieren. Brust, Beine und Füße reiben sie ihm mit Spiritus ein, zur
Durchblutung. Verleger Cotta macht einen Besuch, er ist auf der
Durchreise nach Leipzig. Goethe besucht ihn nicht. Er kann Krankheiten nicht mitansehen, hat auch ewig Angst, sich anzustecken,
schreibt Billets an Lotte Schiller, erkundigt sich nach dem Zustand
des Freundes. Irgend jemand hat die Zeitschrift »Der Freimüthige«
mitgebracht, für die August von Kotzebue arbeitet. So ein Zeug will
Schiller nicht um sich haben. Er läßt das Blatt in den Abfall werfen.
Gebt mir Märchen und Rittergeschichten, sagt er, *da liegt doch der Stoff zu
allem Schönen und Großen.* Aber als sie ihm aus den »Contes des Tres-
san« vorlesen, die er so liebt, winkt er ab. Es strengt ihn zu sehr an.

Die Krise kommt am 6. Mai. Schiller dämmert dahin, phantasiert,
ruft plötzlich*: Ist das euer Himmel, ist das eure Hölle?!* Er ißt etwas
Suppe, möchte die kleine Emilie sehen, küßt sie und weint in die
Kissen hinein, spricht im Fieber lateinische Brocken, verliert das
Bewußtsein. Und nachts, wenn er wach wird, rezitiert er seinem
Diener Szenen aus »Demetrius«. Am Abend des 8. Mai bittet er
darum, daß die Vorhänge geöffnet werden, er möchte die Abendsonne
sehen. Sagt, es gehe *immer besser, immer heitrer.*

Sein Arzt, Dr. Stark, der ihn so gut kennt, ist mit der Großfürstin in
Leipzig. Es kommt der Hofarzt des Herzogs. Verordnet, am 9. Mai, am
Morgen des Todestages, ein Bad. Schiller protestiert mit allerletzter

»Sie haben mich wieder zum Dichter gemacht«
Goethe an Schiller

Goethe und Schiller, die Dioskuren von Weimar.

Kraft. Vergeblich. Nach dem Bad fällt er in eine tiefe Ohnmacht. Als er erwacht, flößt der Doktor ihm ein Glas Champagner ein, er hat ja kaum noch einen Puls. Lotte kniet an seinem Bett. Schiller sucht ihre Hand. Und sie wird schreiben, daß er sie noch einmal geküßt hat. *Ach Gott! Dieß war das letzte Zeichen seines Gefühls für mich.* Und dabei lächelt er sie an *mit einem Blick, den ich malen möchte, aber nicht ausdrücken kann, so heiter himmlisch.* Schwägerin Caroline wird schreiben, daß sie ihm bis zum Tod gewärmte Kissen auf die eiskalten Füße legt. Um halb sechs Uhr Abends geht ein Schlag durch Schillers Körper. Sie reiben ihn mit Moschus ein. Es hilft für eine Viertelstunde. Dann folgt der zweite Schlag. Und Schiller stirbt.

Es war der erste Mensch, den ich sterben sah, schreibt Charlotte von Schiller, *und der Tod hat alle Schrecken verloren.* So ist sie denn einverstanden, daß ihr Mann am nächsten Tag obduziert wird. Die beiden Ärzte, die Schillers Körper öffnen, sind sprachlos. Daß ein Mensch so überhaupt noch hat leben können! Der linke Lungenflügel ist völlig zerstört, Galle und Milz sind vergrößert, der Darm deformiert, die Nieren fast aufgelöst, das Herz zu einem muskellosen Rest geschrumpft.

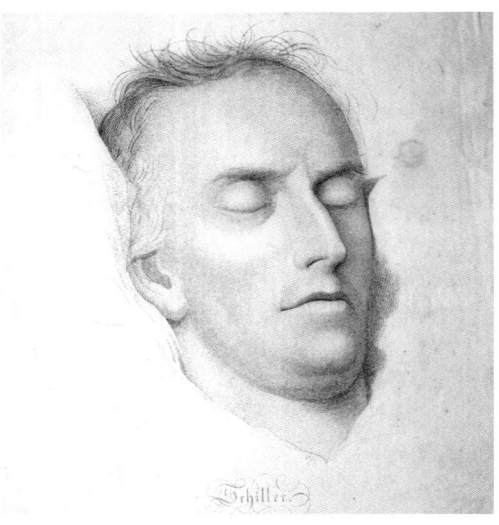

Doch die Totenmaske zeigt Schiller stark und lebendig, zeigt ihn entschlossen und hochkonzentriert – so als schriebe er weiter an seinem »Demetrius«, am großen Monolog der Marfa, der unvollendet auf dem Schreibtisch liegt.

Aus der unvollendeten Totenmesse von Mozart spielt die Hofkapelle donnernd:
Tag der Rache, Tag der Sünden
Wird das Weltall sich entzünden …
Ganz Weimar hat sich an diesem Nachmittag des 12. Mai 1805 in der St. Jakobskirche zu Ehren von Schiller versammelt.

Auf dem Totenbett:
Ferdinand Jagemann zeichnet Schiller
am 10. Mai 1805.

Goethe ist nicht gekommen. Er hat geweint, als Christiane Vulpius ihm die Nachricht vom Tod des Freundes gebracht, aber er geht zu keiner Beerdigung. Er hält sich vom Tod fern.

Dies irae, dies illa
Solvet saeclum in favilla…

In die rasenden Geigen, die Trommeln, die Tränen und die Trauer hinein juchzt fröhlich die zehn Monate alte Emilie auf Lottes Arm.

In der Nacht zuvor – um Mitternacht, wie es Sitte ist – war Schillers Sarg von der Esplanade durch die leeren dunklen Straßen von Weimar bis zum alten Jakobsfriedhof getragen worden. Nicht von Handwerkern, wie üblich, sondern von Verehrern und Künstlerfreunden. Sie sind in schwarze Mäntel gehüllt, tragen Trauerhüte, und ihre weißen Handschuhe schimmern gespenstisch durch die rauhe, stürmische Nacht. Caroline von Wolzogen wird in ihren Erinnerungen dem Himmel Paroli bieten. Es war eine *schöne Mainacht*, und *nie*, schreibt sie, hat sie *einen so anhaltenden und volltönenden Gesang der Nachtigallen gehört.*

Voller Schmerz folgt Lotte Schiller der Prozession durch die tosende Nacht, *der ganze Himmel war umwölkt*, schreibt sie, *schaurig durchzog der Sturm die alten Dächer der Grabgewölbe*, und die Wetterfahnen *ächzeten.* Genau so beschrieb Schiller die Nacht, in der Wallenstein ermordet wird. Der Feldherr steht am Fenster, schaut in die Dunkelheit und versinkt in Tiefsinn:

Am Himmel ist geschäftige Bewegung,
Des Turmes Fahne jagt der Wind, schnell geht
Der Wolken Zug, die Mondessichel wankt,
Und durch die Nacht zuckt ungewisse Helle.

Als die Träger ihre Last vor dem Kassengewölbe absetzen und die Tür der Gruft öffnen, reißt der Wind die Wolkendecke plötzlich auf. Und für einen Augenblick leuchtet Schillers Sarg im hellen Licht des Mondes.

*»Das Leben ist
Nur ein Moment, der Tod ist auch nur einer!«*
Mortimer zu Maria Stuart

Goethe und Schiller vereint in der Fürstengruft von Weimar.

»Von des Lebens Gütern allen / Ist der Ruhm das Höchste doch;
Wenn der Leib in Staub zerfallen, / Lebt der große Name noch«
Aus Schillers Gedicht »Das Siegesfest«

Ein Abguß von Schillers Totenmaske im Archiv
des Schiller–Nationalmuseums in Marbach.

Nachspiel

Zwanzig Jahre später steigt Weimars Bürgermeister Karl Leberecht Schwabe noch einmal in die Gruft. Er war einer der Sargträger. Nun will er dem Dichter, dank seiner Stellung, eine ehrenvollere Ruhestatt geben. Doch im Beinhaus, wo viele Särge gestapelt stehen, ist so manches Gerippe unter der Last jüngerer Toter zusammengebrochen. Die untersten Knochen wurden im Gewölbe verscharrt. So gräbt Schwabe denn nächtens nach dem Dichter, findet mehr als zwanzig Totenschädel, säubert sie, trägt sie nach Hause, reiht sie vor sich auf – und alle schauen ihn aus hohlen Augen an.

Schwabe entscheidet sich für den größten mit den schönsten Zähnen, will aber sicher gehen, läßt die Totenmaske abmessen, vergleicht die Maße mit seinem Auserwählten. Es paßt. Es ist Schiller, wer immer es auch ist. Nun muß noch der Rest gefunden werden. Ein Experte aus der Anatomie und Schillers ehemaliger Diener machen sich auf die Suche, kommen nach vier Tagen mit achtzig Knochen aus der Gruft hervor, sie haben die längsten ausgewählt, weil Schiller doch so groß war, setzen alles zusammen, und der Diener jubelt, ja, es ist der Herr Schiller, und er muß es wissen, er hat ihn doch *mehrere Jahre lang persönlich gekannt.*

Es ist noch ein langer Weg, bis Schiller und Goethe in der Fürstengruft nebeneinander liegen. Bis dahin kommt das Gerippe in eine Truhe, und der Schädel soll nach einem feierlichen Akt ins Postament der großen Büste von Dannecker, die in der großherzoglichen Bibliothek steht. Goethe läßt zuvor für die Reliquie einen Glassturz arbeiten, der mit Silber eingefaßt und mit Samt ausgeschlagen ist. Zwei Tage bewahrt der einsame Dioskur den Totenkopf des Freundes in seinem Haus am Frauenplan auf. Und als er ihn in der Hand hält, ist ihm, als ob ein *Lebensquell* dem Tod entspringt:

Wie mich geheimnisvoll die Form entzückte!
Die gottgedachte Spur, die sich erhalten!
Ein Blick, der mich an jenes Meer entrückte,
Das fluthend strömt gesteigerte Gestalten.
Geheim Gefäß! Orakelsprüche spendend,
Wie bin ich werth dich in der Hand zu halten.

Lebensquell: Goethe bei Betrachtung von Schillers Totenschädel. 1897 schuf Gustav Eberlein die Gipsbüste vom einsamen Dichterfürsten mit dem Vanitas-Symbol.

Auswahlbibliographie

Friedrich Schiller, Sämtliche Werke, Carl Hanser Verlag, München
Friedrich Schiller, Briefe I und II, herausgegeben von Georg Kurscheid, Deutscher
    Klassiker Verlag, Frankfurt/Main
Schiller/Goethe, Briefwechsel. Herausgegeben von Emil Staiger, insel taschenbuch
Alt, Peter André, Schiller I und II, Leben-Werk-Zeit, Verlag H.C. Beck 2000
Aufenanger, Jörg, Friedrich Schiller, Artemis & Winkler, 2004
Baur, Eva Gesine, »Mein Geschöpf musst Du sein«, Das Leben der Charlotte
    Schiller, Hoffmann und Campe Verlag, 2004
Bitterli, Urs, Golo Mann, Instanz und Außenseiter, Kindler Verlag, 2004
Böttiger, Karl August, Literarische Zustände und Zeitgenossen, Aufbau Verlag, 1998
Burschell, Friedrich, Schiller Bildmonographie, Rowohlt Verlag, 1958
Bienert, Michael, Schiller in Berlin, marbacher magazin 2004
Damm, Sigrid, Christiane und Goethe, Eine Recherche, 1998
    Das Leben des Friedrich Schiller, Eine Wanderung, 2004, beide: Insel Verlag
Friedenthal, Richard, Goethe – Sein Leben und seine Zeit, Piper Verlag
Gellhaus, Axel und Oellers, Norbert, Schiller – Bilder und Texte zu seinem Leben,
    Böhlau Verlag, Köln Weimar Wien 1999
Goethes Gespräche, Biedermannsche Ausgabe, Deutscher Taschenbuch Verlag, 1998
Haller-Nevermann, Marie, Friedrich Schiller – Ich kann nicht Fürstendiener sein,
    Aufbau Verlag Berlin, 2004
Kaeding, Peter, August von Kotzebue, Union Verlag, Berlin, 1985
Koesters, Paul-Heinz, Deutschland deine Denker, Stern-Buch, 1980
Lahnstein, Peter, Schillers Leben, List Verlag, 1982
Lautenbach, Ernst, Lexikon Schiller-Zitate, Judicium Verlag, 2003
Naumann, Ursula, Schiller, Lotte und Line – Eine klassische Dreiecksgeschichte,
    insel taschenbuch 2004
Prossliner, Johann, Kleines Lexikon der Schiller-Zitate, Deutscher Taschenbuch
    Verlag, 2004
Safranski, Rüdiger, Schiller oder die Erfindung des Deutschen Idealismus, Carl
    Hanser Verlag, 2004
Streicher, Andreas, Schillers Flucht von Stuttgart und Aufenthalt in Mannheim,
    Cotta'sche Buchhandlung, Stuttgart und Berlin,
Theml, Christine, »Größe zu lieben war meine Seligkeit«. Biographische Skizzen
    zu Caroline von Beulwitz-Wolzogen, 2003, Friedrich Schillers Jenaer Jahre,
    1999, Jenzig Verlag, Golmsdorf bei Jena
Wölfel, Kurt, Friedrich Schiller, Deutscher Taschenbuch Verlag, 2004
Zeller, Bernd und Scheffer, Walter, Schiller, Leben und Werk in Daten und Bildern,
    insel taschenbuch, 1977

Bildnachweis

Ute Mahler, Ostkreuz (Berlin)
  11, 14, 20, 21, 25, 43, 51, 66, 67, 70, 71, 87, 94, 95 (2), 107, 110, 114, 115, 119,
  123, 130, 131, 135, 169, 185, 188, 189 (3), 201, 204, 205, 209, 213, 217, 229,
  232, 233
Bildarchiv Preußischer Kulturbesitz, Berlin   222
Freies Deutsches Hochstift – Frankfurter Goethe-Museum   85
Landesmedienzentrum Baden-Württemberg, Stuttgart   23
Reiss-Engelhorn-Museen, Mannheim   39 u., 42
Schiller-Nationalmuseum/Deutsches Literaturarchiv, Marbach am Neckar
  2, 9 (3), 10, 18, 19 (2), 26, 27 (2), 31, 33, 37, 39o., 48 (2), 49, 59, 64 re., 68 (2),
  73, 78, 82 (2), 83 (2), 88 (2), 101, 106, 110 (2), 111 (2), 146 re., 149 (2), 155 (3),
  158, 165 (2), 168, 170, 171 (2), 174, 177, 184, 186 li., 194, 195, 196, 200, 202,
  207, 210, 219, 224, 227, 230
Städt. Museen Jena   137, 163
Städt. Museum Ludwigsburg   13, 164, 167
Stiftung Weimarer Klassik und Kunstsammlungen
  42, 64li., 75, 81, 103, 105 (2), 120, 125, 146li., 182, 183, 186re., 212, 216, 235

FRIEDRICH SCHILLER
Gedichte und Prosa

*Ausgewählt
und mit einem Nachwort
von Emil Staiger*

MANESSE BIBLIOTHEK DER WELTLITERATUR

Ein facettenreiches Werk

Schillers Ode «An die Freude», «Das Lied von der Glocke» oder «Nänie» werden immer zu den Klassikern deutscher Dichtkunst gehören. In einer repräsentativen Auswahl vereint der Sammelband Gedichte und Prosa seine beliebtesten und bekanntesten Gedichte, Balladen sowie seine zentralen kritischen und ästhetischen Schriften. Denn Schillers Äußerungen «Über Anmut und Würde» oder «Über naive und sentimentalische Dichtung» ermöglichen ein tieferes Verständnis seiner Gedichte wie der Weimarer Klassik insgesamt. Der Band spiegelt die unterschiedlichsten Facetten von Schillers Werk wider, denn bei aller Einheitlichkeit des Tons, so Emil Staiger in seinem Nachwort, sah der Dichter den Wechsel von Themen, Bildern und Tonfall als seine Berufung an.

**Friedrich Schiller
Gedichte und Prosa**
Ausgewählt und mit einem Nachwort von Emil Staiger
680 Seiten
ISBN 3-7175-1658-2

MANESSE
Wenn lesen, dann erlesen.